新 視 野
中華經典文庫

新 視 野
中華經典文庫

後漢書

名譽主編 饒宗頤
導讀及譯注 馬彪

中華書局

新視野中華經典文庫

後漢書

□
導讀及譯注
馬彪

□
出版
中華書局（香港）有限公司
香港北角英皇道 499 號北角工業大廈一樓 B
電話：(852) 2137 2338　傳真：(852) 2713 8202
電子郵件：info@chunghwabook.com.hk
網址：http：//www.chunghwabook.com.hk

□
發行
香港聯合書刊物流有限公司
香港新界荃灣德士古道 220-248 號
荃灣工業中心 16 樓
電話：(852) 2150 2100　傳真：(852) 2407 3062
電子郵件：info@suplogistics.com.hk

□
印刷
深圳中華商務安全印務股份有限公司
深圳市龍崗區平湖鎮萬福工業區

□
版次
2014 年 6 月初版
2023 年 5 月第 2 次印刷

□
規格
大 32 開（205 mm × 143 mm）

□
ISBN：978-988-8290-54-3

出版說明

為甚麼要閱讀經典？道理其實很簡單——經典正正是人類智慧的源泉、心靈的故鄉。也正是因此，在社會快速發展、急劇轉型，因而也容易令人躁動不安的年代，人們也就更需要接近經典、閱讀經典、品味經典。

邁入二十一世紀，隨着中國在世界上的地位不斷提高，影響不斷擴大，國際社會也越來越關注中國，並希望更多地了解中國、了解中國文化。另外，受全球化浪潮的衝擊，各國、各地區、各民族之間文化的交流、碰撞、融和，也都會空前地引人注目，這其中，中國文化無疑扮演着十分重要的角色。相應地，對於中國經典的閱讀自然也就有不斷擴大的潛在市場，值得重視及開發。

於是也就有了這套立足港臺、面向海外的「新視野中華經典文庫」的編寫與出版。希望通過本文庫的出版，繼續搭建古代經典與現代生活的橋梁，引領讀者摩挲經典，感受經典的魅力，進而提升自身品位，塑造美好人生。

本文庫收錄中國歷代經典名著近六十種，涵蓋哲學、文學、歷史、醫學、宗教等各個領域。編寫原則大致如下：

（一）精選原則。所選著作一定是相關領域最有影響、最具代表性、最值得閱讀的經典作品，包括中國第一部哲學元典、被尊為「羣經之首」的《**周易**》，儒家代表作《**論語**》、《**孟子**》，道家代表作《**老子**》、《**莊子**》，最早、最有代表性的兵書《**孫子兵法**》，最早、最系統完整的醫學典籍《**黃帝內經**》，大乘佛教和禪宗最重要的經典《**金剛經**》、《**心經**》、《**六祖壇經**》，中國第一部詩歌總集《**詩經**》，第一部紀傳體通史《**史記**》，第一部編年體通史《**資治通鑒**》，中國最古老的地理學著作《**山海經**》，中國古代最著名的遊記《**徐霞客遊記**》，等等，每一部都是了解中國思想文化不可不知、不可不讀的經典名著。而對於篇幅較大、內容較多的作品，則會精選其中最值得閱讀的篇章。使每一本都能保持適中的篇幅、適中的定價，讓普羅大眾都能買得起、讀得起。

（二）尤重導讀的功能。導讀包括對每一部經典的總體導讀、對所選篇章的分篇（節）導讀，以及對名段、金句的賞析與點評。導讀除介紹相關作品的作者、主要內容等基本情況外，尤強調取用廣闊的「新視野」，將這些經典放在全球範圍內、結合當下社會生活，深入挖掘其內容與思想的普世價值，及對現代社會、現實生活的深刻啓示與借鑒意義。通過這些富有新意的解讀與賞析，真正拉近古代經典與當代社會和當下生活的距離。

（三）通俗易讀的原則。簡明的注釋，直白的**譯文**，加上深入淺出的導讀與賞析，希望幫助更多的普通讀者讀懂經典，讀懂古人的思想，並能引發更多的思考，獲取更多的知識及更多的生活啓示。

（四）方便實用的原則。關注當下、貼近現實的導讀與賞析，相信有助於讀者「古為今用」、自我提升；卷尾附錄「名句索引」，更有助讀者檢索、重溫及隨時引用。

（五）立體互動，無限延伸。配合文庫的出版，開設專題網站，增加朗讀功能，將文庫進一步延展為有聲讀物，同時增強讀者、作者、出版者之間不受時空限制的自由隨性的交流互動，在使經典閱讀更具立體感、時代感之餘，亦能通過讀編互動，推動經典閱讀的深化與提升。

這些原則可以說都是從讀者的角度考慮並努力貫徹的，希望這一良苦用心最終亦能夠得到讀者的認可、進而達致經典普及的目的。

「弘揚中華文化」是中華書局的創局宗旨，二〇一二年又正值創局一百週年，「承百年基業，傳中華文明」，本局理當更加有所作為。本文庫的出版，既是對百年華誕的紀念與獻禮，也是在弘揚華夏文明之路上「傳承與開創」的標誌之一。

需要特別提到的是，國學大師饒宗頤先生慨然應允擔任本套文庫的名譽主編，除表明先生對本局出版工作的一貫支持外，更顯示先生對倡導經典閱讀、關心文化傳承的一片至誠。在此，我們要向饒公表示由衷的敬佩及誠摯的感謝。

倡導經典閱讀，普及經典文化，永遠都有做不完的工作。期待本文庫的出版，能夠帶給讀者不一樣的感覺。

中華書局編輯部

二〇一二年六月

目錄

志

附錄

「前四史」中成書最晚而頗多創新的《後漢書》
——《後漢書》導讀

馬彪

如果拿一本《後漢書》去問中小學生：你讀過這本書嗎？回答大概多是「沒有」！但如果問：你知道東漢有位不屈服權貴的「強項令」董宣，還有位「暮夜卻金」的廉潔大臣楊震嗎？十有八九的回答是：那誰不知道呀！教科書裏讀到過。其實，他們「讀到過」的課文就出自呈現於讀者面前的這部范曄的《後漢書》。

《後漢書》雖為私家修史卻被列入正史，與《史記》、《漢書》、《三國志》合稱「前四史」。說起來雖然所謂「前四史」都算是私修國史，班固因此還遭訴訟坐過牢獄，但畢竟司馬遷是太史令，班固是蘭臺令史，陳壽是著作郎，他們修國史都是有朝廷許可證的。然而范曄就不同了，據《宋書・范曄傳》載：「左遷宣城太守，不得志，乃刪衆家《後漢書》為一家之作。」用今天的話說，范曄不過一介業餘作家而已。不過話又說回來，「業餘」有時也未必不是件好事！《後漢書》最終能超越「規範」，具有使人耳目一新之獨創性的原因雖然可能很多，但其中作者非官方修史者的身份肯定是不容忽略的。

無論如何，《後漢書》是一部記載東漢歷史的紀傳體史書，全書共分一百二十卷，包括紀十卷、列傳八十卷和志三十卷，記載了從王莽末年至漢獻帝之間約二百年的歷史。其價值正如章太炎所言：「《史》、《漢》之後，首推《後漢書》。」陳寅恪也説：「蔚宗（范曄字）之為《後漢書》，體大思精，信稱良史。」

一、《後漢書》的作者究竟是誰

經常有學生提出《後漢書》的作者究竟是誰的問題，我回答：是范曄、司馬彪。《後漢書》的紀、列傳是南朝劉宋范曄（三九八—四四五）所撰，八志是晉朝司馬彪（？—三〇六）所撰。兩位作者相距近百年，所以他們雖是作者但不是同時代的合作者。

實際情況是先有司馬彪所撰《續漢書》八十篇，這是一部「通綜上下，旁貫庶事」（《晉書・司馬彪傳》），紀、志、傳俱全的東漢史。在此一百多年之後才有了范曄的《後漢書》，由於此書尚未完成時作者去世，所以書中只完成了紀、傳而缺少志。又過了五六十年，梁朝劉昭見范書缺志，就抽取晉人司馬彪《續漢書》的志，「分為三十卷，以合范史」（劉昭《後漢書注補志序》）。此說雖見於范曄《後漢書》南宋紹興刻本，但不見於《梁書》本傳。無論如何，劉昭的「以合范史」之舉充其量是個人行為，「范書原本則仍止紀十卷、傳八十卷，未嘗闌入《續志》也」（王先謙《後漢書集解述略》）。又過了近一千年，在北宋時才有人把司馬彪《續漢書》的八志三十卷與范曄《後漢書》的紀、傳九十卷合刊，成為今天我們所見到的一百二十卷《後漢書》。

必須指出，常見的那種所謂司馬彪「續作八志」的說法，以及自劉昭開始范書已與司馬彪志合成一書的觀點都是誤解。

由此引發了另一個問題，即《史記》、《漢書》同樣也是多位作者撰寫，為何只提司馬遷、班固呢？回答是：因為那是家學著作，撰述人是合作者關係，他們在共同認可的宗旨、編纂原則框架之下從事的是集體創作，所以確實存在一個「主創人」。但是，《後漢書》的兩位作者並非如此。準確地說，此書的第一作者是范曄，第二作者是司馬彪。

范曄出身於南朝劉宋時期的官宦士族，一族從高祖、曾祖、祖父至父親，累世為州刺史、郡太守二千石高官。范氏還是當時的文學名族，祖父范寧曾撰著《古文尚書舜典》、《尚書注》、《禮雜問》、《文集》、《穀梁集解》（後來成為《十三經注疏・穀梁傳注疏》的底本）等，父親范泰曾任東晉朝的國子博士，也有《古今善言》及《文集》等多種著述。受到家庭影響，范曄自幼聰穎好學，年輕時便以博涉經史、善寫文章聞名。范曄年輕時也曾致力於仕途，二十七歲時官場失足被左遷為宣城太守時才業餘修史，目的在於「欲因事就卷內發論，以正一代得失」而著《後漢書》（《宋書》本傳）。元嘉二十二年（四四五）范曄因牽涉謀立彭城王劉義康案被殺，當時《後漢書》志稿尚未完成。

司馬彪出身於西晉諸侯王族，是晉高陽王司馬睦的長子，司馬懿六弟司馬進的孫子。他因「薄行」不得為嗣，因此折節改志，閉門讀書。晉武帝時任祕書郎、祕書丞、散騎侍郎等職。司馬彪鑒於漢室中興，忠臣義士昭著，而時無良史，記述繁雜，遂「討論衆書，綴其所聞，起於世祖，終於孝獻，編年二百，錄世十二，通綜上下，旁貫庶事，為紀、志、傳凡八十篇，號曰《續漢書》」。另有《九州春秋》、《莊子注》、《兵記》、《文集》多種，均佚。

范曄《後漢書》出，司馬彪的《續漢書》因其魅力不及范書而逐漸被淘汰，惟有八篇「志」因被補入范書而保留了下來。在此，有一個值得思考的問題，即為何距東漢未遠的晉人司馬彪的作品，反而不敵寫成於此後近百年的范書呢？其中固然有作者個人素養因素，然而這百年之中史書飛躍發展的歷史背景，又是絕對不可忽視的！

二、史書大發展時期成書之《後漢書》

與《續漢書》相比，《後漢書》為何後來居上？答案在於范曄《後漢書》創立了新的史料編纂手法，從而創立了新史學。這裏所說的手法，被他本人描述為：「雖事不必多，且使見文得盡。」（《宋書》本傳）意思是說：史料不必引用很多，如能使人見到文章完全有所了解的話，就達到目的了。其中所謂的「事」與「文」，也就是上面所引「因事就卷內發論」的「事」與「論」，即史料與史論。

史料「不必多」，即對史料要刪繁就簡。他的這種做法受到唐人劉知幾《史通》的讚賞：「范曄之刪《後書》也，簡而易周，疏而不漏，蓋云備矣。」史料「不必多」還能使人「見文得盡」，可見此「文」必非同凡響，即見史識功底之「論」。其實此所謂「文」、「論」，即范曄本人最為得意的論贊和諸序。他對前人撰史的「著述及評論」很不滿意，說「詳觀古今著述及評論，殆少可意者」。相反，對自己的評價是：「吾雜傳論，皆有精意深旨」，「贊自是吾文志傑斯，殆無一字空設」（《獄中與諸甥姪書》，《宋書》本傳）。可見，范曄對自己的史論很有自信。他為何如此自信，他自信甚麼呢？我看他自信引領了一代史學的大變革，《後漢書》能夠藝壓羣芳、後來居上也證明了他的自信並不過分。

范曄能夠成為優秀史學家，除了本人天賦之外，與他所處時代史學的大發展是分不開的。事實上，正是從漢末至隋的約四百年間，史學逐漸成為獨立的研究領域；《隋書・經籍志》首次將所有書籍分類為經、史、子、集，亦即將史學從經學中分離出來的做法，就是很好的證明。而范曄又恰好生活在這四百年的中間點，范書的形成及價值是無論如何無法與那個時代脱節的。史學在此有着飛躍發展的一個重要特徵在於，史書編纂方法發生了空前的大變化。即從以往的對史料述而不論，轉變為了述以致論，這是一種創新的史學現象，而范曄則堪稱此新史學的首創者。

在「前四史」中《後漢書》與其他三史最大的不同，就在於選材用料精良，議論評點深刻。前者出自於他獨樹一幟的修史主張，後者得益於他不受朝廷控制的寫作身份。

衆所周知，《史記》曾遭後代學究抱怨語句有不通順之處，清儒方苞在《史記評語》中就批評《刺客列傳》的史料有重複之處。的確，《史記》中是有採用、剪裁史料不慎的痕迹，這是因為司馬遷引用史料時更重視取其內容，而基本不對文字做加工潤色。比如他引用《尚書》時大體是照錄原文。又如他不加刪節地照載秦刻石文等皆屬此類。司馬遷不僅對史料不刻意加工，而且從不直接發議論，想要表達的意思或以微言大義手法，或寓義於體例編纂之中。這是孔子的精神，也是馬遷修史的原則。

司馬遷照引史料而不予修飾的方法，後來為班固忠實地繼承，所以《漢書》也是僅收史料而很少發議論。趙翼《廿二史劄記》也說《漢書》多載詔令、奏議等有用之文。到了晉人陳壽撰寫《三國志》，也基本上對原始史料不加改動地使用。有一個典型的例子，即《三國志》在採用魚豢《魏略》的史料時照用「今云」用語的情況。「今」本是魚豢《魏略》時期的「今」，而非陳壽作《三國志》時期的「今」，卻殘留了下來。

使上述司馬遷以來史料編纂法發生變化的是范曄，對此內藤湖南曾指出：「《漢書》、《三國志》以前的紀錄中經過編輯的並不多，更多的還是那些基本史料。然而，范曄的《後漢書》是各種《後漢書》中成書最晚的，在此之前曾經有過七八種《後漢書》存在，而且都是經過編纂的著作，今日作為那些書斷篇的匯集還出版了《七家後漢書》。范曄的《後漢書》就是將這些書消化之後編纂而成的。就是在范曄將以往編纂物作為材料使用時，出現了改寫文章的必要。不僅如此，范曄還是頗有名氣的文學家，畢竟有着經過自己頭腦思考而著述歷史的抱負，他應該還有不滿意前人著作所以要改寫的原因吧。總之，將《三國志》、《後漢書》所載同样事例加以對比的話，就會發現《後漢書》有很多地方改動了原文。儘管如此，《後漢書》在史書體裁的根本上，還有其繼承《史記》以來堅持自身主張的特點。」（《中國史學史》）

總之，對史料進行加工、闡述的新史學風氣，自范曄創始之後作為一種編纂方法流傳下來，它與忠實原始史料的編纂法並行不悖地促成了中國史學的綿延不絕。《後漢書》是中國史學大發展時期的產物，也為中國史學真正成為有明確治史主張的歷史科學做出了傑出貢獻。

三、《後漢書》對紀傳體例的繼承與創新

毫無疑問，范曄對史學編纂法的創新，並不影響《後漢書》對司馬遷以來紀傳體例的繼承。這一點只要看一看《後漢書》之篇章結構和作者治史主張，其中不論繼承還是創新都很清楚。

首先，看一下《後漢書》的「紀」。自從《史記》紀傳體編纂體例問世，歷代正史以「紀」、「傳」為基幹敍述歷史沿革脈絡的做法，就成了一種傳統，范曄也予以了繼承。

《後漢書》所設十卷紀是東漢二百年的編年大事記，為全書的綱要。其中前九卷記載了東漢十三位皇帝，但是范曄沒有採取《漢書》那樣一帝一紀的寫法，而是仿照《史記・秦始皇本紀》附二世胡亥和秦王子嬰的先例，在《和帝紀》後附殤帝，《順帝紀》後附沖、質二帝。其效果是既節省篇幅，又不遺漏史實。最後一卷是《皇后紀》。這種把皇后入本紀的體例是范曄的新創。《史記》、《漢書》雖然有《呂后紀》，但那是出於承認呂后實際的皇帝權力；其他的皇后是放在《外戚世家》、《外戚傳》中的。不僅如此，即使全部《二十五史》中也只有《後漢書》設置了《皇后紀》，為甚麼呢？其實，這是由范曄治史主張所決定的。他在《後漢書・皇后紀》中說：「自古雖主幼時艱，王家多釁，必委成冢宰，簡求忠賢，未有專任婦人，斷割重器。……東京（指東漢）皇統屢絕，權歸女主，外立者四帝，臨朝者六后，莫不定策幃帟，委事父兄，貪孩童以

久其政，抑明賢以專其威。……故考列行迹，以為皇后本紀。」也就是說此皇后本紀的設立，目的在於反映東漢六太后長期臨朝執政的史實。

再說「列傳」部分，其分量在總共的一百二十卷中佔了八十卷，這無疑是全書的主要內容。范曄效仿《史記》中列傳「以類相從」的原則，將生平相似的人附錄於某一個重要人物的傳之中，使得敍事簡潔而周密。不過，范曄對列傳的創新還是非常明顯的，他根據自己對東漢史的理解，在保留《史記》、《漢書》中都有的《循吏列傳》、《酷吏列傳》、《儒林列傳》之外，刪去了《貨殖列傳》、《游俠列傳》和《佞幸列傳》，新增了前所未有的《黨錮列傳》、《宦者列傳》、《文苑列傳》、《獨行列傳》、《方術列傳》、《逸民列傳》、《列女傳》七種，可見改動之大。而且他所新增的各傳，基本上被後人予以承繼，無疑有其開先聲之功。

這些新增列傳都是反映東漢歷史實際情況的創新。如東漢後期黨錮大興，衆多清流大臣被誣陷以黨人罪名殺害；另一方面，由於東漢女主長期執政，導致宦官多參與朝政，他們殺戮作為政敵的士大夫官僚，是黨錮之禍的主要製造者。范曄正是根據這些史實，創立了黨錮和宦者兩個列傳。為列女立傳雖然最早始於西漢的劉向，但是將《列女傳》列入正史，則是從范曄開始的。再聯繫上述《皇后紀》的創設，讀者不僅可以看到東漢女性的某些實況，也能感受到南朝人范曄的女性觀。特別是范曄不僅收入貞節烈女，同時收入文學才女的做法，更是難能可貴。他根據自己所定「搜次才行尤高秀者，不必專在一操而已」的標準，不但收入了才德兼備的班昭，也收入三度改嫁的蔡琰。這是後代那些拒絕將著名女詞人李清照收入《宋史・烈女傳》的儒生所不能理解的，也是范書「列女」與後代「烈女」的區別所在。

最後，說一說《後漢書》「志」的情況。當然嚴格地講應稱為《續漢書》的「志」，即上文已經談到的司馬彪的「續志」。必須指出的是，范史缺「志」並不是作者沒有這方面的打算，他在《獄中與諸甥姪書》中曾提到自己「欲徧作諸志，《前書》所有者悉令備」的寫作計劃。他原定寫十紀、十志、八十列傳，合為百卷，與《漢書》相應，但在動筆寫作志時他就被殺害了，致使范史出缺。當然，除了遭遇不幸的意外原因，范曄未來得及完成志的一個理由恐怕還在於，撰寫志的難度較大。其實，史書的編纂之中，「志」從來被認為是最難的，就連班固的志也曾遭人非難，可見不是甚麼人都能寫好志的。從這一點來看，像范曄這樣才華出衆的才子，未能為我們留下他所欲「徧作」的「諸志」，真是中國文化史上的一大缺憾！好在司馬彪的《續漢書》的八志三十卷，至少在內容和形式上都有着拾遺補闕的功效。

司馬彪的八志分別是：《律曆志》、《禮儀志》、《祭祀志》、《天文志》、《五行志》、《郡國志》、《百官志》、《輿服志》。其中《郡國志》、《百官志》記載了東漢的地理、官制情況，可以上接《漢書》的《地理志》和《百官公卿表》，是了解和研究地理歷史、官制沿革的重要史料。《輿服志》是新創志目，記載車仗、服飾等典章制度。

在此，還有必要交待一下本書的選篇標準。其實，這與選篇人的主導意識是分不開的，特別是對於一部名著，讀者、學者、編者都會從各自不同的立場和視角予以審視。那麼，筆者是如何給《後漢書》定位的呢？我稱之為「『前四史』中成書最晚而頗多創新的《後漢書》」。其中的關鍵詞為：「前四史」、「後漢」、「多創新」、「成書最晚」。圍繞這四個關鍵詞，本書的選篇標準有四：一是保持正史紀傳體的結構不變。即必須「紀」、「傳」、「志」齊全。二是選擇最能反映東漢帝國之創建（開國帝王將相）、中衰（皇后、外戚、宦官、士大夫）、崩潰（軍閥）等階段性的篇章。三是上述范史新增的項目（如上文所列）要重點選擇。四是要選擇那些體現漢代以後六朝文風的片斷（如《黨錮列傳序》）。

四、如何閱讀與欣賞《後漢書》

如何閱讀與欣賞《後漢書》呢？這也是學生經常提到的問題。雖然回答可以是見仁見智的，但就我個人觀點而言至少有以下三個看點，是讀者絕對不能漏掉的。

第一，特別關注那些新設置的紀、傳、志。正像上文所介紹的那樣，《後漢書》所有新增項目都是作者別具匠心的安排，而且其中多數為開後世先河之作。如果能抓住這些創新點，有意識地與《史記》、《漢書》中已有的傳統項目進行對比的話，更容易發現東漢帝國的特色，從中得到讀史的樂趣。同時還建議讀者不妨按照作者的思維，根據不同項目間內在的相關性進行適當的排列組合。例如把《黨錮列傳》與《宦者列傳》作一組；《皇后紀》、《列女傳》為一組；《獨行列傳》、《逸民列傳》為一組；《循吏列傳》、《酷吏列傳》為一組；《儒林列傳》、《文苑列傳》為一組；或者《方術列傳》與《五行志》為一組；對那些個別人物傳也不妨按文臣、武將、外戚、皇室，甚至某一時代為一組。總之，按照自己的口味，憑興趣閱讀的話，你一定能體會到讀史書其實就像欣賞一幕一幕歷史的話劇。

第二，閱讀書中的「論」和「贊」。無怪范曄對自己的「論」、「贊」很自得，那些內容確實都寫得很精彩，給人以搔到癢處的享受。例如《黨錮列傳》中既稱頌匹夫「品覈公卿，裁量執政」，又批評黨人「望门投止」連累他人。《宦者列傳》中既斥責侯覽等人「凶家害國」，也讚揚蔡倫等「一心王室」。《隗囂傳》中雖寫出了隗囂搞小王國終究失敗的結局，但評論說「知其道有足懷者，所以棲有四方之傑，士至投死絕亢而不悔者矣」。類似的評論在《後漢書》中隨處可見，以致趙翼《廿二史劄記》稱其「立論持平，褒貶允當」。

第三，欣賞那些描述人物、事件的文筆。范曄以「善為文章」著稱，《後漢書》的文筆在中國史書中屬上乘。以范曄塑造人物形象為例，《馮異列傳》中寥寥數語為讀者勾勒出一位獨屏樹下深思的「大樹將軍」形象；《董卓列傳》中寫董卓死後，守屍吏燃火置董卓臍中，竟然「光明達曙」。在不違背基本史實的前提下，對史料作適當的加工潤色，這是范史的創新和特色。作者的文才活化了歷史人物，像華佗的神奇醫術（《華佗列傳》）、嚴光的狂放不羈（《嚴光列傳》）等等不勝枚舉。

又由於范曄生活在駢體文流行的年代，所以行文中不乏辭采精美的駢文佳作。

當然，閱讀任何一部作品都應該對其弱點、缺陷有清醒的了解。《後漢書》最大的不足之處，是它有缺項。

第一，《後漢書》缺少《史記》、《漢書》都有的「表」。《四庫全書總目》就說「遂使東京典故散綴於記傳之內，不能絲聯繩貫，開帙瞭然」。為了彌補這一缺陷，從宋代至清代，學者中甚至興起了一種為《後漢書》補表的風氣，出現了宋熊方《補後漢書年表》、明末清初萬斯同《歷代史表》，清儒的補表有錢大昭《後漢書補表》、黃大華《東漢中興功臣侯世系表》、《東漢皇子王世系表》、華湛恩《後漢三公年表》、練恕《後漢六卿年表》等，從《後漢書》進而擴展至《三國志》，中華書局匯集這些補表出版有《後漢書三國志補表三十種》。

第二，是「志」的闕如。司馬彪的志雖有補缺之功，但遺憾的是缺少與社會經濟、政治、思想文化關係都相當大的《刑法志》、《食貨志》、《溝洫志》、《藝文志》四志，這顯然與范曄「《前書》所有者悉令備」的願望有很大差距。為此，清代學者除了補表之外，還有些人致力於補志。例如錢大昭《補續漢書藝文志》、侯康《補後漢書藝文志》、姚振宗《後漢藝文志》、顧懷三《補後漢書藝文志》、曾樸《補後漢書藝文志並考》等。

第三，雖然加工、潤色史料是范史的創新，甚至可謂史學編纂法上的突破，但是畢竟要清醒地看到其中也有史料失實的危險。所以研究者在利用這些史料時要慎重，亦即合參同時期的其他材料。因此，范曄在撰寫《後漢書》時，應該參考了他以前的東漢劉珍等《東觀漢記》、三國謝承《後漢書》、晉司馬彪《續漢書》、華嶠《後漢書》、謝沈《後漢書》、袁山松《後漢書》，還有薛瑩《後漢記》、張瑩《後漢南記》、張璠《後漢記》、袁宏《後漢記》等書，所以了解這些後漢書的輯佚本也很有必要。周天游《八家後漢書輯注》是目前較好的輯注本。

五、《後漢書》的注解、版本及其參考書

首先，關於《後漢書》的注解。早在南朝梁人劉昭（約五一〇年前後在世）就已經為《後漢書》作注了。由於劉昭上距范曄去世不過五六十年，范曄所能見到的各家後漢書尚未散佚，所以他有條件對范書進行史實的補充。可惜他的注解後來也散佚了，現在能見到只有他為司馬彪《續志》所作的「八志注」了。

到了唐代，唐高宗之子李賢與張大安、劉納言等人，在高宗上元（六七四—六七六）、儀鳳（六七六—六七九）年間為《後漢書》作注，今天通行的《後漢書》紀傳部分就採用了李注。李賢等人的注側重詮釋字句，也補充了一些史實。由於他們還能見到關於後漢的其他史書，所以校正了范書的許多錯誤，還標注了《後漢書》各種史料的來源，是今天研究東漢歷史的重要依據。到了清代，先有惠棟的《後漢書補注》，在此基礎之上王先謙又廣羅衆人成果，撰《後漢書集解》，成為研究《後漢書》重要的參考材料。

其次，《後漢書》的版本。宋版有北宋乾興（一〇二二）刻本、南宋紹興年間江南東路轉運司刻本、南宋錢塘王叔邊刻本。元版有麻沙刻板的小字本、大德九年（一三〇五）寧國路儒學刻本。明版有南北國子監刻本、閩本（福建周採等刊刻）、汲古閣本（毛晉刊刻）等。清代詔修四庫全書武英殿本《後漢書》是按照明國子監本翻刻的。現存最早而且較完整的版本是南宋紹興刻本，二十世紀三十年代商務印書館影印百衲本二十四史時，以紹興刻本為底本。中華書局點校本以百衲本《後漢書》為底本，對校以汲古閣本和武英殿本，同時參考了前人的校勘考訂成果，糾正了許多錯誤，是目前最好的版本。

再次，其他參考書。《後漢書》的校補考訂之作，較重要的有清儒錢大昕《廿二史考異》中「後漢書」部分、錢大昭《後漢書辨疑》、周壽昌《後漢書補正》、李慈銘《後漢書札記》等。

紀

光武帝紀

本篇導讀——

明太祖朱元璋所祭祀的十七位帝王中，漢代皇帝有兩位，即高祖劉邦與光武帝劉秀。可見，劉秀一向被認為是可與劉邦比肩的傑出帝王。前者是漢帝國的締造者，後者是興廢繼絕的「中興」皇帝。劉秀二十七歲起兵之前，不過是一介備受新莽排擠的前朝沒落宗室；他三十歲在戰火中登基為皇帝，四十一歲統一中國，在位共計三十三年。《光武帝紀》是《後漢書》的開篇，也是作者范曄用力最深、篇幅最長的一篇。限於篇幅，這裏主要節選劉秀在統一之前的經歷，例如投身綠林、擁立更始、昆陽大捷、韜光養晦、兼併銅馬、鄗城稱帝、擊破赤眉、統一中國、復興舉措等，亦即所謂「光武中興」的部分以饗讀者。

世祖光武皇帝諱秀[1]，字文叔，南陽蔡陽人，高祖九世之孫也，出自景帝生長沙定王發。發生舂陵節侯買，買生鬱林太守外，外生鉅鹿都尉回，回生南頓令欽，欽生光武。光武年九歲而孤，養於叔父良。身長七尺三寸，美鬚眉，大口，隆準[2]，日角[3]。性勤於稼穡[4]，而兄伯升好俠養士，常非笑光武事田業，比之高祖兄仲。王莽天鳳中，乃之長安，受《尚書》，略通大義。

注釋

1世祖：劉秀的廟號。光武：劉秀死後的謚號。諱：此指已故尊長者之名。2準：鼻子。3日角：額骨中央部分隆起，形狀如日，舊時相術家認為是大貴之相。額骨隆起入左邊髮際為「日角」，入右邊髮際為「月角」。4稼穡：農事的總稱。春耕為稼，秋收為穡，耕種和收穫。

譯文

世祖光武皇帝名秀，字文叔，南陽蔡陽（今湖北棗陽）人，是高祖劉邦的第九代孫，出自景帝所生長沙定王劉發。劉發生舂陵節侯劉買，劉買生鬱林太守劉外，劉外生鉅鹿都尉劉回，劉回生南頓縣令劉欽，劉欽生光武皇帝。光武九歲就死了父親，由叔父劉良收養。他身高七尺三寸（約一米六八），鬚眉濃密，大嘴高鼻梁，天庭飽滿。他天性勤奮，樂於耕種，而他的兄長劉伯升卻喜好行俠義、收養門客，常常譏笑光武只知在田間勞作，將他比作高祖劉邦的兄長劉仲。王莽天鳳

（一四——一九）年間，光武才來到長安，學習《尚書》，粗略領會了書的要旨。

莽末，天下連歲災蝗，寇盜鋒起。地皇三年，南陽荒饑，諸家賓客多為小盜。光武避吏新野，因賣穀於宛。宛人李通等以圖讖說光武云[1]：「劉氏復起，李氏為輔。」光武初不敢當，然獨念兄伯升素結輕客[2]，必舉大事，且王莽敗亡已兆，天下方亂，遂與定謀，於是乃市兵弩。十月，與李通從弟軼等起於宛，時年二十八。

注釋

1 圖讖：古代方士或儒生編造的關於帝王受命徵驗一類的圖與書，多為隱語、預言。

2 輕客：即輕俠，指輕生重義而勇於急人之難的人。

譯文

王莽末年，天下連年遭受蝗蟲災害，賊寇強盜蜂擁而起。地皇（二〇——二三）三年，南陽發生饑荒，各家門客很多結為小股盜賊。光武因事在新野縣（今河南南陽新野）躲避官吏，因而到宛城（今南陽市）販賣糧食。宛城人李通等根據圖讖內容對光武說：「劉氏將要復興，李氏將為輔佐。」光武起初未敢當機立斷，但暗自又想到兄長劉伯升平素結交輕俠，必然要舉兵起事，況且王莽敗亡的徵兆已經出現，天下正當動亂，便與李通合謀，在城中購置兵器弓弩。十月，他與李通、堂弟李軼等在宛城起兵，時年二十八歲。

十一月，有星孛於張[1]。光武遂將賓客還舂陵。時伯升已會衆起兵。初，諸家子弟恐懼，皆亡逃自匿，曰「伯升殺我」。及見光武絳衣大冠[2]，皆驚曰「謹厚者亦復為之」，乃稍自安。伯升於是招新市、平林兵，與其帥王鳳、陳牧西擊長聚。光武初騎牛，殺新野尉乃得馬。進屠唐子鄉，又殺湖陽尉。軍中分財物不均，衆恚恨，欲反攻諸劉。光武斂宗人所得物，悉以與之，衆乃悅。進拔棘陽，與王莽前隊大夫甄阜、屬正梁丘賜戰於小長安[3]，漢軍大敗，還保棘陽。

注釋

1孛：指彗星出現時光芒四射的現象。舊以為不祥之兆，預示有兵災悖亂發生。張：星名，二十八宿之朱雀七宿的第五宿，對應今河南中部、西南部。2絳衣：深紅色的衣服。古代軍服常用絳色。大冠：武冠。古代武官戴的一種帽子。3前隊（粵：碎；普：suì）大夫：王莽設六隊，南陽郡為前隊，在郡中設大夫，相當於太守。屬正：王莽每隊中設屬正一人，相當於郡尉。

譯文

十一月，有彗星出現於張宿，光武於是率領賓客返回舂陵。這時劉伯升已聚衆起兵。起初，各家子弟十分恐懼，都逃跑了，各自藏匿，說「伯升想要害我們」。等見到光武穿戴將軍的赤衣大冠，都驚歎道：「謹慎厚道的人也起來造反了！」於是稍稍定下心來。劉伯升於是招募了新市、平林兩支軍隊，與其主帥王鳳、陳牧一起向西進攻長聚。光武起先騎牛，殺了新野縣尉之後才得到馬匹。進而屠滅唐子鄉，又殺了湖陽縣尉。因軍中財物分配不均，衆人憤怒，要反攻劉氏。光武收集同族人所得的財物，全部分給衆人，衆人這才滿意。進而攻取棘陽，與王莽前隊大夫甄阜、屬正梁丘賜在小長安（在今河南南陽）交戰，漢軍大敗，退守棘陽。

更始元年正月甲子朔[1]，漢軍復與甄阜、梁丘賜戰於沘水西，大破之。斬阜、賜。伯升又破王莽納言將軍嚴尤、秩宗將軍陳茂於淯陽，進圍宛城。

二月辛巳，立劉聖公為天子，以伯升為大司徒，光武為太常偏將軍。

注釋

1 更始：更始帝劉玄的年號。劉玄字聖公，是西漢皇族、漢光武帝劉秀的族兄，由綠林軍立的皇帝。

譯文

更始元年（二三）正月甲子初一，漢軍與甄阜、梁丘賜的部隊在沘水西岸再次交戰，大破敵軍。斬殺鄄阜、梁丘賜。劉伯升又在淯陽縣打敗了王莽的納言將軍嚴尤、秩宗將軍陳茂，進軍包圍了宛城。

二月辛巳日，擁立劉玄為天子，劉玄任命劉伯升為大司徒，光武為太常偏將軍。

三月，光武別與諸將徇昆陽、定陵、郾，皆下之。多得牛、馬、財物，穀數十萬斛，轉以饋宛下。莽聞阜、賜死，漢帝立，大懼，遣大司徒王尋、大司空王邑將兵百萬，其甲士四十二萬人，五月，到潁川，復與嚴尤、陳茂合。初，光武為舂陵侯家訟逋租於尤[1]，尤見而奇之。及是時，城中出降尤者言光武不取財物，但會兵計策，尤笑曰：「是美鬚眉者邪？何為乃如是！」

注釋

1 逋租：欠租。逋，拖欠。

譯文

三月，光武另外與諸將去攻取昆陽、定陵、郾，都攻克了，得到了許多牛、馬、財物，還得到穀物幾十萬斛，光武把這些財物轉運至圍攻宛城的隊伍。王莽得知甄阜、梁丘賜被斬，漢帝即位，大為恐懼，派遣大司徒王尋、大司空王邑領兵百萬，其中盔甲兵四十二萬，於五月到達穎川，重新與嚴尤、陳茂會合。當初，光武為春陵侯家到嚴尤那兒去申訴拖欠田租之事，嚴尤見到他就很驚奇。到這時，從城中出來投降的人告訴他說光武不斂取財物，只是操練士兵、策劃方略。嚴尤笑着說：「是那個美鬚濃眉的人吧？為甚麼要這麼做呢！」

初，王莽徵天下能為兵法者六十三家數百人，並以為軍吏；選練武衛，招募猛士，旌旗輜重，千里不絕。時有長人巨無霸，長一丈，大十圍，以為壘尉；又驅諸猛獸虎豹犀象之屬，以助威武。自秦、漢出師之盛，未嘗有也。光武將數千兵，徼之於陽關。諸將見尋、邑兵盛，反走，馳入昆陽，皆惶怖，憂念妻孥，欲散歸諸城。光武議曰：「今兵穀既少，而外寇彊大，并力禦之，功庶可立；如欲分散，埶無俱全[1]。且宛城未拔，不能相救，昆陽即破，一日之間，諸部亦滅矣。今不同心膽共舉功名，反欲守妻子財物邪？」諸將怒曰：「劉將軍何敢如是！」光武笑而起。會候騎還，言大兵且至城北，軍陳數百里，不見其後。諸將遽相謂曰：「更請劉將軍計之。」光武復為圖畫成敗。諸將憂迫，皆曰「諾」。時城中唯有八九千人，光武乃使成國上公王鳳、廷尉大將軍王常留守，夜自與驃騎大將軍宗

佻、五威將軍李軼等十三騎，出城南門，於外收兵。

注釋

1執：通「勢」。

譯文

起初，王莽徵選國內能通曉兵法者六十三家數百餘人，都任用為軍吏；選拔、訓練衛士，招募勇猛之士，軍隊的旌旗輜重，千里不絕。當時有個叫巨無霸的巨人，身高一丈，腰圓十圍，被任用為壘尉；又驅趕各種猛獸如虎豹犀牛大象之類，以助軍威。自從秦、漢以來，出師從未有過如此盛況。光武率數千士兵，到陽關予以截擊。衆將見王尋、王邑兵力強盛，掉頭逃跑，奔入昆陽，都惶怖不安，擔憂惦念妻室家小，打算解散返回各自的城邑。光武提議說：「現在兵馬糧草已經很少，而外敵強大，我們若能合力抵禦，功績或許可以成就；如果打算分散，勢必都無法得以保全。況且劉伯升圍攻宛城尚未攻克，他們不能來相救，昆陽一旦被攻破，一日之間，各部隊也都將被消滅。現在不同心同膽地共同立功揚名，反而要守護妻兒、財物嗎？」衆將憤怒地說：「劉將軍怎麼敢如此！」光武笑而起身。恰巧偵察騎兵回來，報告說大軍將要到城北了，軍隊列陣數百里長，看不見隊尾。衆將急忙對光武說：「還是請劉將軍謀劃此事。」光武又畫圖分析成敗利弊。衆將擔憂而急迫，都說「是」。這時城中只有八九千人，光武於是讓成國上公王鳳、廷尉大將軍王常留守城中，當夜親自與驃騎大將軍宗佻、五威將軍李軼等十三人騎馬出城南門，到外面去調集兵力。

六月己卯，光武遂與營部俱進，自將步騎千餘，前去大軍四五里而陳。尋、邑亦遣兵數千合戰。光武奔之，斬首數十級。諸部喜曰：「劉將軍平生見小敵怯，今見大敵勇，甚可怪也，且復居前。請助將軍！」光武復進，尋、邑兵卻，諸部共乘之，斬首數百千級。連勝，遂前。時，伯升拔宛已三日，而光武尚未知。乃偽使持書報城中，云「宛下兵到」，而陽墯其書[1]。尋、邑得之，不憙[2]。諸將既經累捷，膽氣益壯，無不一當百。光武乃與敢死者三千人，從城西水上衝其中堅，尋、邑陣亂，乘銳崩之，遂殺王尋。城中亦鼓譟而出，中外合執，震呼動天地，莽兵大潰，走者相騰踐，奔殪百餘里間[3]。會大雷風，屋瓦皆飛，雨下如注，滍川盛溢，虎豹皆股戰[4]，士卒爭赴，溺死者以萬數，水為不流。王邑、嚴尤、陳茂輕騎乘死人渡水逃去。盡獲其軍實輜重、車甲珍寶，不可勝筭，舉之連月不盡，或燔燒其餘。

注釋

1陽：假裝。2憙（粵：喜；普：xǐ）：通「喜」，喜悦，高興。3殪（粵：意；普：yì）：死亡。4股：大腿。

譯文

六月己卯日，光武與各營部隊一同進發，他親自率領千餘名步兵、騎兵，前軍到離王莽大軍四五里的地方列陣。王尋、王邑也派了幾千名兵士應戰。光武衝入敵陣，殺敵數十人。各部將驚喜地説：「劉將軍平生見到小股的敵人就害怕，現在見到大敵當前反而勇敢，真是奇怪，而且又衝在前面。我們也來協助將軍吧！」光武軍繼續前進，王尋、王邑的部隊退卻，各部將領共同乘勝追擊，殺敵成百上千。（光武軍）連續取勝，順利推進。那時劉伯升攻下宛城已經三天了，但光武尚未得知，讓人偽裝成劉伯升的人拿着書信，向城中人報告説「宛城已經攻下，援兵馬上就到」，並假裝把信丟在路上。王尋、王邑得到此信，很不高興。漢軍衆將已經幾戰告捷，膽氣更壯，無不以一當百。光武於是與敢死隊三千人，從城西護城河上衝擊王莽軍的中堅，王尋、王邑軍亂了陣腳，漢軍乘勝摧毀敵軍，殺死王尋。城裏的部隊也擂鼓吶喊衝出城門，裏應外合，呼聲震天動地，王莽軍隊大敗，士兵奔逃相互踐踏，奔逃和死亡的人延綿百餘里。恰逢電鳴電閃，狂風大作，屋頂的瓦片都被颳飛，大雨傾盆，滍川河水大泛濫，虎豹嚇得腿都發抖。士卒爭相渡河，溺水而亡的人數以萬計，以致阻塞了河流。王邑、嚴尤、陳茂輕裝騎馬踩着屍體渡河逃走。光武軍繳獲了敵軍所有的軍需、輜重、戰車、鎧甲、珍寶，物資不可勝數，幾個月都搬不完，有的只好燒毀了。

光武因復徇下潁陽[1]。會伯升為更始所害，光武自父城馳詣宛謝。司徒官屬迎弔光武，光武難交私語，深引過而已。未嘗自伐昆陽之功[2]，又不敢為伯升服喪，飲食言笑如平常。更始以是慙，拜光武為破虜大將軍，封武信侯。

注釋　1 徇（粵：荀；普：xùn）：掠取；招撫。2 伐：自誇。

譯文　光武乘勢再度攻取下潁陽。這時正逢劉伯升被更始帝所殺，光武親自從父城趕到宛城謝罪。司徒府的屬官迎接、慰問光武，光武難以和他們私下交談，只是深深地引咎自責而已，沒有自誇昆陽之戰的功勞，也不敢為伯升服喪，飲食談笑都如平常一樣。更始帝因此感到慚愧，拜光武為破虜大將軍，封他為武信侯。

九月庚戌，三輔[1]豪傑共誅王莽，傳首詣宛。

更始將北都洛陽，以光武行司隸校尉[2]，使前整修宮府。於是置僚屬，作文移[3]，從事司察，一如舊章。時三輔吏士東迎更始，見諸將過，皆冠幘[4]，而服婦人衣，諸於繡䪼[5]，莫不笑之，或有畏而走者。及見司隸僚屬，皆歡喜不自勝。老吏或垂涕曰：「不圖今日復見漢官威儀！」由是識者皆屬心焉。

注釋

1 三輔：指長安周邊的京兆、左馮翊、右扶風三郡，分別統領幾個縣。2 行：代理。司隸校尉：掌三輔、三河、弘農七郡糾察的長官。3 文移：文書，公文。4 幘（粵：即；普：zé）：古代包髮髻的頭巾，多是地位卑賤的人所用。5 䪼（粵：決；普：jué）：半袖短衣。

譯文

九月庚戌日，三輔的豪傑共同殺了王莽，把他的首級送到宛城。更始帝將北上定都洛陽，讓光武代理司隸校尉的職務，讓他先赴洛陽修整皇宮官府。光武於是設置官員機構，起草公文，從事司法、檢察事務，一切沿襲漢朝舊有的典章制度。當時，三輔的官吏、紳士在東方迎接更始帝，看見經過的衆將戴着頭巾，穿着女人的衣服，在寬大上衣外面還套着繡花的半袖短衣，沒有不笑話他們的，有的人還害怕得跑開了。等看到司隸府的僚屬時，都喜不自勝。有些老官吏流淚說：「沒想到今天又見到漢官吏的威儀了！」從此，有識之士都對光武心有所屬。

及更始至洛陽，乃遣光武以破虜將軍行大司馬事。十月，持節北度河[1]，鎮慰州郡。所到部縣，輒見二千石、長吏、三老、官屬，下至佐史[2]，考察黜陟[3]，如州牧行部事。輒平遣囚徒，除王莽苛政，復漢官名。吏人喜悅，爭持牛酒迎勞。

注釋

1節：即符節，使者所持作為憑證的信物。2二千石：俸祿為二千石的官員。漢制，郡守俸祿為二千石，也因稱郡守為二千石。長吏：縣令、縣長以及丞尉。三老：鄉官。佐史：輔助人員。3黜陟（粵：出職；普：chù zhì）：指人才的進退，官吏的升降。

譯文

等更始帝到達洛陽，就派遣光武任破虜將軍行使大司馬職務。十月，光武持符節北渡黃河，安撫各州郡。所到屬縣，就會見二千石官僚、長吏、三老、官吏的屬員，下至佐史，考察官吏的升降情況，如同州牧巡行所屬各部之事一樣。還經常平反冤案，遣返囚徒，廢除王莽苛政，恢復漢朝官名。吏人都很喜悅，爭相拿出牛肉美酒迎接慰勞他。

進至邯鄲，故趙繆王子林說光武曰：「赤眉今在河東[1]，但決水灌之，百萬之衆可使為魚。」光武不答，去之真定。林於是乃詐以卜者王郎為成帝子子輿，十二月，立郎為天子，都邯鄲，遂遣使者降下郡國。

注釋

1赤眉：新莽末年起事的一支軍隊，因起事者將眉毛染紅為標誌，故稱。

譯文

到了邯鄲，原趙繆王的兒子劉林向光武獻策說：「赤眉軍現在河東，只要決開黃河水淹灌他們，就可以使他們百萬軍隊成為魚蝦。」光武沒有理睬，離開那裏前往真定。劉林便讓從事占卜的王郎詐稱是成帝的兒子劉子輿，十二月，擁立王郎為天子，定都邯鄲，並派使者招降各郡國。

二年正月，光武以王郎新盛，乃北徇薊。王郎移檄購光武十萬戶，而故廣陽王子劉接起兵薊中以應郎，城內擾亂，轉相驚恐，言邯鄲使者方到，二千石以下皆出迎。於是光武趣駕南轅，晨夜不敢入城邑，舍食道傍。至饒陽，官屬皆乏食。光武乃自稱邯鄲使者，入傳舍[1]。傳吏方進食，從者飢，爭奪之。傳吏疑其偽，乃椎鼓數十通[2]，紿言邯鄲將軍至[3]，官屬皆失色。光武升車欲馳，既而懼不免，徐還坐，曰：「請邯鄲將軍入。」久乃駕去。傳中人遙語門者閉之。門長曰：「天下詎可知[4]，而閉長者乎？」遂得南出。晨夜兼行，蒙犯霜雪，天時寒，面皆破裂。至呼沱河，無船，適遇冰合，得過，未畢數車而陷。進至下博城西，遑惑不知所之。有白衣老父在道旁，指曰：「努力！信都郡為長安守，去此八十里。」光武即馳赴之，信都太守任光開門出迎。世祖因發旁縣，得四千人，先擊堂陽、貰縣，皆降之。王莽和成卒正邳彤亦舉郡降[5]。又昌城人劉植、宋子人耿純，各率宗親子弟，據其縣邑，以奉光武。於是北降下曲陽，衆稍合，樂附者至有數萬人。

注釋

1傳（粵：專低去；普：zhuàn）舍：客館。供來往公務人員休止的客館、驛站。2椎（粵：除；普：chuí）鼓：用椎擊鼓。3紿（粵：怠；普：dài）：欺詐。4詎（粵：巨；普：jù）可：豈可。5和成：郡名。王莽時分鉅鹿為和成郡。卒正：官名，相當於太守。

譯文

更始二年正月，光武因王郎新近強盛起來，就向北攻伐薊縣。王郎發出檄文，願以十萬戶懸賞捉拿光武，已故廣陽王的兒子劉接在薊縣城內起兵響應王郎，城內紛擾混亂，百姓驚恐，都傳説邯鄲派來的使者馬上就要來了，城中郡守以下的官員都要出城迎接。光武於是急忙駕車南逃，日夜都不敢進入城邑，食宿都在路邊。到了饒陽，屬下都沒有吃的。光武便假稱是邯鄲來的使者，進入傳舍。傳吏剛送上飯來，隨從們飢餓難忍，爭搶飯食。傳吏懷疑他們不是邯鄲來的，就敲了幾十通鼓，假報邯鄲的將軍來了，光武的官員一聽大驚失色。光武上車想要逃走，既而擔心那樣也無法倖免，於是又慢慢回到座位，說：「請邯鄲將軍進來。」等了許久才駕車離去。傳舍的人遠遠地告訴守城人關閉城門。門長說：「天下之事誰說得清，怎能阻塞貴人？」光武於是得以從南門出城。他們日夜兼程，冒着霜雪，正值寒冬季節，臉都凍裂了。到了呼沱河，沒有渡船，恰逢河面凍冰，得以通過，沒過完幾輛車冰面就塌陷了。行到下博縣的城西，彷徨困惑不知要去何方。有位白衣老人在路邊，指點說：「努力啊！信都郡的人還在為長安堅守着，離這兒有八十里。」光武立即催馬奔赴那裏，信都太守任光打開城門迎接。光武便從鄰近的縣徵集到四千人，先攻堂陽、貰縣，兩地都投降了。王莽手下的和成郡卒正邳彤也帶領全郡前來投降。又有昌城人劉植、宋子人耿純，各自率領宗親族子弟，佔據了所在縣城，擁戴光武。於是光武又向北降服了下曲陽縣，兵馬逐漸聚集，樂於依附他的隊伍多達數萬人。

復北擊中山，拔盧奴。所過發奔命兵[1]，移檄邊部，共擊邯鄲，郡縣還復響應。

南擊新市、真定、元氏、防子，皆下之，因入趙界。

時王郎大將李育屯柏人，漢兵不知而進，前部偏將朱浮、鄧禹為育所破，亡失輜重。光武在後聞之，收浮、禹散卒，與育戰於郭門，大破之，盡得其所獲。育還保城，攻之不下，於是引兵拔廣阿。會上谷太守耿況、漁陽太守彭寵各遣其將吳漢、寇恂等將突騎來助擊王郎，更始亦遣尚書僕射謝躬討郎，光武因大饗士卒，遂東圍鉅鹿。王郎守將王饒堅守，月餘不下。郎遣將倪宏、劉奉率數萬人救鉅鹿，光武逆戰於南䜌，斬首數千級。四月，進圍邯鄲，連戰破之。五月甲辰，拔其城，誅王郎。收文書，得吏人與郎交關謗毀者數千章[2]。光武不省[3]，會諸將軍燒之，曰：「令反側子自安。」

注釋　1奔命兵：漢代郡國應急出戰的部隊。2交關：串通，勾結。3省（粵：醒；普：xǐng）：觀看，閱覽。

譯文　光武又向北攻打中山國，攻佔了盧奴縣。光武每到一處，都徵集「奔命兵」，並發文告到邊境地區各部，號召共擊邯鄲，各郡縣紛紛答覆響應。又南進攻打新市、真定、元氏、防子等地，全都攻克，於是進入趙地。

這時，王郎的大將李育正在柏人縣屯駐，漢軍不知此事而進軍，先頭部隊偏將朱浮、鄧禹被李育擊敗，丟失了裝備和糧草。光武在後面得知消息，收聚了朱浮、鄧禹的散兵，與李育在外城郭門激戰，大敗李育，全部奪回了被李育所獲得的裝備和糧草。李育退而守城，攻不下來，光武於是帶兵攻下廣阿縣。此時恰逢上谷太守耿況、漁陽太守彭寵分別派吳漢、寇恂等將軍率領突擊隊前來協助攻打王郎，更始帝也派尚書僕射謝躬前來討伐王郎，光武於是重重地犒勞士兵，然後東進包圍了鉅鹿城。王郎的將軍王饒堅守城中，光武一個多月也沒攻下。王郎派遣倪宏、劉奉率數萬兵馬解救鉅鹿，光武到南䜌縣迎戰，斬敵數千首級。四月，又進軍包圍邯鄲，連戰連勝。五月甲辰日，攻克城池，殺了王郎。繳獲文書，得到漢軍官吏與王郎勾結譭謗光武的信函數千章。光武看也不看，召集將領，當眾燒掉，說：「讓輾轉反側的人安下心來。」

更始遣侍御史持節立光武為蕭王，悉令罷兵詣行在所[1]。光武辭以河北未平，不就徵。自是始貳於更始。

是時長安政亂，四方背叛。梁王劉永擅命睢陽，公孫述稱王巴蜀，李憲自立為淮南王，秦豐自號楚黎王，張步起琅邪，董憲起東海，延岑起漢中，田戎起夷陵，

並置將帥，侵略郡縣。又別號諸賊銅馬、大肜、高湖、重連、鐵脛、大搶、尤來、上江、青犢、五校、檀鄉、五幡、五樓、富平、獲索等，各領部曲[2]，衆合數百萬人，所在寇掠。

注釋

1 行在所：天子所在的地方。2 部曲：古時軍隊的編制單位。大將軍營五部，校尉一人；部有曲，曲有軍候一人。借指軍隊。

譯文

更始帝派遣侍御史持符節立光武為蕭王，要他停戰到更始帝所在地來。光武推辭說河北尚未平定，不接受徵召。從此光武開始對更始帝存有二心。

這時長安政事混亂，各地都背叛更始帝。梁王劉永在睢陽縣專權一方，公孫述在巴蜀稱王，李憲自立為淮南王，秦豐自稱楚黎王，張步在琅邪起兵，董憲在東海起兵，延岑在漢中起兵，田戎在夷陵起兵，都設立將帥，侵佔各地郡縣。又有別號為銅馬、大肜、高湖、重連、鐵脛、大搶、尤來、上江、青犢、五校、檀鄉、五幡、五樓、富平、獲索等，各地盜匪，各自率領部隊，人數合計數百萬人，各自於所在的郡縣掠奪。

光武將擊之，先遣吳漢北發十郡兵。幽州牧苗曾不從，漢遂斬曾而發其衆。秋，光武擊銅馬於鄡，吳漢將突騎來會清陽。賊數挑戰，光武堅營自守；有出鹵掠者[1]，輒擊取之，絕其糧道。積月餘日，賊食盡，夜遁去，追至館陶，大破之。受降未盡，而高湖、重連從東南來，與銅馬餘衆合，光武復與大戰於蒲陽，悉破降之，封其渠帥為列侯[2]。降者猶不自安，光武知其意，勑令各歸營勒兵[3]，乃自乘輕騎按行部陳[4]。降者更相語曰：「蕭王推赤心置人腹中，安得不投死乎！」由是皆服。悉將降人分配諸將，衆遂數十萬，故關西號光武為「銅馬帝」。赤眉別帥與大肜、青犢十餘萬衆在射犬，光武進擊，大破之，衆皆散走。使吳漢、岑彭襲殺謝躬於鄴。

注釋

1 鹵掠：擄掠。鹵，通「擄」。2 渠帥：魁首。亦稱渠率。列侯：爵位名。秦制爵分二十級，最高級稱徹侯，漢代避武帝劉徹的名諱，改稱通侯，又稱列侯。3 勒兵：治軍，指揮軍隊。4 按行：巡行，巡視。部陳：軍伍行陣。

譯文

光武將要討伐他們，先派遣吳漢北上徵發十郡的兵馬。幽州牧苗曾不服從，吳漢就殺了他，調發了他的部隊。秋天，光武在鄡縣攻打銅馬軍，吳漢指揮騎兵突擊隊到清陽縣與光武會合。銅馬軍屢次挑戰，光武堅固營壘守禦，而銅馬軍有人外出搶掠財物的話，光武就派人予以截擊，斷絕銅馬軍的糧草通道。過了一個多月，銅馬軍糧食用盡，夜裏逃走，光武率軍追至館陶，大敗銅馬軍。受降之事尚未結束，高湖、重連兩路兵馬從東南方向過來了，他們與剩餘的銅馬軍會合，光武於是又與他們在蒲陽激戰，全線攻破敵軍並使他們歸降，封他們的將領為列侯。投降的將領心裏還是不踏實，光武知道他們的疑慮，令他們回到各自的軍隊管理士兵，於是自己單騎視察各營部隊。投降的人互相議論說：「蕭王對我們推心置腹，我們怎麼能不以死相報呢？」從此他們都心悅誠服。光武把全部降兵分配給諸位將領，部隊擴充至數十萬人，關西的人因此稱光武為「銅馬帝」。赤眉別部將領和大彤、青犢軍的十多萬人聚集在射犬地區，光武率兵攻打，大敗敵軍，各路敵軍全都逃散了。又派吳漢、岑彭襲擊鄴城，殺了謝躬。

青犢、赤眉賊入函谷關，攻更始。光武乃遣鄧禹率六裨將引兵而西，以乘更始、赤眉之亂。時，更始使大司馬朱鮪、舞陰王李軼等屯洛陽，光武亦令馮異守孟津以拒之。

建武元年春正月，平陵人方望立前孺子劉嬰為天子，更始遣丞相李松擊斬之。

譯文

青犢、赤眉軍進入函谷關，攻打更始帝。光武便派鄧禹率領六名副將帶兵西進，以便從更始帝與赤眉的混戰中獲益。這時更始帝派大司馬朱鮪、舞陰王李軼等在洛陽駐守，光武也命令馮異在孟津堅守，防禦他們。

建武元年春天正月，平陵人方望擁立西漢孺子劉嬰為天子，更始帝派遣丞相李松出擊並殺了劉嬰。

於是諸將議上尊號。馬武先進曰：「天下無主。如有聖人承敝而起，雖仲尼為相，孫子為將，猶恐無能有益。反水不收[1]，後悔無及。大王雖執謙退，奈宗廟社稷何！宜且還薊即尊位，乃議征伐。今此誰賊而馳騖擊之乎[2]？」光武驚曰：「何將軍出是言？可斬也！」武曰：「諸將盡然。」光武使出曉之，乃引軍還至薊。

注釋

1反水不收：覆水難收。反，「覆」之意。2馳騖：奔馳。

譯文

於是衆將開始議論上尊號之事。馬武首先進言說：「天下沒有君主。如果有聖人趁衰敗而興起，即使孔子為丞相，孫子做將軍，仍恐無濟於事。潑出去的水無法收回，後悔就來不及了。大王雖然堅持謙遜退讓，但是對國家社稷怎麼辦呢！應該暫且返回薊縣就皇帝尊位，然後商討征伐的事。現在天下究竟誰是賊人而需要馳騁疆場攻打呢？」光武大驚說：「將軍怎敢這樣說話？可要殺頭的！」馬武說：「將軍們都這樣說。」光武讓馬武出去向衆將解釋，便率軍返回薊城。

夏四月，公孫述自稱天子。

光武從薊還，過范陽，命收葬吏士。至中山，諸將復上奏曰：「漢遭王莽，宗廟廢絕，豪傑憤怒，兆人塗炭[1]。王與伯升首舉義兵，更始因其資以據帝位，而不能奉承大統，敗亂綱紀，盜賊日多，羣生危蹙[2]。大王初征昆陽，王莽自潰；後拔邯鄲，北州弭定[3]；叄分天下而有其二[4]，跨州據土，帶甲百萬。言武力則莫之敢抗，論文德則無所與辭。臣聞帝王不可以久曠，天命不可以謙拒，惟大王以社稷為計，萬姓為心。」光武又不聽。

注釋

1兆人：兆民，民衆。兆，數詞。極言衆多。2危蹙：危急，危迫。3弭（粵：美；普：mǐ）定：平定。弭，止息。4叄：通「三」，三分。

譯文

夏四月，公孫述自立為天子。

光武從薊縣返回，經過范陽，下令收埋官吏士兵的遺體。到達中山國時，衆將又上奏説：「漢朝遭受王莽之禍，劉氏宗廟廢絕，豪傑憤怒，百姓生靈塗炭。大王與伯升首先舉義兵，更始帝憑藉資歷佔據了帝位，卻不能奉承漢朝大統，反而敗亂綱常法紀，致使盜賊滋生，天下危急。大王當初征戰昆陽，王莽由此自我崩潰；後來攻克邯鄲，北方各州因此得以平定；三分天下已佔有了二分，橫跨州際的領地，擁有百萬的披甲士兵。論武力沒有誰能與您抗衡；講文德沒有人能與您相提並論。為臣聽説帝王之位不可長久空缺，天意不可謙虛辭讓，希望大王能以社稷為計，把黎民百姓裝在心中。」光武仍然沒有聽從。

行到南平棘，諸將復固請之。光武曰：「寇賊未平，四面受敵，何遽欲正號位乎？諸將且出。」耿純進曰：「天下士大夫捐親戚，棄土壤，從大王於矢石之間者[1]，其計固望其攀龍鱗，附鳳翼，以成其所志耳。今功業即定，天人亦應，而大王留時逆衆[2]，不正號位，純恐士大夫望絕計窮，則有去歸之思，無為久自苦也。大衆一散，難可復合。時不可留，衆不可逆。」純言甚誠切，光武深感，曰：「吾將思之。」

注釋 1矢石：弓箭和壘石，古時守城的武器。指戰爭。2留時：延誤時日。

譯文 行進至南平棘縣，衆將軍又堅決請求光武稱帝。光武說：「盜賊尚未平定，四面受敵，為甚麼要急着確立名號稱帝呢？諸位請回去吧！」耿純進言說：「天下的士大夫捨棄親人，丟掉鄉土，而追隨大王於廝殺征戰之間，恐怕本來都盼望自己能攀龍附鳳，以實現心中的遠大志向。現在大功即將告成，天象人事也已相互感應，而大王您延誤時日違背衆意，不就帝位，臣擔心士大夫期望落空，會出現離開或還鄉的想法，不願再長久地自討苦吃了。大家一旦離散，再難聚合。機不可失，時不再來，衆心不可違。」耿純所言誠懇，光武深受感動，說：「我將考慮你說的話。」

賞析與點評

衆將一而再，再而三地懇請劉秀稱帝未果，而耿純的一句「不正號位，純恐士大夫望絕計窮，則有去歸之思，無為久自苦也」，使得劉秀終於吐口表示：「吾將思之。」為甚麼呢？因為耿純點破了一個玄機，即為利祿奔走的君臣關係！君主是「龍」、「鳳」，臣下是希望借助「龍鱗」、「鳳翼」飛黃騰達。之所以追隨你，本是盼着你當上皇帝之後，大家獲利；你若當不上皇帝我們就另謀出路。可謂一語破的！

六月己未，即皇帝位。

冬十月癸丑，車駕入洛陽，幸南宮卻非殿，遂定都焉。

二年春正月庚辰，封功臣皆為列侯，大國四縣，餘各有差。博士丁恭議曰：「古帝王封諸侯不過百里，故利以建侯，取法於雷[1]，強幹弱枝，所以為治也。今封諸侯四縣，不合法制。」帝曰：「古之亡國，皆以無道，未嘗聞功臣地多而滅亡者。」乃遣謁者即授印綬，策曰：「在上不驕，高而不危；制節謹度，滿而不溢。敬之戒之。傳爾子孫，長為漢藩。」

注釋

1 取法於雷：《易・屯》卦「坎」上「震」下，「震」為雷，初九說「利建侯」，又說「震驚百里」，雷雨範圍只及百里，所以封諸侯「取法於雷」，封地也以百里為限。

譯文

六月己未日，光武即位為皇帝。

冬十月癸丑日，光武帝車駕進駐洛陽，親臨南宮的卻非殿，於是定都洛陽。

（建武）二年春正月庚辰日，將功臣全部封為諸侯，大的封邑有四個縣，其他的封邑大小不等。

博士丁恭建議說：「古代帝王給諸侯的封邑不超過百里，所以卦象上說有利於分封諸侯，要取法於雷，才能主幹強枝葉弱，治好天下。現在諸侯封邑超過四個縣，不符合法度。」光武帝說：「古往今來國家的滅亡，都是由於沒有道義，從未聽說過因功臣封地大而亡國的。」於是派謁者馬上將印綬發給各諸侯，並傳命說：「居於高位而不驕蠻，則位高而不危；節制而謹遵法度，則盛滿而不溢。切記於心，時時警醒，傳給你們的子孫，永遠地做漢室的屏障。」

（建武五年）五月丙子，詔曰：「久旱傷麥，秋種未下，朕甚憂之。將殘吏未勝，獄多冤結，元元愁恨[1]，感動天氣乎？其令中都官[2]、三輔、郡、國出繫囚，罪非犯殊死一切勿案[3]，見徒免為庶人[4]。務進柔良，退貪酷，各正厥事焉。」

注釋

1元元：百姓，庶民。2中都官：漢代京師各官署的統稱。3殊死：殊死刑，斬刑。案：通「按」，查辦，審理。4見徒：現役刑徒。見，通「現」。

譯文

（建武五年）五月丙子日，光武帝下詔說：「長久乾旱毀壞了麥子，連秋種也不能按時進行，朕對此很擔憂。或許因為殘酷官吏不勝任，致使監獄中有太多的冤屈，百姓的愁恨，讓上天受到了感動嗎？現在朕命令京中都官、三輔、各郡、各諸侯國釋放囚犯，不是犯了殊死之罪的都不再追究，現役刑徒赦免為平民。務必晉升任用柔順善良之士，摒退貪婪殘酷之徒，各自做好本職工作。」

（六年春正月）辛酉，詔曰：「往歲水、旱、蝗蟲為災，穀價騰躍，人用困乏。朕惟百姓無以自贍，惻然愍之[1]。其命郡國有穀者，給稟高年、鰥、寡、孤、獨及篤癃[2]、無家屬貧不能自存者，如《律》。二千石勉加循撫，無令失職。」

注釋

1 愍（粵：敏；普：mǐn）：憐憫，哀憐。2 給稟（粵：級凜；普：jǐ lǐn）：即給廩，官府供給糧食。篤癃（粵：隆；普：lóng）：困苦病廢。篤，困苦。癃，衰老病弱。

譯文

（建武六年春正月）辛酉日，下詔令說：「往年水、旱、蝗災，穀價飛漲，人民困苦。朕思量百姓不能養活自己，十分悲痛憐憫他們。命令尚有存糧的郡國，賑濟老人、鰥夫、寡婦、孤兒、老而無子以及病重體弱、無家屬貧窮不能自存的人，依照《漢律》規定發放。二千石郡守要努力安撫百姓，不要失職。」

六月辛卯，詔曰：「夫張官置吏，所以為人也。今百姓遭難，戶口耗少，而縣

官吏職所置尚繁，其令司隸、州牧各實所部，省減吏員。縣國不足置長吏可并合者，上大司徒、大司空二府。」於是條奏并省四百餘縣，吏職減損，十置其一。

譯文　六月辛卯日，下詔說：「設置官吏的目的為的是百姓。現在百姓遭難，戶口減少，而縣的官吏設置仍然繁複，命令司隸、州牧各自核實所轄各部，裁減吏員。將那些不足以設置的長官、可以合併的，報送大司徒、大司空二府。」於是上報合併了四百餘縣，裁減吏職，僅存十分之一。

（十二月）癸巳，詔曰：「頃者師旅未解，用度不足，故行什一之稅。今軍士屯田，糧儲差積[1]。其令郡國收見田租三十稅一[2]，如舊制。」

注釋　1 差：大致還可以。2 三十稅一：三十分取一的稅。西漢景帝二年曾令田租三十稅一，今依景帝制度，故後文說「如舊制」。

譯文　（十二月）癸巳日，下詔說：「近來，因戰事沒有結束，軍隊用度不足，所以實行十稅一的田稅。現軍隊士兵屯田耕種，糧食儲備大致還能有所積存。命令郡國恢復三十稅一的舊制。」

（七年春正月丙申）又詔曰：「世以厚葬為德，薄終為鄙，至於富者奢僭[1]，貧者單財[2]，法令不能禁，禮義不能止，倉卒乃知其咎[3]。其布告天下，令知忠臣、孝子、慈兄、悌弟薄葬送終之義。」

注釋

1僭：超越本分。2單（粵：丹；普：dān）財：耗盡資財。單，通「殫」，盡，竭盡。
3倉卒：指喪亂，非常事變。卒，同「猝」。

譯文

（建武七年春正月丙申日）又下詔說：「世人以厚葬為美德，以簡辦喪事為吝嗇，以至於富人奢侈越制，窮人耗盡家財，法令不能禁止，禮義不能制止，遇到非常事變墓葬被盜時才認識到其害處。現在佈告天下，希望明白做忠臣、孝子、仁兄、賢弟以薄葬送終的大義。」

三月丁酉，詔曰：「今國有衆軍，並多精勇，宜且罷輕車、騎士、材官、樓船

士及軍假吏[1]，令還復民伍。」

注釋 1平地作戰用輕車、騎士兵種；山地作戰用材官兵種；水戰用樓船士兵種。

譯文 三月丁酉日，下詔說：「現在封國有大批的軍隊，並且多有精悍勇猛之士，可暫且撤消輕車、騎士、材官、樓船士及一些臨時設置的軍吏，讓他們還鄉為民。」

（建武十三年春正月）戊子，詔曰：「往年已勑郡國[1]，異味不得有所獻御[2]，今猶未止，非徒有豫養導擇之勞[3]，至乃煩擾道上，疲費過所。其令太官勿復受[4]。明勑下以遠方口實所以薦宗廟[5]，自如舊制。」

注釋 1勑：命令，告誡。2獻御：指進獻食物給皇上。3豫養：預先養育。豫，同「預」，預先，事先。導（粵：稻；普：dào）擇：精選。4太官：掌皇帝膳食及燕享之事。5口實：膳食，食物。薦：進獻。

譯文 （建武十三年春正月）戊子日，下詔說：「往年已告誡各郡國，奇異美味不得進貢，但至今還未停止，如此非但要費心預先養殖、精心選擇，還要令所經之地增加耗費和辛苦。命令太官不再接受進貢。明確告誡下面遠方的進貢只是作為宗廟祭祀之用，按照舊的規定。」

（中元二年）二月戊戌，帝崩於南宮前殿，年六十二。遺詔曰：「朕無益百姓，皆如孝文皇帝制度，務從約省。刺史[1]、二千石長吏皆無離城郭，無遣吏及因郵奏。」

注釋

1 刺史：朝廷所派督察地方的官員，後沿用為地方官職名稱。

譯文

（中元二年）二月戊戌日，皇帝駕崩於南宮前殿，享年六十二歲。遺詔說：「我沒有做甚麼有益於百姓的事，喪事都依照孝文皇帝的制度，務必從儉節約。刺史、二千石長官都不要離開自己的城郭來奔喪，不要派吏員以及郵寄上書弔唁。」

初，帝在兵間久，厭武事，且知天下疲耗，思樂息肩。自隴、蜀平後，非儆急[1]，未嘗復言軍旅。皇太子嘗問攻戰之事，帝曰：「昔衞靈公問陳，孔子不

對。此非爾所及。」每旦視朝，日仄乃罷。數引公卿、郎、將講論經理，夜分乃寐。皇太子見帝勤勞不怠，承間諫曰：「陛下有禹、湯之明，而失黃、老養性之福，願頤愛精神，優遊自寧。」帝曰：「我自樂此，不為疲也。」雖身濟大業，兢兢如不及，故能明慎政體，總攬權綱，量時度力，舉無過事。退功臣而進文吏，戢弓矢而散馬牛[2]，雖道未方古，斯亦止戈之武焉[3]。

注釋

1 儆：緊急的事件或情況，多指戰爭。2 戢：收藏兵器。3 止戈之武：止戈為武的武德精髓。《左傳．宣公十二年》楚莊王把「武」字分為「止」「戈」兩部分，意思是「武」字是「止戈」兩字合成的，所以要能止戰，才是真正的武功。

譯文

起初，光武帝因長年軍旅生涯，而厭倦戰爭，而且知道天下疲憊虛耗，希望休養生息。自從平定隴、蜀兩地後，若非緊急，未曾再提及征戰之事。皇太子曾向他問及攻戰之事，光武帝說：「過去衞靈公諮詢軍陣之事，孔子不予回答。這不是你應涉及的。」每天早晨上朝，一直到太陽西斜才退朝。經常召見公卿、郎官和將領們議論經書的義理，直到深夜才睡覺。皇太子見光武帝勤勞不懈怠，乘他閒暇時勸諫說：「陛下有大禹、商湯的賢明，卻失去黃帝、老子所倡導的養性之福，願您保養精神，悠閒安寧。」光武帝答道：「我自己樂於這樣，不覺得疲倦。」雖成就了大業，卻兢兢業業，唯恐有所不及，所以能明智謹慎地處理政務，總攬權勢朝綱，審時度勢，決策無所失誤。不用功臣而重用文官，收藏起刀劍，遣散戰馬，雖治國方略不能與古代聖賢比肩，此業績亦可謂制止戰爭的武德了。

和熹鄧皇后紀

本篇導讀——

東漢的皇后多出自馬、鄧、竇、梁四大外戚豪族之門，所以這一時期皇后羣的強盛絕非西漢可比；而和帝的鄧皇后則更是其中的佼佼者。此人乃東漢開國功臣鄧禹的孫女，十五歲入宮，二十二歲被封為皇后，二十五歲開始垂簾聽政，主政十六載。執政期間內遭「水旱十年」，外遇西羌長期反亂。歷史上對她的評價雖褒貶不一，但能使東漢朝政度過內外危機，也使她贏得了「興滅國，繼絕世」的讚譽。就這一點而言，如果將她的作為與西漢呂后相比，恐怕也不出其左吧！

和熹鄧皇后諱綏，太傅禹之孫也。父訓，護羌校尉；母陰氏，光烈皇后從弟女

也。后年五歲，太傅夫人愛之，自為翦髮。夫人年高目冥，誤傷后額，忍痛不言。左右見者怪而問之，后曰：「非不痛也，太夫人哀憐為斷髮，難傷老人意。故忍之耳。」六歲能《史書》[1]，十二通《詩》、《論語》。諸兄每讀經傳，輒下意難問[2]。志在典籍，不問居家之事。母常非之，曰：「汝不習女工以供衣服，乃更務學，寧當舉博士邪？」后重違母言[3]，晝修婦業，暮誦經典，家人號曰「諸生」[4]。父訓異之，事無大小，輒與詳議。

注釋

1史書：周宣王太史籀所作的《十五篇》。《漢書》稱之為「教學童之書」。2下意：屈意，虛心和順。3重違：難違。4諸生：有知識學問之士；學生。

譯文

和熹鄧皇后名綏，是太傅禹的孫女。父親鄧訓，是護羌校尉；母親陰氏，是光烈皇后堂弟的女兒。五歲時，太傅夫人很喜歡她，親自為她剪髮。夫人年老眼花，誤傷了她額頭，她也忍痛不言。左右的人見此感到奇怪而問她為甚麼，她說：「不是不痛啊，太夫人愛憐我為我剪髮，難傷老人心意。所以忍痛不言。」六歲能讀《史書》，十二通曉《詩經》、《論語》。各兄長每每讀經傳時，她總是虛心地請教疑難問題。她的志向在於典籍，不過問居家之事。母親常責怪她說：「你不學女紅以提供衣服的穿用，竟轉而攻讀學問，難道要應舉博士嗎？」皇后難以違背母親的教誨，就白天修習女紅，晚上誦讀經典，家人送她外號「諸生」。父親鄧訓覺得她很不一般，事無大小，總是與她詳加討論。

永元四年，當以選入，會訓卒，后晝夜號泣，終三年不食鹽菜，憔悴毀容，親人不識之。后嘗夢捫天[1]，蕩蕩正青，若有鍾乳狀，乃仰嗽飲之[2]。以訊諸占夢，言堯夢攀天而上，湯夢及天而咶之[3]，斯皆聖王之前占，吉不可言。又相者見后驚曰：「此成湯之法也[4]。」家人竊喜而不敢宣。后叔父陔言：「常聞活千人者，子孫有封。兄訓為謁者，使修石臼河，歲活數千人。天道可信，家必蒙福。」初，太傅禹歎曰：「吾將百萬之眾，未嘗妄殺一人，其後世必有興者。」

注釋

1捫：摸。2嗽：吮吸。3咶：古通「舐」，舔。4法：此指骨法，即骨骼特徵。

譯文

永元四年（九二），本當選入宮中，適逢父親鄧訓去世，皇后晝夜號啕哭泣，整整三年不食鹽和蔬菜，面容憔悴，親人見面也認不出她來。皇后曾經夢見自己觸摸天空，見天空浩蕩純青，彷彿有鍾乳的形狀，便仰面吮飲那物。以此夢訊問於占夢者，回答說堯帝曾夢見攀天而上，湯帝曾夢見到達天而舔舐那裏，這些都是成為聖王的預兆，吉祥不可言說。又有相面者見到皇后吃驚地說：「此成湯的骨法。」家人暗自歡喜而不敢宣揚。皇后叔父鄧陔說：「常聽人說能救活一千人的人，其子孫必有封爵。兄長鄧訓任謁者時，使人修石臼河，一年救活數千人。天道可信，鄧家必蒙受幸福。」當初，太傅鄧禹感歎說：「我統帥百萬之眾，未曾妄殺一人，恐怕後世必有興盛之人。」

七年，后復與諸家子俱選入宮。後長七尺二寸，姿顏姝麗[1]，絕異於眾，左右皆驚。八年冬，入掖庭為貴人，時年十六。恭肅小心，動有法度。承事陰后，夙夜戰兢[2]。接撫同列，常克己以下之，雖宮人隸役，皆加恩借。帝深嘉愛焉。及后有疾，特令后母兄弟入視醫藥，不限以日數。后言於帝曰：「宮禁至重，而使外舍久在內省[3]，上令陛下有幸私之譏，下使賤妾獲不知足之謗。上下交損，誠不願也。」帝曰：「人皆以數入為榮，貴人反以為憂，深自抑損，誠難及也。」每有讌會，諸姬貴人競自修整，簪珥光采，袿裳鮮明[4]，而后獨著素，裝服無飾。其衣有與陰后同色者，即時解易。若並時進見，則不敢正坐離立[5]，行則僂身自卑。帝每有所問，常逡巡後對[6]，不敢先陰后言。帝知后勞心曲體，歎曰：「修德之勞，

乃如是乎！」後陰后漸疏，每當御見，輒辭以疾。時帝數失皇子，后憂繼嗣不廣，恆垂涕歎息，數選進才人，以博帝意。

注釋

1姝：美麗。2夙夜：朝夕，日夜。指天天、時時。3外舍：外家。省：王宮禁地，禁中。4簪：用以綰頭髮的首飾。珥：用珠子或玉石做的耳環。袿（粵：歸；普：guī）：婦人上服。5離：並也。6逡巡：退避，恭順貌。

譯文

永元七年，皇后又與諸家女子一起選入宮中。皇后長七尺二寸（約一米六六），面貌美麗，與衆人迴異，周圍人皆為之驚歎。永元八年冬季，她進入掖庭為貴人，時年十六歲。她為人恭肅靜默，小心謹慎，舉止有法度。侍奉陰皇后，時時戰戰兢兢。她愛撫同僚，而常常克制甚至降低自己，即使宮人隸役，也都加以恩惠和寬容。漢和帝對她深為讚許寵愛。到皇后有病時，特許皇后的母親和兄弟入宮侍奉醫藥，而且不限制逗留日數。皇后對和帝說：「宮禁是非常重地，而讓外家人長期在宮中，對上而言，使陛下蒙受寵幸偏私的譏諷；對下而言，使賤妾受到不知足之怨謗。上下一起受損，真不願如此。」和帝說：「別人都以能多次進入宮禁為榮，貴人反而以此為憂，深深地抑制自我，實在難得。」每當宴會時，衆姬貴人競相修飾打扮自己，簪珥等首飾光采奪目，衣着色彩鮮明，而她卻獨自身着素樸，裝服不加裝飾。自己的衣服如果與陰皇后同色，立即脱衣更換。若同時進見的話，則不敢正坐並立，行走時則躬身以示自卑。和帝每當有所提問時，她常退避而後對答，不敢先於陰后發言。和帝知道她憂心曲體，感歎説：「修德之勞，竟是如此呀！」後來和帝對陰后漸漸疏遠，每當召她進見時，總是以病推辭。當時和帝數次失去皇子，鄧皇后擔憂繼承人不夠多，常常垂淚歎息，多次選進才人，以博得和帝的注意。

賞析與點評

帝王所居「內省」與今天地方政府的「省」之間，有着悠久的歷史淵源。自古帝王起居之處均設禁，用今天的話即設警戒線，無許可證者不得進入。所以凡帝王所在之處均稱為「禁中」。然而，西漢元皇后王政君的父親名禁，當時避之，曾經改「禁」為「省」字。蓋取「省」有帝王巡察之意。從東漢開始，「禁中」、「省中」並用，稱宮中為「禁省」。大約在隋唐開始「省」演變為中央官署的名稱，如「三省六部」（日本古代引進此制之後，至今在名稱上沒有大的變化）。蒙古人執政的元朝把「中書省」設置到了地方，簡稱「行省」，明朝雖然在形式上廢除了行省制，代之以各地的布政使司，但仍簡稱為「省」。清朝正式改布政司為「省」，直至今天「省」都是地方省—縣行政機構的重要一環。

陰后見后德稱日盛，不知所為，遂造祝詛，欲以為害。帝嘗寢病危甚，陰后密言：「我得意，不令鄧氏復有遺類！」后聞，乃對左右流涕言曰：「我竭誠盡心以事皇后，竟不為所祐，而當獲罪於天。婦人雖無從死之義，然周公身請武王之命，越姬心誓必死之分[1]，上以報帝之恩，中以解宗族之禍，下不令陰氏有人豕之譏[2]。」即欲飲藥，宮人趙玉者固禁之，因詐言屬有使來，上疾已愈。后信以為然，乃止。明日，帝果瘳[3]。

注釋

1越姬：楚昭王之姬，越王句踐之女。昭王病時，她踐行此前願替王赴死的「心誓」而自殺。2人豕：漢高帝愛幸戚夫人。帝崩，呂太后斷戚夫人手足，挖眼薰耳，命名「人彘」，即「人豕」。3瘳（粵：抽；普：chōu）：病癒。

譯文

陰皇后見她以德受到的稱讚越來越盛，不知所措，就制造祝咒，想以此加害於她。和帝曾臥病報危，陰后祕密地說：「等我得意時，不讓鄧氏有一人能存活！」鄧貴人聽說此話，對左右人流淚說：「我竭誠盡心以侍奉皇后，竟受不到神祇保佑，而承受着上天的懲罰。婦人雖沒有從死的道理，然而周公以自己的身體請求換取武王的生命，越姬發下「心誓」必定承擔為楚王替死的職責，對上可以報皇帝之恩，對中可以解脫宗族之禍，對下不讓陰氏受『人豕』之諷譏。」隨即要飲藥自殺，宮人趙玉堅決制止她，還謊稱恰好遇上使者來到，說皇帝的病已治癒。她信以為真，於是沒有自殺。次日，皇帝果然病癒。

十四年夏，陰后以巫蠱事廢，后請救不能得，帝便屬意焉。后愈稱疾篤，深自閉絕。會有司奏建長秋宮[1]，帝曰：「皇后之尊，與朕同體，承宗廟，母天下，豈易哉！唯鄧貴人德冠後庭，乃可當之。」至冬，立為皇后。辭讓者三，然後即位。手書表謝，深陳德薄，不足以充小君之選[2]。是時，方國貢獻[3]，競求珍麗之物，自后即位，悉令禁絕，歲時但供紙墨而已[4]。帝每欲官爵鄧氏，后輒哀請謙讓，故兄騭終帝世不過虎賁中郎將。

注釋

1長秋宮：漢代洛陽宮殿名。皇后所居宮殿，因用以作皇后的代稱。請立皇后，不敢直言，故以宮稱之。2小君：周代對諸侯之妻的稱呼；後來指稱皇后。3方國：四方諸侯之國；四鄰之國。4歲時：每年一定的季節或時間。

譯文

永元十四年夏天，陰皇后因巫蠱之事被廢黜，鄧貴人求情相救而沒有成功，皇帝便傾心於她。她愈發稱病重，將自己關閉於深宮拒絕來往。適逢主管官員奏請立長秋宮皇后，和帝說：「皇后之尊，與朕相同，奉承宗廟，母儀天下，難道容易嗎！唯有鄧貴人德冠後宮，可以當得起。」到了冬天，立鄧貴人為皇后。她辭讓再三，然後即位。她手書上奏表示謝意，深深地陳說自己德行淺薄，不足以充當皇后之選。這時，四方諸國向朝廷進貢，競相尋求珍奇美麗之物，自皇后即位，對此一律嚴令禁止，每年僅定期供給紙墨而已。皇帝每每要封鄧氏家族官爵，皇后總是哀請謙讓，所以她的兄長鄧騭在和帝一朝不過做到虎賁中郎將。

元興元年，帝崩，長子平原王有疾，而諸皇子夭沒，前後十數，後生者輒隱祕養於人間。殤帝生始百日，后乃迎立之。尊后為皇太后，太后臨朝。和帝葬後，宮人並歸園，太后賜周、馮貴人策曰：「朕與貴人託配後庭，共歡等列，十有餘年。不獲福祐，先帝早弃天下，孤心煢煢[1]，靡所瞻仰，夙夜永懷，感愴發中。今當以舊典分歸外園，慘結增歎，燕燕之詩[2]，曷能喻焉？其賜貴人王青蓋車，采飾輅，驂馬各一駟，黃金三十斤，雜帛三千匹，白越四千端。」又賜馮貴人王赤綬，以未有頭上步搖[3]、環珮，加賜各一具。

注釋

1煢煢：形容孤獨無依靠。2燕燕：出自《詩經・國風・邶風》，是衛莊姜送歸妾時吟唱的詩句：「燕燕于飛，差池其羽。之子于歸，遠送于野。瞻望不及，泣涕如雨。」3步搖：婦女附在簪釵上有垂珠的首飾。步行時搖曳擺動，故名。

譯文

元興元年（一〇五），和帝駕崩，長子平原王有病，而其他皇子都夭折，前後十幾人，後來出生的皇子都隱蔽地祕密寄養於民間。殤帝出生剛剛百日，皇后就迎立他為皇帝。尊皇后為皇太后，太后臨朝聽政。和帝安葬之後，宮人都回到各園，太后賜周、馮二貴人策書曰：「朕與貴人同託身列於後庭，共享歡樂，十有餘年。沒有獲得天賜福祐，先帝早早拋棄了天下，孤心中孤獨，無所瞻仰，日夜不停地懷念，感傷之情發自心中。現在按照舊例典章你們應當分別回到外園，憂傷鬱結，徒增悲歎，《燕燕》送別之詩，何以能比喻得了？賜予貴人王青蓋車、采飾輅車、驂馬各一駟，黃金三十斤、雜帛三千疋、白越布四千端。」又賜予馮貴人諸侯王赤綬，因她沒有頭上的步搖、環珮，加賜各一具。

是時新遭大憂，法禁未設。宮中亡大珠一篋，太后念，欲考問，必有不幸。乃親閱宮人，觀察顏色，即時首服。又和帝幸人吉成，御者共枉吉成以巫蠱事，遂下掖庭考訊，辭證明白。太后以先帝左右，待之有恩，平日尚無惡言，今反若此，不合人情，更自呼見實覈，果御者所為。莫不歎服，以為聖明。常以鬼神難徵，淫祀無福，乃詔有司罷諸祠官不合典禮者。又詔赦除建武以來諸犯妖惡，及馬、竇家屬所被禁錮者，皆復之為平人。減大官、導官、尚方、內者服御珍膳靡麗難成之物[1]，自非供陵廟，稻粱米不得導擇[2]，朝夕一肉飯而已。舊太官湯官經用歲且二萬萬，太后勑止，日殺省珍費[3]，自是裁數千萬。及郡國所貢，皆減其過半。悉斥賣上林鷹犬。其蜀、漢釦器九帶佩刀[4]，並不復調。止畫工三十九種。又御府、尚方、織室錦繡、冰紈、綺縠、金銀、珠玉、犀象、瑇瑁、彫鏤翫弄之物，皆絕不作。離宮別館儲峙米糒薪炭[5]，悉令省之。又詔諸園貴人，其宮人有宗室同族若羸老不任使者，令園監實覈上名，自御北宮增喜觀閱問之，恣其去留，即日免遣者五六百人。

注釋

1大官：即太官，掌宮廷御膳。導官：掌御用和祭祀的米食乾糧。尚方：製造帝王所用器物的官署。內者：掌宮中帷帳的官署。2導擇：精選稻米。3珍費：奢侈享受所用的開支。4釦：以金銀等修飾器物。5儲峙：蓄積。糒：乾飯。

譯文

這時剛遭受大喪事，法禁尚未設立。宮中丟失一篋大珠，太后思量，若要拷問的話，必然出現冤枉無辜者。就親自查檢宮人，察顏觀色，盜珠者即刻自首服罪了。又有和帝所寵幸之人吉成，御者共同誣告吉成製造巫蠱之事，於是下交掖庭拷問，供辭、證據明白。太后想此人是先帝的左右侍從，皇帝待他有恩，平日尚無不滿之言，現在先帝去世之後反而如此，不合人情，就親自喚他來再次核實，果然是御者所製造的冤案。所有人莫不歎服，認為她很聖明。她常常認為鬼神之事難以驗證，淫祀濫祭不會得到福祐，於是下詔相關的主管部門罷免各種不合典禮的祠官。又下詔赦免建武年間以來犯有妖惡之罪的人，以及馬氏、竇氏家屬中被監禁的人，使之恢復成為平民。減少太官、導官、尚方、內者所供給的服飾、御膳、奢靡華麗難以製成之物，除非供奉陵廟祭祀之外，稻粱米都不得精選，早飯晚飯僅限一種肉膳而已。過去太官、湯官每年常用經費二萬萬，太后勑令予以停止，每日裁減奢侈性開支，從此每年裁減數千萬。及至郡國的貢品，都減少一多半。將上林苑中狩獵用的鷹、犬全部出賣。那些由蜀郡、廣漢郡進貢的金銀裝飾的九帶佩刀，都不再徵調。廢止畫工三十九種。又令御府、尚方、織室的錦繡、冰紈、綺縠、金銀、珠玉、犀象、瑇瑁等雕刻鏤空之類玩物，都不再製作。離宮別館蓄積的糧食薪炭，都下令省去。又下詔各園貴人，她們的宮人中有的是宗室同族，如有羸老不勝任差使的，令園監予以核實，上報名冊，她親自御臨北宮增喜覿進行查問，任憑其去留，即日免除、遣返的有五六百人。

及殤帝崩，太后定策立安帝[1]，猶臨朝政。以連遭大憂，百姓苦役，殤帝康陵方中祕藏[2]，及諸工作，事事減約，十分居一。

詔告司隸校尉、河南尹、南陽太守曰：「每覽前代外戚賓客，假借威權，輕薄謥詷[3]，至有濁亂奉公，為人患苦。咎在執法怠懈，不輒行其罰故也。今車騎將軍騭等雖懷敬順之志，而宗門廣大，姻戚不少，賓客姦猾，多干禁憲[4]。其明加檢勑[5]，勿相容護。」自是親屬犯罪，無所假貸[6]。太后愍陰氏之罪廢，赦其徙者歸鄉，勑還資財五百餘萬。永初元年，爵號太夫人為新野君，萬戶供湯沐邑[7]。

注釋

1策立：發佈詔策文書確立皇位、太子以及皇后。2方中：即陵中。祕藏：陵墓中陪葬物。3謥詷：言辭急促。謥，言急。詷，通「恫」，恐嚇。4干：犯。5勑（粵：斥；普：chì）：通「敕」，整頓。6假貸：寬宥。7湯沐邑：指國君、皇后、公主等收取賦稅的私邑。

譯文

到殤帝駕崩，太后策立了安帝，仍然臨朝執政。因為連續遭受和帝、殤帝去世大憂，百姓苦於勞役，殤帝所葬康陵的墓中陪葬品，以及各項喪事，事事節約，僅相當於通常的十分之一。

太后詔告司隸校尉、河南尹、南陽太守說：「每每披覽史書所載前代外戚賓客，藉皇親威勢權力，輕浮淺薄而言語唐突，甚至有的妨害正常的奉公執法，被人厭惡。其過失在於執法怠懈，不總是公平地實施懲罰所致。現在車騎將軍鄧騭等人雖然懷有敬順之志，但是宗族龐大，姻戚不少，賓客奸猾，多有違犯法令之事。令你們公開加以檢舉，不得相互縱容袒護。」自此親屬犯罪，沒有誰能得到寬容了。太后憐憫陰氏因罪被廢黜，赦免那些被流放的人返鄉，勑令發還資財五百餘萬。安帝永初元年（一〇七），封皇太后之母陰氏為新野君，賜以萬戶的湯沐邑。

二年夏，京師旱，親幸洛陽寺錄冤獄[1]。有囚實不殺人而被考自誣，羸困輿見，畏吏不敢言，將去，舉頭若欲自訴。太后察視覺之。即呼還問狀，具得枉實，即時收洛陽令下獄抵罪。行未還宮，澍雨大降。

三年秋，太后體不安，左右憂惶，禱請祝辭，願得代命。太后聞之，即譴怒，切敕掖庭令以下，但使謝過祈福，不得妄生不祥之言。舊事，歲終當饗遣衛士，大儺逐疫[2]。太后以陰陽不和，軍旅數興，詔饗會勿設戲作樂，減逐疫侲子之半[3]，悉罷象橐駝之屬。豐年復故。太后自入宮掖，從曹大家受經書，兼天文、筭數。晝省王政，夜則誦讀，而患其謬誤，懼乖典章，乃博選諸儒劉珍等及博士、議郎、四府掾史五十餘人，詣東觀讎校傳記。事畢奏御，賜葛布各有差。又詔中官近臣於東觀受讀經傳，以教授宮人，左右習誦，朝夕濟濟。及新野君薨，太后自侍疾病，至乎終盡，憂哀毀損，事加於常。贈以長公主赤綬、東園祕器[4]、玉衣繡衾，又賜布三萬匹，錢三千萬。騭等遂固讓錢布不受。使司空持節護喪事，儀比東海恭王，謚曰敬君。太后諒闇既終[5]，久旱，太后比三日幸洛陽，錄囚徒，理出死罪三十六人，耐罪八十人，其餘減罪死右趾已下至司寇[6]。

注釋

1寺：衙署；官舍。又稱「庭」。洛陽寺：東漢洛陽縣令即京畿地方行政長官的官署。漢代九卿官署也稱為「寺」。如接待外國人和少數民族的鴻臚寺，即九卿寺之一。一說東漢明帝在鴻臚寺接待佛僧時，專為其建寺譯經。錄：省察，甄別。2大儺（粵：挪；普：nuó）：歲末禳祭，以驅除瘟疫。3侲（粵：鎮；普：zhèn）子：指做逐鬼的童子。4東園：官署名，屬少府。祕器：因掌管製作凶器，故言祕器。5諒闇：居喪時所居住的房子。或為「諒陰」。6司寇：刑罰名。罰往邊地戍守防敵。司通「伺」。

譯文

永初二年（一〇八）夏，京師地區乾旱，太后親赴洛陽寺甄別冤案。有囚犯實際沒有殺人而被屈打成招，瘦弱困頓被擡上來，他畏懼官吏不敢說話，將要離去時，擡起頭好像要訴說。太后審視而察覺，立即召回來詢問情況，掌握了全部冤情，馬上收捕了洛陽令下獄抵罪。太后返回尚未至宮，及時雨大降。

永初三年秋，太后身體欠佳，周圍人憂慮恐惶，祈禱祝告，願能以己命代之。太后聽說此事，立即譴責發怒，嚴厲告誡掖庭令以下的人說，只能謝罪過以祈禱幸福，不得隨意發出不祥之言。按舊例，年終應當犒勞退役還鄉的衛士，舉辦大規模儀式驅逐疫鬼。太后認為陰陽之氣不諧和，軍旅征戰屢有發生，下詔饗宴聚會不得演戲作樂，驅逐疫鬼的人員減半，儀式一律不得使用象、駱駝之類動物。待到豐收年景再行恢復。太后自從進入宮掖，師從曹大家（班昭）學習經書，兼習天文、算數。白天視察王政，夜晚則誦讀書籍，而擔憂其中有謬誤，恐怕違背典章，於是廣泛選調劉珍眾儒以及博士、議郎、四府掾史等五十餘人，至東觀讎校傳記文獻。校對完畢上奏，按照等級賞賜他們葛布。又下詔讓中官近臣在東觀受課誦讀經傳，以便教授宮人，左右侍從都學習誦讀，朝夕相處，濟濟一堂。到新野君去世之前，太后親自侍奉疾病，直至新野君死去，太后憂傷悲哀，健康毀損，喪事的操辦超乎常規。贈予她長公主赤綬、東園祕器、玉衣繡衾，又賜布三萬疋，錢三千萬。鄧騭等則堅持推辭而不接受錢布。太后讓司空持節辦理喪事，儀式比照東海恭王，謚號為敬君。太后居喪結束，久逢乾旱，太后連續三日到洛陽，審理囚徒，理出死罪囚徒三十六人，受耐罪（剃去鬢鬚的刑罰）囚徒八十人，其餘對死罪以及從斬右趾以下直至司寇予以減刑。

七年正月，初入太廟，齋七日，賜公卿百僚各有差。庚戌，謁宗廟，率命婦羣妾相禮儀[1]，與皇帝交獻親薦，成禮而還。因下詔曰：「凡供薦新味，多非其節，或鬱養強孰[2]，或穿掘萌牙，味無所至而夭折生長，豈所以順時育物乎！傳曰[3]：『非其時不食。』自今當奉祠陵廟及給御者，皆須時乃上。」凡所省二十三種。

自太后臨朝，水旱十載，四夷外侵，盜賊內起。每聞人飢，或達旦不寐，而躬自減徹，以救災戹，故天下復平，歲還豐穰。

注釋　1命婦：有封號的婦女（因丈夫的官爵而受封號）。多指官員的母、妻。2鬱：通

「燠」，溫暖。3傳：書傳，著作。

譯文

永初七年正月，太后開始進入太廟，齋戒七天，按照公卿百官各自等級予以不同的賞賜。庚戌日，拜謁宗廟，率領命婦羣妾輔助禮儀，太后與皇帝交替奉獻，親自祭獻，完成祭禮之後返回。因而下詔說：「凡所供獻的應季鮮物，多數並非適應季節的食物，有的是溫暖栽培、勉強催熟，有的是挖掘萌芽，味道不能十足而且夭折植物的生長，難道是順應天時培育作物嗎！書傳上說：『非時節之物不食。』自現在起作為供奉祭祀陵寢宗廟以及供給御用之物，都必須是適應時節的才能進上。」總計省去供品二十三種。

自從太后臨朝，水旱之災連續十年，四夷外侵，盜賊內起。每當聽說人民遭受饑荒，太后有時徹夜無眠，而且親自減少、撤銷開支，用以救災匡厄，所以天下恢復太平，年景重獲豐收。

賞析與點評

「燠養強熟」的記載告訴我們，古人為了在祭祖時獻上最新鮮的祭品，已經開始使用溫室催熟的人工栽培技術。這一點很像如今調溫、調溼的溫室栽培。

太后所言違背自然規律必損害植物品質的觀點，以及強調「順時育物」的論斷，都是使我們這些二十一世紀人為之汗顏的深刻道理。

六年，太后詔徵和帝弟濟北、河間王子男女年五歲以上四十餘人，又鄧氏近親子孫三十餘人，並為開邸第，教學經書，躬自監試。尚幼者，使置師保[1]，朝夕入宮，撫循詔導，恩愛甚渥[2]。乃詔從兄河南尹豹、越騎校尉康等曰：「吾所以引納羣子，置之學官者，實以方今承百王之敝，時俗淺薄，巧偽滋生，五經衰缺，不有化導，將遂陵遲，故欲褒崇聖道，以匡失俗。傳不云乎：『飽食終日，無所用心，難矣哉！』[3]今末世貴戚食祿之家，溫衣美飯，乘堅驅良，而面牆術學[4]，不識臧否，斯故禍敗所從來也。永平中，四姓小侯皆令入學[5]，所以矯俗厲薄[6]，反之忠孝。先公既以武功書之竹帛[7]，兼以文德教化子孫，故能束脩，不觸羅網。誠令兒曹上述祖考休烈，下念詔書本意，則足矣。其勉之哉！」

注釋 1師保：輔弼帝王和教導王室子弟的教官，有師有保，統稱「師保」。2撫循：安撫存恤。詔導：教導。詔，告。渥：濃，厚。3語出《論語．陽貨》。4面牆：比喻不學而識見淺薄。5小侯：功臣子孫或外戚子弟之封侯者。以其非列侯，故稱。6厲：同「勵」，勸勉。7先公：指鄧禹。鄧禹有子十三人，讓他們各自學習一部儒家經典，所以說以文德教化子孫。

譯文

元初六年（一一九），太后下詔徵和帝的弟弟濟北王、河間王之子男女年齡在五歲以上的四十餘人，以及鄧氏近親的子孫三十餘人，一併為他們開設舍第，教他們學習經書，太后親自監督考試。對年紀還小的，為他們設置師保，每日入宮，安撫教導，恩愛甚厚。於是下詔對堂兄河南尹鄧豹、越騎校尉鄧康等說：「我之所以接納眾子弟，讓他們入學官，實在是因為當今接承歷代帝王之弊政，時下習俗淺薄，虛偽不實滋生，五經學術衰敗欠缺，不加以教化引導，將要衰頹，所以要褒揚推崇聖道，以便匡救不正的風尚。書傳不是說過嗎：『終日飽食，不用心於道義的話，若要最終成就遠大目標，太難了呀！』現在，那些末世貴戚食祿之家，穿溫衣、食佳肴，乘堅車、驅良馬，不學無術，不明善惡，這本是禍害與失敗的原因。永平年間，曾令樊氏、郭氏、陰氏、馬氏四姓外戚子弟封侯者一律入學，用來矯正習俗，勸勉淺薄，使他們回歸忠孝之道。鄧氏先公既能以武功載於史籍，又能以文德教化子孫，所以能自我約束修整，不觸犯法網綱紀。假使兒輩能對上遵循祖先盛美的事業，對下能思考此詔書的本意，則足夠了。要為此勉勵啊！」

康以太后久臨朝政，心懷畏懼，託病不朝。太后使內人問之。時宮婢出入，多能有所毀譽，其耆宿者皆稱中大人，所使者乃康家先婢，亦自通中大人。康聞，詬之曰：「汝我家出，爾敢爾邪！」婢怒，還說康詐疾而言不遜。太后遂免康官，遣歸國，絕屬籍。

永寧二年二月，寢病漸篤，乃乘輦於前殿，見侍中、尚書，因北至太子新所繕宮。還，大赦天下，賜諸園貴人、王、主、羣僚錢布各有差。詔曰：「朕以無德，託母天下，而薄祐不天，早離大憂[1]。延平之際，海內無主，元元戹運，危於累卵[2]。勤勤苦心，不敢以萬乘為樂，上欲不欺天愧先帝，下不違人負宿心，誠在濟度百姓，以安劉氏。自謂感徹天地，當蒙福祚，而喪禍內外[3]，傷痛不絕。頃以廢病沈滯，久不得侍祠，自力上原陵，加欬逆唾血，遂至不解。存亡大分，無可柰何。公卿百官，其勉盡忠恪，以輔朝廷。」三月崩。在位二十年，年四十一。合葬順陵。

論曰：鄧后稱制終身，號令自出，術謝前政之良[4]，身闕明辟之義[5]。

注釋

1離：遭受。後代多作「罹」。2累卵：把蛋重疊起來，形容極度危險。3內外：內指母親新野君去世，外指和、殤二帝去世。4謝：遜；不如。前政：指周公攝位之政。5闕：缺。指缺少周公雖攝位但仍能還政給周成王的大義。辟：君。

譯文

鄧康因太后長久把持朝政，心懷畏懼，託病不上朝。太后派內宮人去慰問。當時宮婢出入宮內外，多能對人有所詆譭、讚譽，那些年高有德者都稱為中大人，太后派來的人本是鄧康家先前的婢女，她也自己通報為中大人。鄧康聽後，辱罵她說：「你是從我家出去的，你竟敢如此呀你！」婢女憤怒，回來說鄧康是詐稱有病而且出言不遜。太后於是罷免鄧康官職，遣返封國，取消了他宗室成員的名籍。

永寧二年（一二一）二月，太后臥病且逐漸加重，於是乘輦車至前殿，召見侍中、尚書，順便至太子新近修繕的宮殿。回宮之後，大赦天下，按照等級賞賜各園的貴人、王、主及其羣僚錢、布。下詔說：「朕以無功德之身，寄託於天下之母的位置，而命薄不受天的保佑，早早遭受先帝大憂。延平年間，海內無主，百姓逢厄運，國家面臨累卵之危，我只有勤苦之心，不敢以有萬乘之國為樂，對上想要不欺騙上天不愧對先帝，對下不違背人民，不辜負向來的心願，誠心救助百姓於困厄，以此安定劉氏天下。自認為會感動天地，應當蒙受福佑，然而內外都遇到喪禍，傷痛不斷。不久之前又因病積滯，長期不能陪從祭祀，自己勉力登上原陵祭祀，更加咳喘氣逆以致吐血，於是到了不治的程度。生死壽數，無可奈何。公卿百官，要努力盡忠，輔助朝廷。」三月，太后去世。她在位二十年，終年四十一歲。與和帝合葬於順陵。

論曰：鄧后行使皇權終身，號令由自己發出，其政術不如前政優秀，自身缺乏明君之大義。

傳

隗囂列傳

本篇導讀——

在王莽末年的戰爭中，割據一方的軍閥勢力比比皆是，隗囂即西北地區軍閥勢力的代表。本傳記載了這位「好經書」的儒將，最初是如何憑藉高祖廟「假制明神」開創事業的；全文還收錄了他那份著名的討賊檄文，由於他抓住了當時民心「思漢」的時代命脈，所以先依附於「更始」，後來因「有功於漢」得到光武帝的「殊禮」。但他「持兩端」於漢、蜀大國之間，大大拖延了漢帝國統一進程的事實，在本傳中也得到了真實的描述。

隗囂字季孟，天水成紀人也。少仕州郡。王莽國師劉歆引囂為士[1]。歆死，囂歸鄉里。季父崔，素豪俠，能得衆。聞更始立而莽兵連敗，於是乃與兄義及上邽人楊廣、冀人周宗謀起兵應漢。囂止之曰：「夫兵，凶事也。宗族何辜！」崔不聽，遂聚衆數千人，攻平襄，殺莽鎮戎大尹[2]，崔、廣等以為舉事宜立主以一衆心，咸謂囂素有名，好經書，遂共推為上將軍。囂辭讓不得已，曰：「諸父衆賢不量小子。必能用囂言者，乃敢從命。」衆皆曰：「諾。」

注釋

1士：王莽時期的屬官。王莽時期九卿之下置大夫，每一大夫置元士三人。2鎮戎大尹：即天水郡太守。王莽改天水郡為鎮戎郡，太守改稱大尹。

譯文

隗囂字季孟，天水郡成紀縣人。他年輕時在州郡做官吏。王莽的國師劉歆引薦他做自己的屬吏。劉歆死後，隗囂返回鄉里。他叔父隗崔平素為豪俠，能得到衆人的擁戴。聽說更始立為天子而王莽接連戰敗，於是與兄長隗義以及上邽人楊廣、冀州人周宗謀劃起兵響應漢軍。隗囂制止說：「舉兵是凶事。宗族有甚麼罪過要如此！」隗崔不聽，於是聚衆數千人，攻打平襄，殺死了王莽的鎮戎大尹。隗崔和楊廣等人認為起兵應該擁立君主來統一衆人心志，都認為隗囂素有名望，喜好經書，就共推他為上將軍。隗囂辭讓不掉，就說：「承蒙各位父老衆賢不嫌棄小子。但一定要聽從我，才敢從命。」大家都說：「是。」

囂既立，遣使聘請平陵人方望，以為軍師。望至，說囂曰：「足下欲承天順民，輔漢而起，今立者乃在南陽，王莽尚據長安，雖欲以漢為名，其實無所受命，將何以見信於衆乎？宜急立高廟，稱臣奉祠，所謂『神道設教』，求助人神者也。且禮有損益，質文無常。削地開兆，茅茨土階[1]，以致其肅敬。雖未備物，神明其舍諸。」囂從其言，遂立廟邑東，祀高祖、太宗、世宗[2]。囂等皆稱臣執事，史奉璧而告。祝畢，有司穿坎於庭，牽馬操刀，奉盤錯鍉[3]，遂割牲而盟。曰：「凡我同盟三十一將，十有六姓，允承天道，興輔劉宗。如懷姦慮，明神殛之。高祖、文皇、武皇，俾墜厥命[4]，厥宗受兵，族類滅亡。」有司奉血鍉進，護軍舉手揖諸將軍曰：「鍉不濡血，歃不入口[5]，是欺神明也，厥罰如盟。」既而薶血加書[6]，一如古禮。

注釋

1 茅茨：茅草蓋的屋頂。土階：土臺階。2 高祖：指漢高祖劉邦。太宗：指漢文帝劉恆。世宗：指漢武帝劉徹。3 錯：通「措」，放置。鍉（粵：池；普：chí）：匙，勺子。4 俾：使。墜：喪失，敗壞。厥：那個的。5 歃：即口含血，古代訂立盟誓的一種形式。6 薶（粵：窩；普：wō）血加書：古代訂盟時的一種儀式。宰牲取血，塗血於誓約上，穿坎葬埋。薶，葬薶，葬埋。

譯文

隗囂已經立為君主，派遣使者去聘請平陵人方望，要他做軍師。方望到後，勸隗囂說：「您想要承天意順民心，輔佐漢室而起兵，現在立為皇帝的人在南陽，王莽還佔據長安，雖然想以漢室為名，其實並未得到授命，能用甚麼取信於衆人呢？應該迅速建立高祖廟，向漢室稱臣而祭祀，所謂『神道設教』，就是求助先祖神靈。況且禮有所增減，質樸與文飾沒有定規。清地開闢建廟的基址，茅屋土階，表達虔誠之心。雖然未必有完備的祭品，但神明會拒絕享用嗎？」隗囂聽從了他的建議，就在城東建立宗廟，祭祀高祖、太宗、世宗。隗囂等人都自稱臣子祭拜，祝史捧璧禱告。祝禮完畢，主持祭祀的人員在庭中挖坑穴，牽馬持刀，捧上盤子，放置歃血器具，於是殺牲而盟誓，說：「我等同盟的三十一將，有十六個姓氏，應允奉行天道，奮起輔佐劉氏宗族。如懷狡詐邪念，神明將處死他。高祖、文皇、武皇將奪其性命，征伐其宗親，滅亡其同族。」主持祭祀的人員手捧盛血的器皿上前，護軍向諸將軍舉手作揖道：「匙不沾血，血未入口，是欺騙神明，按照盟約對其懲罰。」既而葬埋塗血的盟書於穴中，一切如同古禮。

事畢，移檄告郡國曰[1]：

「漢復元年七月己酉朔。己巳，上將軍隗囂、白虎將軍隗崔、左將軍隗義、右將軍楊廣、明威將軍王遵、雲旗將軍周宗等，告州牧、部監、郡卒正、連率、大尹、尹、尉隊大夫、屬正、屬令[2]：故新都侯王莽，慢侮天地，悖道逆理。鴆殺孝平皇帝，簒奪其位。矯託天命，偽作符書[3]，欺惑眾庶，震怒上帝。反戾飾文，以為祥瑞。戲弄神祇，歌頌禍殃。楚、越之竹，不足以書其惡。天下昭然，所共聞見。今略舉大端，以喻吏民。

注釋

1移檄：發佈文告曉示。2王莽按《周官．王制》設置了卒正、連率、大尹等官職。大尹相當於太守，屬令、屬長相當於都尉。州牧、部監二十五人，相當於三公。監位上大夫。公爵稱牧，侯爵稱卒正，伯爵稱連率，子爵稱屬令，男爵稱屬長，職位都相當於太守。沒有爵位的稱尹。又設置六隊（通「遂」），各設大夫，職亦如太守。3符書：記載帝王受命等徵兆的書籍。

譯文

儀式結束，發出文書通告各郡國說：

「漢復元年七月己酉日初一。己巳日，上將軍隗囂、白虎將軍隗崔、左將軍隗義、右將軍楊廣、明威將軍王遵、雲旗將軍周宗等，通告州牧、部監、郡卒正、連率、大尹、尹、尉隊大夫、屬正、屬令：原新都侯王莽，傲慢侮辱天地，違背天道事理。用鴆酒毒殺了孝平皇帝，篡奪皇位。假託天命，偽作符書，欺騙蠱惑民眾，使上帝震怒。違背天意，曲解徵兆。戲弄神靈，歌頌禍國殃民之事。以楚、越的竹子做竹簡，也寫不完他的罪惡。大白於天下之事，眾所周知。現在略舉大概，以告知官吏和百姓。

「蓋天為父，地為母，禍福之應，各以事降。莽明知之，而冥昧觸冒，不顧大忌，詭亂天術，援引史傳。昔秦始皇毀壞謚法[1]，以一二數欲至萬世，而莽下三萬六千歲之歷，言身當盡此度。循亡秦之軌，推無窮之數。是其逆天之大罪也。

注釋

1 謚法：古代帝王、諸侯、卿大夫、大臣死後，朝廷根據其生前事迹、品德，評定稱號以示表彰的法則。亦稱為「謚法」。

譯文

「天為父，地為母，禍福之應驗，依據具體事情而降臨。王莽明知如此，卻愚昧觸犯，不顧重大禁忌，以詭辯擾亂天道，還援引史傳為證。過去秦始皇毀壞謚法，以一世、二世計數，想要直至萬世，而王莽頒佈三萬六千年的曆法，說王氏自身將全部佔有這些年數。遵循亡秦的軌迹，推算無窮的曆數，這是他背逆天道之大罪。

「**分裂郡國，[1]斷截地絡。田為王田，賣買不得。規錮山澤，奪民本業。造起九廟[2]，窮極土作。發冢河東，攻劫丘壟[3]。此其逆地之大罪也。**」

注釋

1王莽改變行政區劃，先據《堯典》正十二州名分界，後又據《禹貢》改為九州。

2**九廟**：古代帝王立七廟祭禮祖先，王莽增建黃帝太初祖廟和帝虞始祖昭廟，共九廟。後為歷代王朝沿用。3**丘壟**：丘墟，荒地。

譯文

「分裂郡縣封國，截斷土地脈絡。田地都成為王田，而不得買賣。對山澤劃定區域，加以封禁，剝奪了人民的本業。興建九廟，濫興土木工程。發掘河東墳冢，佔據劫掠荒地。這是他背逆地道之大罪。

「**尊任殘賊，信用姦佞，誅戮忠正，覆按口語[1]，赤車奔馳[2]，法冠晨夜[3]，冤繫無辜，妄族衆庶。行炮格之刑[4]，除順時之法[5]，灌以醇醯[6]，裂以五毒。**

政令日變，官名月易，貨幣歲改，吏民昏亂，不知所從，商旅窮窘，號泣市道。設為六管[7]，增重賦斂，刻剝百姓，厚自奉養，苞苴流行[8]，財入公輔[9]，上下貪賄，莫相檢考，民坐挾銅炭，沒入鍾官，徒隸殷積，數十萬人，工匠飢死，長安皆臭。既亂諸夏，狂心益悖[10]，北攻強胡，南擾勁越，西侵羌戎，東摘濊貊[11]。使四境之外，並入為害，緣邊之郡，江海之瀕，滌地無類。故攻戰之所敗，苛法之所陷，饑饉之所夭，疾疫之所及，以萬萬計。其死者則露屍不掩，生者則奔亡流散，幼孤婦女，流離係虜[12]。此其逆人之大罪也。

注釋

1覆按：又作「覆案」。審查，查究。口語：指言論或議論。2赤車：抓捕犯人的官吏所乘之車。3法冠：從秦漢起，御史、使者、執法官都戴的一種冠。4砲格之刑：殷紂王所用的酷刑。即用炭火燒熱銅柱，讓人爬行柱上，直至墜入炭火上燒死。5除順時之法：漢朝規定春夏萬物生長之時不殺罪犯，只能在秋冬行刑，王莽卻在春夏斬人。6醇醯：純醋。醯，醋。7六管：又作「六筦」。王莽為增加稅收所設的六個稅種，即酤酒、賣鹽、鐵器、鑄錢、山、澤稅。8苞苴：原指饋贈的禮物，引申為賄賂。苞，本義為以草包裹魚肉；苴，本義為以草藉器貯物。9公輔：古代三公、四輔，均為天子之佐臣。10悖：昏亂，惑亂。11摘：擾亂。濊貊（粵：胃默；普：wèi mò）：古代東北地區的少數民族名。12 係虜：俘獲，囚禁。

譯文

「重用殘暴亂賊，信任奸佞之徒，誅殺忠義君子，審查言論，赤色警車奔馳，執法官日夜忙碌，亂抓無辜，濫殺民衆。施行砲格酷刑，廢除順應時節執法的規則，對犯人灌以純醋，以毒虐殺。政令每天變化，官名每月更換，貨幣每年改變，官員民衆混亂，不知所措，販賣之客窮困窘迫，號啕哭泣於集市道路。設立六管税法，加重賦税，剝削百姓，增加自身的生活待遇，賄賂風行，財物流入公輔高官之府，上下貪污受賄，無人檢舉處置，人民持有銅、炭也犯法，被鑄錢的鍾官沒收而淪為刑徒，罪犯大量聚集，竟至數十萬人，工匠餓死者使長安城到處是屍臭。既已擾亂華夏中國，野心越發狂悖，向北進攻強大的胡人，向南侵擾強勁的越人，向西侵犯羌戎，向東擾亂濊貊。致使四面邊境之外的國家，都入侵為害，沿邊境的郡縣，瀕臨長江、大海的地區，都蕩然而無幸存者。因戰爭遭受毀壞的，為苛法所陷害的，因饑荒而夭折的，受瘟疫所折磨的，涉及人數以萬萬計。死者暴屍荒野，無人掩埋，活人也顛沛流離，孤兒婦女流離失所成為奴隸。這是他背逆人倫的大罪。

「是故上帝哀矜，降罰於莽，妻子顛殞，還自誅刈。大臣反據，亡形已成。大司馬董忠、國師劉歆、衛將軍王涉，皆結謀內潰，司命孔仁、納言嚴尤、秩宗陳茂，舉衆外降。今山東之兵二百餘萬，已平齊、楚，下蜀、漢，定宛、洛，據敖倉，守函谷，威命四布，宣風中岳[1]。興滅繼絕，封定萬國，遵高祖之舊制，修孝文之遺德。有不從命，武軍平之。馳使四夷，復其爵號。然後還師振旅，櫜弓[2]臥鼓。申命百姓，各安其所，庶無負子之責[3]。」

注釋

1 中岳：嵩山。借指中土、中州。2 櫜（粵：托；普：tuó）弓：收藏弓箭。櫜，弓箭的袋子。3 庶：希望，但願。負子：背棄子民。

譯文

「因此，上帝哀憐，降罪懲罰王莽，讓他妻兒殞命，還自相誅殺。大臣反叛割據，滅亡的形勢已定。大司馬董忠、國師劉歆、衛將軍王涉都合謀從內部突破，司命孔仁、納言嚴尤、秩宗陳茂，都率衆對外投降。現在崤山以東有二百多萬軍隊，已經平定齊、楚，攻下蜀、漢，安定了宛、洛，佔據敖倉，堅守函谷關，政令遍傳四方。在中州宣揚風教德化。復興滅亡的諸侯國，接續斷絕的世系。分封建立諸多王侯國，遵循漢高祖的舊制，修復孝文帝的遺德。若有不聽從命令的，就用武力平定。派使者奔赴四夷之地，恢復他們的爵號。然後班師回朝，檢閱軍隊，藏弓息鼓。告示百姓，各自安居樂業，但願沒有背棄子孫之咎。」

賞析與點評

隗囂的這篇討莽檄文後來成了歷代討賊檄文的範例。其中歷數王莽罪惡時，不僅文辭淋漓痛快，而且能夠「略舉大端」，將王莽的行徑歸納為三個方面：一、聲討王莽效法秦始皇毀壞謚法，「詭亂天術」是「逆天之大罪也」；二、聲討王莽興「王田」，「規錮山澤」是「逆地之大罪也」；三、聲討王莽對內施刑，對外用兵是「逆人之大罪也」。宣明舉兵宗旨時也旗幟鮮明，聲稱對上要「興滅繼絕」，光復漢室；對下但求「無負子之責」。即便近兩千年過去了，我們也能感到當年這篇檄文對老百姓的召喚力，同時也令人不能不發出這樣的驚歎：這真不愧是後世大批判文章的鼻祖啊！

囂乃勒兵十萬，擊殺雍州牧陳慶。將攻安定。安定大尹王向，莽從弟平阿侯譚之子也，威風獨能行其邦內[1]，屬縣皆無叛者。囂乃移書於向，喻以天命，反覆誨示，終不從。於是進兵虜之，以徇百姓，然後行戮，安定悉降。而長安中亦起

兵誅王莽。囂遂分遣諸將徇隴西[2]、武都、金城、武威、張掖、酒泉、敦煌，皆下之。

注釋 1獨：副詞，還，仍然。2徇：掠取，招撫。

譯文 隗囂就指揮十萬大軍，攻打雍州殺死雍州牧陳慶。準備攻打安定。安定大尹王向，是王莽堂弟平阿侯王譚的兒子，其威風仍然興盛於境內，所屬各縣沒有反叛的。隗囂就寄書信給王向，向他曉諭天命，反覆教導曉示，王向始終不聽勸告。於是隗囂進兵俘虜了他，示衆遊行之後，將他處斬，安定全都投降。而長安城中也起兵誅殺了王莽。隗囂分遣諸將去掠取隴西、武都、金城、武威、張掖、酒泉、敦煌，全都攻下這些地方。

更始二年，遣使徵囂及崔、義等。囂將行，方望以為更始未可知，固止之，囂不聽。望以書辭謝而去，……囂等遂至長安，更始以為右將軍，崔、義皆即舊號。其冬，崔、義謀欲叛歸，囂懼并禍，即以事告之，崔、義誅死。更始感囂忠，以為御史大夫。

譯文

更始二年（二四），更始帝派使者徵召隗囂及隗崔、隗義等人。隗囂準備前往，方望認為更始帝前途未卜，堅決勸阻，隗囂不聽。方望以書信辭別而去，……隗囂等到了長安，更始帝任他為右將軍，隗崔、隗義都是原來的稱號。這年的冬天，隗崔、隗義要叛離而回鄉，隗囂唯恐一起惹禍，就將此事告發。隗崔、隗義被處死。更始帝感激隗囂的忠誠，任他為御史大夫。

明年夏，赤眉入關，三輔擾亂。流聞光武即位河北，囂即說更始歸政於光武叔父國三老良，更始不聽。諸將欲劫更始東歸，囂亦與通謀。事發覺，更始使使者召囂，囂稱疾不入，因會客王遵、周宗等勒兵自守。更始使執金吾鄧曄將兵圍囂，囂閉門拒守；至昏時，遂潰圍，與數十騎夜斬平城門關，亡歸天水。復招聚其衆，據故地，自稱西州上將軍。

及更始敗，三輔耆老士大夫皆奔歸囂。

譯文

第二年夏天，赤眉軍入關，三輔混亂。傳說光武在河北即帝位，隗囂就勸說更始帝把政權交給光武的叔父、國三老劉良，更始帝不聽。衆將領想劫持更始帝而歸順東方的光武帝，隗囂也參與謀劃。事情被發覺，更始帝派使者召見隗囂，隗囂稱病不入見，因而會合賓客王遵、周宗等，陳兵自守。更始帝派執金吾鄧曄率兵包圍隗囂，隗囂緊閉門堅守。至黃昏，隗囂突圍，與數十個騎兵當夜斬殺平城門關守將，逃回天水。他重新招募聚集兵衆，佔據舊地，自稱西州上將軍。等到更始帝失敗，三輔地區的老者以及士大夫都投奔歸附隗囂。

囂素謙恭愛士，傾身引接為布衣交[1]。以前王莽平河大尹長安谷恭為掌野大夫，平陵范逡為師友，趙秉、蘇衡、鄭興為祭酒，申屠剛、杜林為持書，楊廣、王遵、周宗及平襄人行巡、阿陽人王捷、長陵人王元為大將軍，杜陵、金丹之屬為賓客。由此名震西州，聞於山東。

注釋

1布衣交：謂不拘身份地位高低的朋友。布衣，穿麻布衣的平民。

譯文

隗囂平素謙恭而愛戴士人，恭敬地與他們結下布衣之交。他任命王莽時的平河（西漢清河郡）大尹、長安人谷恭為掌野大夫，平陵人范逡為師友，趙秉、蘇衡、鄭興為祭酒，申屠剛、杜林為持書，楊廣、王遵、周宗以及平襄人行巡、阿陽人王捷、長陵人王元為大將軍，杜陵、金丹等人為賓客。從此名震西州，聞名於崤山以東地區。

建武二年，大司徒鄧禹西擊赤眉，屯雲陽，禹裨將馮愔引兵叛禹，西向天水，囂逆擊，破之於高平，盡獲輜重。於是禹承制遣使持節命囂為西州大將軍，得專制涼州[1]、朔方事。及赤眉去長安，欲西上隴，囂遣將軍楊廣迎擊，破之，又追敗之於烏氏、涇陽間。

注釋

1專制：控制，掌管。

譯文

建武二年（二六），大司徒鄧禹向西攻打赤眉，駐紮在雲陽。鄧禹的副將馮愔領兵叛離鄧禹，向西進軍天水，隗囂予以迎擊，在高平縣擊敗馮愔，繳獲了他的輜重。於是鄧禹奉光武之命派使者持符節任命隗囂為西州大將軍，得以掌管涼州、朔方地區政事。等到赤眉軍離開長安，要西上隴地，隗囂派遣將軍楊廣迎擊，予以擊破，又追剿至烏氏、涇陽之間將其擊敗。

囂既有功於漢，又受鄧禹爵，署其腹心，議者多勸通使京師。三年，囂乃上書詣闕[1]。光武素聞其風聲[2]，報以殊禮，言稱字[3]，用敵國之儀[4]，所以慰藉之良厚。時陳倉人呂鮪擁衆數萬[5]，與公孫述通，寇三輔。囂復遣兵佐征西大將軍馮異擊之，走鮪，遣使上狀。帝報以手書。

注釋

1詣闕：赴京都。2風聲：聲望、聲譽。3言稱字：言談時稱對方的字，以示尊敬。4敵國：勢均力敵的國家。5鮪：粵音洧，普：wěi。

譯文

隗囂既已有功於漢室，又接受了鄧禹的封爵，安排了親信，謀劃者多勸他與京城互通使節。建武三年，隗囂就上書朝廷。光武帝一向對他的聲望有所耳聞，對他答以特殊禮節，以字稱呼他，用對等國家的禮節對待他，所以給他以優厚的撫慰。這時陳倉人呂鮪擁兵數萬，與公孫述勾結，侵犯三輔地區。隗囂又派兵輔佐征西大將軍馮異攻打他，趕走呂鮪，並派使者向光武帝通報戰況。光武帝以親筆書信回覆他。

其後公孫述數出兵漢中，遣使以大司空扶安王印綬授囂。囂自以與述敵國，恥

為所臣，乃斬其使，出兵擊之，連破述軍，以故蜀兵不復北出。

譯文　此後公孫述多次出兵漢中，並派使者將大司空扶安王的印綬授予隗囂。隗囂自認為與公孫述是勢均力敵的對等國家，以向他稱臣為恥，而殺了他的使者，出兵攻打公孫述，連敗公孫述的軍隊，從此蜀地軍隊不再向北出擊。

時關中將帥數上書，言蜀可擊之狀，帝以示囂，因使討蜀，以效其信[1]。囂乃遣長史上書，盛言三輔單弱，劉文伯在邊[2]，未宜謀蜀。帝知囂欲持兩端[3]，不願天下統一，於是稍黜其禮，正君臣之儀。

注釋　1效：驗證，證明。信：誠實不欺。此指忠誠。2劉文伯：即盧芳，詐稱是漢武帝曾孫，本名劉文伯，與安定三水（今寧夏同心縣）屬國的羌胡共同起兵，割據一方。後來被漢擊敗後逃入匈奴。3兩端：遊移於二者之間的態度，猶豫不決，懷有二心。

譯文　此時關中將帥多次上書，陳述可以攻打蜀軍的形勢，光武帝將上書給隗囂看，藉此讓他去討伐蜀地，以考驗他的忠誠可靠。隗囂就派長史上書，極力強調三輔勢力單薄，劉文伯又在地區邊境，尚不宜於攻伐蜀地。光武帝知道隗囂想遊移於漢、蜀二者之間，不願天下統一，於是逐漸降低了對隗囂的禮遇，端正君臣的禮儀。

初，囂與來歙、馬援相善，故帝數使歙、援奉使往來，勸令入朝，許以重爵。囂不欲東，連遣使深持謙辭，言無功德，須四方平定，退伏閭里。五年，復遣來歙說囂遣子入侍，囂聞劉永、彭寵皆已破滅，乃遣長子恂隨歙詣闕。以為胡騎校尉，封鐫羌侯。而囂將王元、王捷常以為天下成敗未可知，不願專心內事。元遂說囂曰：「昔更始西都，四方響應，天下喁喁[1]，謂之太平。一旦敗壞，大王幾無所厝[2]。今南有子陽，北有文伯，江湖海岱，王公十數，而欲牽儒生之說，棄千乘之基，羈旅危國[3]，以求萬全，此循覆車之軌，計之不可者也。今天水完富，士馬最強，北收西河、上郡，東收三輔之地，案秦舊迹，表裏河山[4]。元請以一丸泥為大王東封函谷關，此萬世一時也。若計不及此，且畜養士馬，據隘自守，曠日持久，以待四方之變，圖王不成，其弊猶足以霸。要之，魚不可脫於淵，神龍失埶，即還與蚯蚓同。」囂心然元計，雖遣子入質，猶負其險阨，欲專方面，於是游士長者，稍稍去之。

注釋　1喁喁（粵：容；普：yōng）：仰望期待。2厝：通「措」，安置。3羈旅：寄居異鄉。危國：局勢不安寧、面臨危急的國家。4表裏河山：外有大河，內有高山。表裏即內外。

譯文　當初，隗囂與來歙、馬援交好，所以光武帝多次讓來歙、馬援奉命出使，勸說隗囂入朝，許諾他高官厚爵。隗囂不想到東方去，連連派使者深深地表達以謙虛之辭，說自己無功無德，等到天下平定之後，就隱退故里。建武五年，光武帝又派來歙勸隗囂送兒子入朝侍奉，隗囂聽說劉永、彭寵都已被消滅，就送長子隗恂隨來歙入朝。光武帝任命他為胡騎校尉，封為鐫羌侯。而隗囂的將領王元、王捷常常認為天下的成敗還不知道，不願意專心服從光武帝。王元就勸說隗囂：「過去更始帝在西方定都長安，四方響應，天下人曾仰望期待，稱之為太平之世。一旦失敗，大王您幾乎沒有了安身之地。現在南有公孫述，北有劉文伯，長江、五湖、沿海、泰山等地，稱王稱公的有幾十個，您要聽從儒生馬援的遊說，放棄千乘侯國的基業，寄居他鄉的危急之國，以謀求萬全之策，這是重蹈覆轍，仔細考慮的話可知這是不行的。現在天水富庶，兵馬最為強大，向北控制西河、上郡，向東控制三輔，按照秦地遺迹，外有黃河天塹，內有華山險阻。我請求用一個泥丸為大王在東面封住函谷關，這是萬世僅逢一次的難得時機。如果不作此打算的話，姑且畜養兵馬，佔據關隘自守，曠日持久地等待四方事態之變，即便稱王的意圖不能實現，最差也足以在一方稱霸。總之，魚不能離開深淵，神龍失去勢力，就和蚯蚓一樣了。」隗囂心裏贊同王元的謀劃，雖然送長子入朝做人質，仍憑恃佔據的險要地勢，想要控制一方，於是遊士長者，漸漸離去。

六年，關東悉平。帝積苦兵間，以囂子內侍，公孫述遠據邊陲，乃謂諸將曰：「且當置此兩子於度外耳[1]。」因數騰書隴[2]、蜀，告示禍福。囂賓客、掾史多文學生，每所上事，當世士大夫皆諷誦之，故帝有所辭荅，尤加意焉。囂復遣使周游詣闕，先到馮異營，游為仇家所殺。帝遣衛尉銚期持珍寶繒帛賜囂，期至鄭被盜，亡失財物。帝常稱囂長者，務欲招之，聞而歎曰：「吾與隗囂事欲不諧，使來見殺，得賜道亡。」

注釋 1 且當：該當。2 騰書：傳遞書信。騰，傳遞。

譯文 建武六年，關東地區全部平定。光武帝長期苦於征戰，因為隗囂的兒子入質內侍，公孫述遠在邊疆地帶，就對將領說：「應當將此二人置之度外吧。」因此多次致信隴、蜀兩地，曉諭禍福利弊。隗囂的賓客、掾史中多有文士儒生，每次上書，當世的士大夫都爭相傳誦，所以光武帝每次有所答覆，都特別在意文辭。隗囂又派出使者周游到京城，先到了馮異的營中，周游被他的仇家殺害。光武帝派衛尉銚期攜帶珍寶繒帛賞賜隗囂，銚期到鄭地時被盜，財物全部丟失。光武帝時常稱讚隗囂是長者，一心想要招納他，聽到此事感歎說：「我與隗囂的事恐怕難以辦妥，使者來被殺，應得的賞賜又在道上丟失。」

會公孫述遣兵寇南郡，乃詔囂當從天水伐蜀，因此欲以潰其心腹。囂復上言：「白水險阻[1]，棧閣絕敗。」又多設支閡[2]。帝知其終不為用，叵欲討之[3]。遂西幸長安，遣建威大將軍耿弇等七將軍從隴道伐蜀，先使來歙奉璽書喻旨。囂疑懼，即勒兵，使王元據隴坻，伐木塞道，謀欲殺歙。歙得亡歸。

注釋

1白水：白水縣，有關隘。2支閡：障礙。閡，阻礙，妨礙。3叵（粵：頗；普：pǒ）：遂，就。

譯文

時逢公孫述派兵侵犯南郡，光武帝就詔令隗囂從天水攻伐蜀地，想以此擊潰蜀的要害部位。隗囂又上書說：「白水路途險阻，棧道斷絕破敗。」又設置有許多障礙。光武帝知道隗囂最終不能為己所用，就想討伐他。於是親臨長安，派建威大將軍耿弇等七將從隴道伐蜀，並先派遣來歙奉璽書傳達聖旨。隗囂疑慮恐懼，即刻指揮軍隊，讓王元據守隴坻，砍伐樹木阻塞道路，想要殺死來歙。來歙得以逃回。

諸將與囂戰，大敗，各引退。囂因使王元、行巡侵三輔，征西大將軍馮異、征虜將軍祭遵等擊破之。囂乃上疏謝曰：「吏人聞大兵卒至[1]，驚恐自救，臣囂不能禁止。兵有大利，不敢廢臣子之節，親自追還。昔虞舜事父，大杖則走，小杖則受。臣雖不敏，敢忘斯義。今臣之事，在於本朝，賜死則死，加刑則刑。如遂蒙恩，更得洗心，死骨不朽。」有司以囂言慢，請誅其子恂，帝不忍，復使來歙至汧，賜囂書曰：「昔柴將軍與韓信書云：『陛下寬仁，諸侯雖有亡叛而後歸，輒復位號，不誅也。』以囂文吏，曉義理，故復賜書。深言則似不遜，略言則事不決。今若束手[2]，復遣恂弟歸闕庭者，則爵祿獲全，有浩大之福矣。吾年垂四十，在兵中十歲，厭浮語虛辭。即不欲，勿報。」囂知帝審其詐，遂遣使稱臣於公孫述。

注釋　1卒：同「猝」，突然。2束手：表示停止抵抗。

譯文　眾將與隗囂作戰，慘敗，各自撤退。隗囂因此派王元、行巡侵犯三輔，征西大將軍馮異、征虜將軍祭遵等擊敗了他們。隗囂就上疏謝罪說：「官吏聽說大兵突至，驚恐而自救，臣下我不能禁止。即使取得很大的勝利，但我不敢廢棄臣子的禮節，親自將他們追回。古人虞舜侍奉父親，用大杖責打就逃，用小杖責打就承受。我雖然不聰明，豈敢忘記這種道義？現在我的事，全在於朝廷，要我死我就死，要刑處我就受刑。如能承蒙施恩，得以洗心革面，則刻骨銘心，至死不變。」官員見隗囂言辭傲慢，都請求光武帝殺了他的兒子隗恂，光武帝不忍心，又讓來歙到汧縣，賜隗囂詔書說：「從前柴將軍給韓信寫信說：『陛下寬厚仁愛，諸侯中先前逃跑叛變但後來又來歸降的，仍然恢復他的官位爵號，不誅殺。』因為隗囂您是文官，所以我再次致信予你。話講多了顯得不謙遜，講得太少又不解決問題。現在你若束手，再送隗恂的弟弟來宮廷，則可保全你的爵位和俸祿，將會得到極大的幸福。我年紀將近四十了，在軍中已有十年之久，討厭浮華虛偽的言辭。如果你不想歸順，就不要回覆了。」隗囂知道光武帝已洞察了他的欺詐，就派出使者向公孫述稱臣。

明年，述以囂為朔寧王，遣兵往來，為之援執[1]。秋，囂將步騎三萬侵安定，至陰槃，馮異率諸將拒之。囂又令別將下隴，攻祭遵於汧，兵並無利，乃引還。

注釋

1 援執：援助力量。執，通「勢」。

譯文

第二年，公孫述任隗囂為朔寧王，派兵相互往來，形成援助之勢。秋天，隗囂率領三萬步兵騎兵侵犯安定，進至陰槃縣，馮異率領衆將軍與之對抗。隗囂又命令其他將領攻下隴地，在汧縣攻打祭遵，二路兵馬都失利，便撤退。

帝因令來歙以書招王遵，遵乃與家屬東詣京師，拜為太中大夫，封向義侯。遵字子春，霸陵人也。父為上郡太守。遵少豪俠，有才辯，雖與囂舉兵，而常有歸漢意。曾於天水私於來歙曰：「吾所以戮力不避矢石者[1]，豈要爵位哉[2]！徒以人思舊主，先君蒙漢厚恩，思効萬分耳。」又數勸囂遣子入侍，前後辭諫切甚，

囂不從，故去焉。

注釋　1戮力：協力，通力合作。戮，通「勠」，合併。2要（粵：腰；普：yāo）：求取。

譯文　光武帝命令來歙致書王遵勸說他歸降，王遵便與家屬向東來京城，被任為太中大夫，封為向義侯。王遵字子春，霸陵縣人。他父親任上郡太守。王遵少年為豪俠，有才略，善辯論，雖然與隗囂一同起兵，但他常有歸附漢室之心，曾在天水縣私下對來歙說：「我之所以奮力作戰，不避飛矢磊石，難道是要爵位不成！只因為人都思念舊主人，先父承蒙漢室厚恩，我欲報答萬分之一而已。」又多次勸說隗囂送兒子入朝侍奉，前前後後言辭懇切地勸諫，隗囂不聽，所以就離他而去。

八年春，來歙從山道襲得略陽城。囂出不意，懼更有大兵，乃使王元拒隴坻，行巡守番須口，王孟塞雞頭道，牛邯軍瓦亭，囂自悉其大衆圍來歙。公孫述亦遣其將李育、田弇助囂攻略陽，連月不下。帝乃率諸將西征之，數道上隴，使王遵持節監大司馬吳漢留屯於長安。

譯文　建武八年春天，來歙從山路襲擊，攻下略陽城。這出乎隗囂的意料，他擔心來歙後面還有大軍，就派王元在隴坻抗敵，派行巡把守番須口，派王孟到雞頭道阻擊，牛邯軍隊在瓦亭駐軍，隗囂親自率領大軍包圍來歙。公孫述也派遣他的將領李育、田弇援助隗囂攻打略陽，連續數月攻打不下。光武帝便率眾將西征，分兵幾路向隴地進發，派王遵持節監督大司馬吳漢留守長安。

遵知囂必敗滅，而與牛邯舊故，知其有歸義意，以書喻之。邯得書，沈吟十餘日，乃謝士眾[1]，歸命洛陽，拜為太中大夫。於是囂大將十三人，屬縣十六，眾十餘萬，皆降。

注釋

1 謝：辭別。

譯文

王遵知道隗囂必定要滅亡，而與牛邯又有舊交，知道牛邯有歸降漢室的意向，便致書勸説。

牛邯得到書信後，考慮了十多天，就辭別兵士，歸順洛陽，光武帝拜他為太中大夫。於是，隗囂的十三員大將，十六個屬縣，十餘萬軍隊，都投降了。

王元入蜀求救，囂將妻子奔西城，從楊廣，而田弇、李育保上邽。詔告囂曰：「若束手自詣，父子相見，保無佗也。高皇帝云：『橫來，大者王，小者侯。』若遂欲為黥布者，亦自任也。」囂終不降。於是誅其子恂，使吳漢與征南大將軍岑彭圍西城，耿弇與虎牙大將軍蓋延圍上邽。車駕東歸。月餘，楊廣死，囂窮困。其大將王捷別在戎丘，登城呼漢軍曰：「為隗王城守者，皆必死無二心！願諸軍亟罷，請自殺以明之。」遂自刎頸死。數月，王元、行巡、周宗將蜀救兵五千餘人，乘高卒至，鼓譟大呼曰：「百萬之衆方至！」漢軍大驚，未及成陳[1]，元等決圍，殊死戰，遂得入城，迎囂歸冀。會吳漢等食盡退去，於是安定、北地、天水、隴西復反為囂。

注釋

1 陳（粵：陣；普：zhèn）：陣勢。

譯文

王元到蜀地請求救援，隗囂攜妻子兒女逃到西城，依從楊廣，而田弇、李育堅守上邽縣。光武帝下詔告誡隗囂：「如果束手歸降，父子可以相見，保證平安無事。高祖皇帝曾說：『田橫若來投降，大則封王，小可封侯。』若要做黥布，也請自便。」隗囂最終沒投降。於是光武帝殺了他的兒子隗恂，派吳漢與征南大將軍岑彭包圍西城，耿弇與虎牙大將軍蓋延包圍了上邽。光武帝返回東方。一個多月以後，楊廣死去，隗囂窮窘困乏。他的大將王捷別在戎丘，登上城頭對漢軍高喊：「為隗王守城的將士，都勢在必死而決無二心！願各部軍隊緊急罷兵，讓我以自殺表明心願。」於是自刎而死。幾個月後，王元、行巡、周宗率領五千餘救兵，從高處突然而至，鳴鼓喧嘩，大聲高喊：「百萬軍馬到了！」漢軍大驚，尚未來得及佈陣，王元等就衝破包圍，殊死決戰，衝入城中，迎接隗囂回到冀縣。時逢吳漢等糧盡，就撤退了，於是安定、北地、天水、隴西又出現反覆而擁護隗囂。

九年春，囂病且餓，出城餐糗糒[1]，恚憤而死[2]。王元、周宗立囂少子純為王。明年，來歙、耿弇、蓋延等攻破落門，周宗、行巡、苟宇、趙恢等將純降。宗、恢及諸隗分徙京師以東，純與巡、宇徙弘農。唯王元留為蜀將。及輔威將軍臧宮破延岑，元舉衆詣宮降。

注釋

1 糗糒（粵：臭備；普：qiǔ bèi）：乾糧。2 恚憤：憤怒。

譯文

建武九年春天，隗囂病重且飢餓難忍，出城去吃乾糧，悲憤而死。王元、周宗擁立隗囂的小兒子隗純為王。第二年，來歙、耿弇、蓋延等攻破落門聚，周宗、行巡、苟宇、趙恢等攜帶隗純一起投降。周宗、趙恢與隗氏分別遷徙到京城以東地區，隗純和行巡、苟宇遷徙到弘農。惟有王元仍然做蜀將。後來輔威將軍臧宮打敗延岑，王元也率衆向臧宮投降。

論曰：隗囂援旗糺族[1]，假制明神，迹夫創圖首事[2]，有以識其風矣。終於孤立一隅，介於大國，隴坻雖隘，非有百二之執，區區兩郡，以禦堂堂之鋒，至使窮廟策[3]，竭征徭，身殁衆解，然後定之，則知其道有足懷者，所以棲有四方之桀，士至投死絕亢[4]而不悔者矣。夫功全則譽顯，業謝則釁生[5]，回成喪而為其議者[6]，或未聞焉。若囂命會符運[7]，敵非天力，雖坐論西伯，豈多嗤乎？

注釋

1援：執，持。2迹：考核，推究。首事：開始，首先發難。3廟策：朝廷的謀略。4投死：效死。絕亢：刎頸。5釁：過失，罪過，缺陷。6回：違背，違反。成喪：成敗。7符運：符命，上天預示帝王受命的符兆。

譯文

論曰：隗囂舉旗糾集兵馬，乃是憑藉高祖廟的神靈威力，追究他的創業歷程，可見他非凡的風範。最終孤立於一隅，介乎於漢、蜀大國之間。隴坻雖然險隘，卻沒有秦地以二當百的形勢。以隴西、天水區區兩個小郡，抵禦堂堂漢軍的強大鋒芒，致使朝廷用盡謀略、徵盡傜役，直至病亡、軍隊瓦解之後，才最終予以平定。由此可知他的道義的確有值得懷念之處，這正是能使四方豪傑歸附他、壯士願為他刎頸赴死的原因。功業圓滿就出現讚譽，功業衰敗則產生罪過。不以成敗而發議論的情況，還沒有聽說過。如果隗囂遇到天賜的機遇，面對的又不是得天力的敵手，雖說坐而議論西周文、武的話，難道會備受恥笑嗎？

寇恂列傳

本篇導讀——

寇恂本是王莽新朝一名普通的郡功曹，先是投靠更始政權，最終依附光武帝而官至「從九卿」的執金吾。可謂王莽舊吏中的佼佼者，他的經歷在當時很有代表性。本傳從他力挫更始帝使者刁難，為耿況奪回太守印綬起筆，重點記述了寇恂追隨劉秀之後所顯露的「宰相器」：承擔鎮守河內太守重任，為前線轉輸軍糧功比蕭何，顧全大局化解一己恩怨，穎川百姓請願皇帝「復借寇君一年」，當機立斷掃平西進攔路虎高峻。跌宕起伏的情節，宛如歷史小說一般環環相扣、引人入勝。

寇恂字子翼，上谷昌平人也，世為著姓[1]。恂初為郡功曹，太守耿況甚重之。

注釋　1著姓：有名望的大族。

譯文　寇恂字子翼，是上谷郡昌平縣人，世代為望族。寇恂最初擔任郡功曹，太守耿況很器重他。

王莽敗，更始立。使使者徇郡國，曰「先降者復爵位」。恂從耿況迎使者於界上，況上印綬，使者納之，一宿無還意。恂勒兵入見使者，就請之。使者不與，曰：「天王使者，功曹欲脅之邪？」恂曰：「非敢脅使君，竊傷計之不詳也。今天下初定，國信未宣，使君建節銜命，以臨四方，郡國莫不延頸傾耳，望風歸命。今始至上谷而先墮大信，沮向化之心[1]，生離畔之隙[2]，將復何以號令它郡乎？且耿府君在上谷，久為吏人所親，今易之，得賢則造次未安[3]，不賢則秪更生亂。為使君計，莫若復之以安百姓。」使者不應，恂叱左右以使者命召況。況至，恂進取印綬帶況。使者不得已，乃承制詔之，況受而歸。

注釋　1沮：阻止。向化：歸服。2離畔：離心，背叛。畔，通「叛」，背離。3造次：倉猝，匆忙。

譯文

王莽失敗，更始帝登位，派使者巡行郡國，說：「先投降的恢復他的爵位。」寇恂跟隨耿況在上谷郡的邊界上迎接使者，耿況交上印綬，使者收下，一夜沒有歸還的意思。寇恂帶兵進去面見使者，要求歸還印綬。使者不還，說：「我是天子的使者，功曹想威脅我嗎？」寇恂說：「不敢威脅使君，是私下傷感您的計劃不夠審慎。現在天下剛剛穩定，國家的信譽還未顯現出來，使君您執持符節，接受使命來到各地，郡國無不伸長脖子、側着耳朵，聞風歸附。現在剛到上谷郡就先毀棄信義，阻止歸服之心，促成叛離的裂痕，又將如何號令其他的郡國呢？況且耿府君在上谷郡，長期為官民所擁戴，現在撤換他，能得到賢才也是倉促不安定，得不到賢人則只能更加生亂。為使君考慮，不如恢復耿況的官位來安定百姓。」使者不應答，寇恂喝令左右的人用使者的命令召見耿況。耿況到了，寇恂上前拿了印綬為耿況佩戴上。使者不得已，就以更始帝名義下詔，耿況受詔後返回。

及王郎起，遣將徇上谷，急況發兵。恂與門下掾閔業共說況曰：「邯鄲拔起，難可信向。昔王莽時，所難獨有劉伯升耳。今聞大司馬劉公，伯升母弟，尊賢下士，士多歸之，可攀附也。」況曰：「邯鄲方盛，力不能獨拒，如何？」恂對曰：「今上谷完實，控弦萬騎[1]，舉大郡之資，可以詳擇去就[2]。恂請東約漁陽，齊心合衆，邯鄲不足圖也。」況然之，乃遣恂到漁陽，結謀彭寵。恂還，至昌平，襲擊邯鄲使者，殺之，奪其軍，遂與況子弇等俱南及光武於廣阿。拜恂為偏將軍，號承義侯，從破羣賊。數與鄧禹謀議，禹奇之，因奉牛酒共交歡[3]。

注釋

1控弦：拉弓持弓，借指士兵。2去就：取捨。3交歡：結交朋友而相互歡悅。

譯文

到王郎起兵時，更始帝派將令巡行上谷郡，緊急徵發耿況的軍隊。寇恂與門下掾閔業共同勸耿況說：「邯鄲突然興起，難以信任並歸附它。過去王莽時，朝廷難以對付的只有劉伯升。現在聽說大司馬劉秀是劉伯升的弟弟，禮賢下士，士人大多歸附他，可以攀附。」耿況說：「邯鄲現在兵力正當強盛，憑力量無法單獨對抗，怎麼辦？」寇恂回答說：「現在上谷郡裝備完好，物資充實，張弓持箭的騎兵有上萬人，憑藉大郡的實力，可以仔細地抉擇取捨。我請求去東面聯合漁陽，齊心協力，共同抗敵，邯鄲不足顧慮。」耿況認為他說得對，就派寇恂到漁陽，與彭寵結盟。寇恂返回，到了昌平，襲擊了邯鄲來的使者，殺死他們，搶了他們的軍隊，於是和耿況的兒子耿弇等一起向南，在廣阿追上光武。光武任寇恂為偏將軍，號為承義侯，令他跟從自己攻破羣賊。寇恂多次與鄧禹謀劃計議，鄧禹很驚奇，送他牛肉和酒，與他結為知心朋友。

光武南定河內，而更始大司馬朱鮪等盛兵據洛陽，及并州未安，光武難其守，問於鄧禹曰：「諸將誰可使守河內者？」禹曰：「昔高祖任蕭何於關中，無復西顧之憂，所以得專精山東，終成大業。今河內帶河為固[1]，戶口殷實，北通上黨，南迫洛陽。寇恂文武備足，有牧人御衆之才，非此子莫可使也。」乃拜恂河內太守，行大將軍事。光武謂恂曰：「河內完富，吾將因是而起。昔高祖留蕭何鎮關中，吾今委公以河內，堅守轉運，給足軍糧，率厲士馬[2]，防遏它兵，勿令北度而已。」光武於是復北征燕、代。恂移書屬縣，講兵肄射[3]，伐淇園之竹，為矢百餘萬，養馬二千匹，收租四百萬斛，轉以給軍。

注釋

1帶河：黃河環繞。2率厲：率領督促。也作「率勵」。3講兵：講武練兵。肄射：演練射箭。肄，演習，練習。

譯文

光武南下平定河內，更始帝的大司馬朱鮪等重兵據守洛陽。另外并州尚未安定，光武對河內太守的人選感到為難，問鄧禹說：「衆將領中可以派誰去守河內？」鄧禹說：「以前高祖讓蕭何守關中，不必再為西邊擔憂，因此得以專心於山東，最終成就大業。現在河內有黃河環繞，固不可摧，人口殷實，北通上黨，南臨洛陽。寇恂文武兼備，具有管理人民、整治軍隊的才能，除了他之外無人可派遣。」於是任寇恂為河內太守，履行大將軍的職務。光武對寇恂說：「河內很是富庶，我將靠它發展勢力。以前高祖留蕭何鎮守關中，現在我委託您管理河內，堅守這裏，轉運軍需，給足軍糧，率領訓練兵馬，防備其他勢力入侵，不要讓他們向北渡過黃河。」光武於是再度向北征伐燕、代兩地。寇恂下達文書至所屬各縣，演兵習射，砍伐淇園（原為衛國苑囿，產竹，在今河南省淇縣西北）的竹子，造了一百多萬支箭，養馬兩千匹，收租糧四百萬斛，轉送供給軍隊。

朱鮪聞光武北而河內孤，使討難將軍蘇茂、副將賈彊將兵三萬餘人，度鞏河攻溫[1]。檄書至，恂即勒軍馳出，並移告屬縣，發兵會於溫下。軍吏皆諫曰：「今洛陽兵度河，前後不絕，宜待眾軍畢集，乃可出也。」恂曰：「溫，郡之籓蔽，失溫則郡不可守。」遂馳赴之。旦日合戰，而偏將軍馮異遣救及諸縣兵適至，士馬四集，幡旗蔽野。恂乃令士卒乘城鼓譟，大呼言曰：「劉公兵到！」蘇茂軍聞之，陳動，恂因奔擊，大破之，追至洛陽，遂斬賈彊。茂兵自投河死者數千，生獲萬餘人。恂與馮異過河而還。自是洛陽震恐，城門晝閉。時光武傳聞朱鮪破河內，有頃恂檄至，大喜曰：「吾知寇子翼可任也！」諸將軍賀，因上尊號，於是即位。

注釋

1鞏河：流經鞏縣的一段黃河，鞏縣為洛陽所轄。

譯文

朱鮪聽說光武北征而河內孤立，派討難將軍蘇茂、副將賈彊率兵三萬餘人，渡鞏河攻打溫縣。檄文到來，寇恂即刻指揮飛奔出城，並下達文書命令所屬各縣發兵會師於溫縣之外。軍吏都勸說：「現在洛陽的部隊渡過黃河，前後不絕，應該待各路隊伍集合完畢，才可出擊。」寇恂說：「溫縣是郡治的屏障，丟了溫縣，整個郡就守不住了。」於是火速趕到溫縣。第二天交戰，偏將軍馮異派的援軍及各縣的部隊適時趕到，四方兵馬齊至，旌旗遍野。寇恂就命令士兵登上城頭，擂鼓吶喊，高呼：「劉公的部隊到了！」蘇茂的軍隊聽到後，戰陣騷動，寇恂趁勢出擊，大敗敵軍，追到洛陽，殺了賈彊。蘇茂的士兵跳入黃河淹死的有數千人，被活捉的有一萬多人。寇恂與馮異追過黃河之後返回。從此洛陽震動驚恐，城門白天也緊閉着。當時，光武聽傳聞說朱鮪攻破河內，不久寇恂的捷報傳到，他非常高興地說：「我知道寇子冀是可用之才！」將軍們都來祝賀，並趁機上尊號，於是光武登上皇位。

時軍食急乏，恂以輦車驪駕轉輸[1]，前後不絕，尚書升斗以稟百官[2]。帝數策書勞問恂，同門生茂陵董崇說恂曰：「上新即位，四方未定，而君侯以此時據大郡，內得人心，外破蘇茂，威震鄰敵，功名發聞，此讒人側目怨禍之時也。昔蕭何守關中，悟鮑生之言而高祖悅。今君所將，皆宗族昆弟也，無乃當以前人為鏡戒。」恂然其言，稱疾不視事。帝將攻洛陽，先至河內，恂求從軍。帝曰：「河內未可離也。」數固請，不聽，乃遣兄子寇張、姊子谷崇將突騎願為軍鋒。帝善之，皆以為偏將軍。

注釋

1 輦車：用人力挽拉的輜重車。驪駕：即駢駕，二馬並駕一車。2 稟：給予，領受。

譯文

此時軍糧極度缺乏，寇恂用人力車和兩匹馬拉的車運輸糧食，糧隊連綿不絕。尚書按升斗把穀物發給百官。光武帝多次下策書慰問寇恂，寇恂的同學茂陵人董崇勸寇恂說：「皇上剛即位，四方尚未平定，而君侯在這個時候據守大郡，在內深得人心，對外又大敗蘇茂，威震鄰近的敵軍，功名顯揚，這正是小人嫉妒陷害的時候。從前蕭何守關中，聽從了鮑生的話而使高祖很高興。現在您所統率的，都是同宗族的兄弟，應該以前人為鑒戒吧？」寇恂認為他說得很有道理，就稱病不管事。光武帝準備攻打洛陽，先到河內郡，寇恂請求跟從光武帝征戰。光武帝說：

「你還不能離開河內。」寇恂堅決請求，光武帝不聽，寇恂就派了他哥哥的兒子寇張、姐姐的兒子谷崇率精銳騎兵請願做光武部隊中的前鋒。光武帝十分讚賞，把他們全部封為偏將軍。

建武二年，恂坐繫考上書者免[1]。是時潁川人嚴終、趙敦聚衆萬餘，與密人賈期連兵為寇。恂免數月，復拜潁川太守，與破姦將軍侯進俱擊之。數月，斬期首，郡中悉平定。封恂雍奴侯，邑萬戶。

注釋

1 坐：犯罪。繫：拘囚，拘禁。考：按問，刑訊。

譯文

建武二年（二六），寇恂因為拘捕上書人而被免官。這時潁川人嚴終、趙敦聚衆一萬餘人，與密縣人賈期合伙作亂。寇恂被罷免數月之後，又拜為潁川太守，和破奸將軍侯進一起攻打嚴終等人。幾個月後，殺了賈期，郡內全都平定了。封寇恂為雍奴侯，食邑一萬戶。

執金吾賈復在汝南，部將殺人於潁川，恂捕得繫獄。時尚草創，軍營犯法，率多相容，恂乃戮之於市。復以為恥，歎。還過潁川，謂左右曰：「吾與寇恂並列將帥，而今為其所陷，大丈夫豈有懷侵怨而不決之者乎？[1]今見恂，必手劍之！」恂知其謀，不欲與相見。谷崇曰：「崇，將也，得帶劍侍側。卒有變，足以相當。」恂曰：「不然。昔藺相如不畏秦王而屈於廉頗者，為國也。區區之趙，尚有此義，吾安可以忘之乎？」乃勑屬縣盛供具[2]，儲酒醪[3]，執金吾軍入界，一人皆兼二人之饌。恂乃出迎於道，稱疾而還。賈復勒兵欲追之，而吏士皆醉，遂過去[4]。恂遣谷崇以狀聞，帝乃徵恂。恂至引見，時復先在坐，欲起相避。帝曰：「天下未定，兩虎安得私鬭？今日朕分之[5]。」於是並坐極歡，遂共車同出，結友而去。

注釋

1 侵怨：受他人侵害而產生的仇怨。2 供具：陳設酒食的器具，亦指酒食。3 酒醪（粵：牢；普：láo）：泛指酒。醪：濁酒。4 過去：路過離去。5 分：分解；排解。

譯文

執金吾賈復在汝南，部將在潁川殺人，寇恂把犯人逮捕關進監獄。當時尚屬創業階段，軍營的人犯法，大多能得到寬容，寇恂在集市上處死了犯人。賈復以此為恥辱而歎息。從汝南回來經過潁川，他對左右人說：「我和寇恂同為將帥，現在被他陷害，大丈夫豈能被人侵害心懷怨恨卻不與其決裂的呢？這次見到寇恂，定要親手用劍殺了他！」寇恂得知了他的打算，不想和他相見。谷崇說：「我是將領，可以帶劍在旁侍奉。如有變故，足以抵擋。」寇恂說：「不是這樣。從前藺相如不怕秦王卻屈服於廉頗，是為了國家。小小趙國之人，還有這樣的道義，我哪有忘記的道理呢？」於是命令各屬縣準備大量食物，儲備美酒，執金吾的部隊一進入邊界，每人都得到了兩個人的飯食。寇恂於是出城在道上迎接，又假託生病回去了。賈復率兵想要追殺，但將士都喝醉了，於是過境離去。寇恂派谷崇把情況報告給光武帝，光武帝就召見了寇恂。寇恂被引見時，賈復已經在座，想起身避開。光武帝說：「天下還未平定，兩虎豈能私下爭鬥？今天我排解糾紛。」於是並肩而坐，盡情笑樂，最後同坐一輛車出來，結成朋友後分手。

賞析與點評

以史為鑒使人明事理。寇恂引「昔藺相如不畏秦王而屈於廉頗」的史例，決定仿效古人「為國」而重「義」。但他並未採取一味避讓的消極做法，而是以智鬥勇，先是迴避直接見面，同時以犒賞為名令對方喪失戰鬥力；進而如實上報朝廷，敦促皇帝親自出面排解了糾紛，竟致雙方「結友而去」的圓滿結局。化干戈為玉帛的道理雖簡單，但究竟如何操作呢？此乃極好的借鑒。

恂歸潁川。三年，遣使者即拜為汝南太守，又使驃騎將軍杜茂將兵助恂討盜賊。盜賊清靜，郡中無事。恂素好學，乃修鄉校，教生徒，聘能為《左氏春秋》者，親受學焉。七年，代朱浮為執金吾。明年，從車駕擊隗囂，而潁川盜賊羣起，帝乃引軍還，謂恂曰：「潁川迫近京師，當以時定。惟念獨卿能平之耳，從九卿復出[1]，以憂國可也。」恂對曰：「潁川剽輕[2]，聞陛下遠踰阻險，有事隴、蜀，故狂狡乘間相詿誤耳[3]。如聞乘輿南向，賊必惶怖歸死。臣願執銳前驅。」即日車駕南征，恂從至潁川，盜賊悉降，而竟不拜郡。百姓遮道曰：「願從陛下復借寇君一年。」乃留恂長社，鎮撫吏人，受納餘降。

注釋

1從九卿：准九卿。寇恂任執金吾，雖不是九卿但與九卿同俸祿，故稱「從九卿」。2剽輕：強悍輕捷。剽，勇猛強悍。3狂狡：狂妄狡詐之徒。詿誤：貽誤，連累。詿，貽誤，欺騙。

譯文

寇恂回到潁川。建武三年，光武帝派使者到郡中拜他為汝南太守，又派驃騎將軍杜茂帶兵協助他討伐盜賊。盜賊肅清，郡中無事。寇恂平素好學，整修鄉校，教授學生，聘請通曉《左氏春秋》的人，親自向他學習。建武七年，接替朱浮任執金吾。第二年，跟隨光武帝攻打隗囂，而潁川的盜賊又蜂擁而起，光武帝就率軍返回，對寇恂說：「潁川迫近京城，應該及時平定。考慮到唯有您能平定盜賊，您可以從九卿身份復出，以分擔國憂。」寇恂回答說：「潁川盜賊剽悍輕捷，聽說陛下遠涉險阻，用兵隴、蜀，所以想乘機貽誤您的戰機而已。如果聽說您掉頭南方，亂賊必定惶惑來降。臣願持尖銳兵器充當您的前鋒。」當天車駕南征，寇恂跟隨光武帝到潁川，羣賊全都投降，但最後沒有任命寇恂為潁川太守。百姓攔路說：「希望向陛下再借用寇君一年。」於是就把寇恂留在了長社縣，安撫官吏百姓，接納其餘盜賊來降。

初，隗囂將安定高峻，擁兵萬人，據高平第一[1]，帝使待詔馬援招降峻，由是河西道開。中郎將來歙承制拜峻通路將軍，封關內侯，後屬大司馬吳漢，共圍囂於冀。及漢軍退，峻亡歸故營，復助囂拒隴阺。及囂死，峻據高平，畏誅堅守。建威大將軍耿弇率太中大夫竇士、武威太守梁統等圍之，一歲不拔。十年，帝入關，將自征之，恂時從駕，諫曰：「長安道里居中，應接近便，安定、隴西必懷震懼，此從容一處可以制四方也[2]。今士馬疲倦，方履險阻，非萬乘之固，前年潁川，可為至戒。」帝不從。進軍及汧，峻猶不下，帝議遣使降之，乃謂恂曰：「卿

前止吾此舉，今為吾行也。若峻不即降，引耿弇等五營擊之。」恂奉璽書至第一，峻遣軍師皇甫文出謁，辭禮不屈[3]。恂怒，將誅文。諸將諫曰：「高峻精兵萬人，率多彊弩，西遮隴道，連年不下。今欲降之而反戮其使，無乃不可乎？」恂不應，遂斬之。遣其副歸告峻曰：「軍師無禮，已戮之矣。欲降，急降；不欲，固守。」峻惶恐，即日開城門降。諸將皆賀，因曰：「敢問殺其使而降其城，何也？」恂曰：「皇甫文，峻之腹心，其所取計者也。今來，辭意不屈，必無降心。全之則文得其計，殺之則峻亡其膽，是以降耳。」諸將皆曰：「非所及也。」遂傳峻還洛陽。

注釋

1第一：城名。2從容：逗留盤桓。3辭禮不屈：言辭禮節不順從。

譯文

當初，隗囂的將領安定人高峻，率萬人部隊，據守在高平縣第一城。光武帝派待詔馬援招降了高峻，從此河西之道被開通了。中郎將來歙奉光武帝旨意拜高峻為通路將軍，封他為關內侯，後來隸屬大司馬吳漢，一起在冀地圍攻隗囂。到漢軍撤退時，高峻逃回原來軍營，又協助隗囂拒守隴坻。隗囂死後，高峻佔據高平縣，擔心被殺而堅守城池。建威大將軍耿弇率領太中大夫竇士、武威太守梁統等圍攻他，一年不能攻下。光武帝入關後，準備親自征伐，寇恂當時正跟隨光武帝，勸諫說：「長安的位置居洛陽與高平中間，據此接應快捷方便，安定、隴西必定震驚恐懼，如此從容立足一處可以牽制四方。現在兵馬疲倦不堪，才經過險阻，沒有萬乘之師的強大，前年潁川之事，就是最好的鑒戒。」光武帝不聽。進軍至汧縣，高峻還是攻之不下，光武帝商量着派使者去招降他，對寇恂說：「你之前阻止我的這次行動，現在請你替我走一趟。如果高峻不馬上投降，就帶耿弇等五營去攻打。」寇恂持璽書到了第一城，高峻派遣軍師皇甫文出城謁見他，言辭禮節都不順從。寇恂大怒，要殺皇甫文。衆將勸諫說：「高峻有萬名精兵，且大多能開硬弓，在西邊攔在隴西的大道上，連年攻之不下。現在要招降他們卻殺他們的使者，恐怕不行吧？」寇恂不答應，就把使者殺了。然後派了他的副手回去告訴高峻說：「軍師無禮，已經被殺了。想投降，快點來；不想投降，就請固守在城中吧。」高峻惶恐不安，當天就打開城門投降了。將軍們都來祝賀，問他說：「敢問殺其使者而能讓他們全城投降，是為甚麼呢？」寇恂回答說：「皇甫文是高峻的心腹，是幫他出主意的人。他前來會見我們，言辭不屈讓，必無歸降之意。保全他就中了皇甫文的計謀，殺了他則高峻膽量全無，所以才來投降。」衆將說：「這真是我們無法想到的。」他們就把高峻押送回洛陽。

恂經明行修，名重朝廷，所得秩奉，厚施朋友、故人及從吏士。常曰：「吾因士大夫以致此，其可獨享之乎！」時人歸其長者，以為有宰相器。

譯文 寇恂通曉經書，注重修養，在朝廷中享有很高的聲望，所得俸祿，多饋贈給朋友以及手下的將士。他常說：「我是靠士大夫才有了今天，怎麼可以獨自享受俸祿呢？」當時的人視他為德高望重的人，認為他有宰相的才能。

十二年卒，謚曰威侯。子損嗣。恂同產弟及兄子、姊子以軍功封列侯者凡八人，終其身，不傳於後。

譯文 建武十二年，寇恂去世，謚號威侯。他的兒子寇損繼承爵位。寇恂同母的弟弟及兄長的兒子、姐姐的兒子因軍功被封為列侯的共計八人，但止於始封者自身，沒有傳至後代。

馮異列傳

本篇導讀——

馮異是東漢開國名將，躋身漢明帝所封「雲臺二十八功臣」第十三位。他本是王莽朝的郡屬吏，在巾車鄉被俘受恩赦投奔漢軍；最初只是劉秀身邊一名小小的主簿（祕書長），隨劉秀安定河北，生死與共，被劉秀譽為關係「恩猶父子」。他勸劉秀稱帝，建立東漢政權；他大破赤眉、平定關中，被封為征西大將軍、陽夏侯。從馮異雖戰功顯赫卻事事小心謹慎的表現，讀者應體會到，當時像他這樣曾經為王莽效力的舊朝投誠人士的某種苦衷。

馮異字公孫，潁川父城人也。好讀書，通《左氏春秋》、《孫子兵法》。

譯文　馮異表字公孫，是潁川郡父城縣人。他喜好讀書，通曉《左氏春秋》、《孫子兵法》。

漢兵起，異以郡掾監五縣，與父城長苗萌共城守，為王莽拒漢。光武略地潁川，攻父城不下，屯兵巾車鄉。異間出行屬縣，為漢兵所執。時異從兄孝及同郡丁綝、呂晏，並從光武，因共薦異，得召見。異曰：「異一夫之用，不足為彊弱。有老母在城中，願歸據五城，以効功報德。」光武曰：「善。」異歸，謂苗萌曰：「今諸將皆壯士屈起[1]，多暴橫，獨有劉將軍所到不虜掠。觀其言語舉止，非庸人也，可以歸身。」苗萌曰：「死生同命，敬從子計。」光武南還宛，更始諸將攻父城者前後十餘輩，異堅守不下；及光武為司隸校尉，道經父城，異等即開門奉牛酒迎。光武署異為主簿，苗萌為從事。異因薦邑子銚期、叔壽、段建、左隆等，光武皆以為掾史，以至洛陽。

注釋　1屈（粵：掘；普：jué）起：崛起，興起。屈，通「崛」。

譯文　漢兵起事，馮異以郡掾身份監管五個縣，與父城縣長苗萌共同守城，為王莽抵禦漢軍。光武侵佔潁川之地時，攻打父城縣不下，將軍隊屯駐在巾車鄉。馮異乘間隙巡視所管轄的屬縣，被漢軍抓獲。當時馮異的堂兄馮孝以及同鄉人丁綝、呂晏都跟隨光武，因而一起舉薦馮異，令他得到召見。馮異說：「以馮異我一人的微薄之力，不足以影響您的強弱。我的老母尚在父城之中，請允許我回去據守五城，立功來報答您的恩德。」光武回答說：「很好。」馮異回去後，對苗萌說：「當今衆將領都是由武士興起，大多暴虐專橫，只有劉將軍所到之處不搶掠。我看他的言談舉止，非庸俗之輩，可以歸附。」苗萌說：「我們同生死共命運，敬從您的安排。」光武南歸宛城，更始的衆將攻打父城前後有十幾批，馮異防守不破；等光武擔任司隸校尉，途經父城時，馮異等人隨即打開城門奉上牛酒相迎。光武任命馮異為主簿，苗萌為從事。馮異就推薦同鄉人銚期、叔壽、段建、左隆等，光武都把他們任用為掾史，帶回洛陽。

更始數欲遣光武徇河北，諸將皆以為不可。是時左丞相曹竟子詡為尚書，父子用事，異勸光武厚結納之[1]。及度河北，詡有力焉。

注釋　1 結納：結交。

譯文

更始帝多次想派遣光武巡行河北，衆將領都認為不妥。這時左丞相曹竟之子曹詡擔任尚書，父子掌握朝政，馮異勸光武與他們深交。等到北渡黃河時，曹詡為此出了力。

自伯升之敗，光武不敢顯其悲戚，每獨居，輒不御酒肉，枕席有涕泣處。異獨叩頭寬譬哀情[1]。光武止之曰：「卿勿妄言。」異復因間進説曰：「天下同苦王氏，思漢久矣。今更始諸將從橫暴虐，所至虜掠，百姓失望，無所依戴。今公專命方面[2]，施行恩德。夫有桀紂之亂，乃見湯武之功；人久飢渴，易為充飽。宜急分遣官屬，徇行郡縣，理冤結，布惠澤。」光武納之。至邯鄲，遣異與銚期乘傳撫循屬縣[3]，錄囚徒，存鰥寡，亡命自詣者除其罪，陰條二千石長吏同心及不附者上之[4]。

注釋

1寬譬：寬慰勸解。2專命：不受上命自由行事。方面：一個地方的軍政要職或其長官。3傳（粵：專低去；普：zhuàn）：驛站的車馬。4二千石：漢制，郡守俸祿為二千石，因稱郡守為二千石。

譯文

自從劉伯升被害，光武不敢顯露自己的悲戚，當一人獨處時，就不用酒肉，枕席上總是有淚痕。馮異單獨叩頭勸慰光武節哀。光武制止他說：「您不要亂說。」馮異又尋找機會進言說：「天下都苦於王莽，期盼漢室很久了。現在更始帝的將領們橫行暴虐，所到之處燒殺搶掠，百姓失望，沒有可以依託擁戴的人。現在您在地方專權，施行恩德。有桀紂的暴亂，方顯出湯武的功勳；人長久飢渴了，就容易滿足。應該盡快分派屬官，巡視郡縣，審理冤屈，佈施恩澤。」光武採納了他的建議。到達邯鄲，派馮異與銚期乘傳車安撫存恤各郡縣，登記囚徒的名單，安置鰥夫寡婦，逃亡後自首者免罪，暗中奏上二千石長吏中的支持者與反對者的名單。

及王郎起，光武自薊東南馳，晨夜草舍，至饒陽無蔞亭。時天寒烈，衆皆飢疲，異上豆粥。明旦，光武謂諸將曰：「昨得公孫豆粥，飢寒俱解。」及至南宮，遇大風雨，光武引車入道傍空舍，異抱薪，鄧禹熱火，光武對竈燎衣。異復進麥飯菟肩[1]。因復度虖沱河至信都，使異別收河間兵。還，拜偏將軍。從破王郎，封應侯。

注釋　1菟肩：植物名，屬葵類，可食。

譯文　等王郎起兵時，光武從薊縣東部迅速南下，晝夜兼程，風餐露宿，到達饒陽無蔞亭。時值天寒地凍，衆人飢渴疲憊，馮異送上豆粥。第二天早晨，光武對衆將說：「昨天得到馮異的豆粥，飢餓寒冷都消失了。」到達南宮時，遇上大風雨，光武將車停至路旁的空房，馮異抱來薪柴，鄧禹升火，光武對竈爐烘烤衣服。馮異又送上麥飯和野菜。光武於是又渡過虖沱河到信都，派馮異另募集河間的軍馬。馮異回來後拜為偏將軍。（他）跟光武擊破王郎，被封為應侯。

異為人謙退不伐，行與諸將相逢，輒引車避道。進止皆有表識[1]，軍中號為整齊。每所止舍，諸將並坐論功，異常獨屏樹下，軍中號曰「大樹將軍」。及破邯鄲，乃更部分諸將[2]，各有配隸。軍士皆言願屬大樹將軍，光武以此多之。別擊破鐵脛於北平[3]，又降匈奴于林闟頓王，因從平河北。

注釋　1表識（粵：志；普：zhì）：標記，標識。2部分：部署，安排。3鐵脛：西漢一支農民軍的稱號。

譯文

馮異為人謙讓不自誇，出行與衆將相遇，總是領自己的車讓路。進退之處都做好標記，全軍中他的部隊號稱最為秩序井然。每次宿營，衆將一起圍坐講論戰功，馮異卻經常獨自退避於樹下，軍中號稱「大樹將軍」。到攻破邯鄲之後，才進而部署各將領所配備的部隊。兵士們都説願意從屬於大樹將軍，光武因此看重他。馮異獨自率軍擊敗北平縣的鐵脛軍，又降服了匈奴的于林闟頓王，接着跟從光武平定河北。

時更始遣舞陰王李軼、廩丘王田立、大司馬朱鮪、白虎公陳僑將兵號三十萬，與河南太守武勃共守洛陽。光武將北徇燕、趙，以魏郡、河內獨不逢兵，而城邑完，倉廩實，乃拜寇恂為河內太守，異為孟津將軍，統二郡軍河上，與恂合執，以拒朱鮪等。

譯文

這時更始帝派舞陰王李軼、廩丘王田立、大司馬朱鮪、白虎公陳僑率軍號稱三十萬，和河南太守武勃共同守衛洛陽。光武將要北取燕、趙，因為唯獨魏郡、河內沒有遭受兵亂，城邑完備，倉庫充實，於是任寇恂為河內太守、馮異為孟津將軍，統領兩郡軍隊駐紮在黃河岸上，與寇恂聯合兵力，抗拒朱鮪等人。

異乃遺李軼書曰：「愚聞明鏡所以照形，往事所以知今。昔微子去殷而入周，項伯畔楚而歸漢[1]，周勃迎代王而黜少帝，霍光尊孝宣而廢昌邑。彼皆畏天知命，覩存亡之符，見廢興之事，故能成功於一時，垂業於萬世也。苟令長安尚可扶助，延期歲月，疏不間親，遠不踰近，季文豈能居一隅哉[2]？今長安壞亂，赤眉臨郊，王侯構難，大臣乖離，綱紀已絕，四方分崩，異姓並起，是故蕭王跋涉霜雪，經營河北。方今英俊雲集，百姓風靡[3]，雖邠岐慕周[4]，不足以喻。季文誠能覺悟成敗，亟定大計，論功古人，轉禍為福，在此時矣。如猛將長驅，嚴兵圍城[5]，雖有悔恨，亦無及已。」

注釋

1畔：通「叛」，背離。2季文：李軼，字季文。3風靡：歸順；傾倒。4邠岐慕周：據《史記》記載，周族古公亶父，積德行義，國人都很愛戴他。後來，邠人又跟隨他定居於岐山之下。5嚴兵：猶陳兵，部署軍隊。

譯文

馮異寫信給李軼說：「我聽說明鏡是用來照出身形的，往事是用來知曉今事的。從前微子離開殷商來到周室，項伯叛離項羽歸附漢室，周勃迎立代王而廢黜少帝，霍光尊立孝宣帝而廢除昌邑王，他們都畏懼天意、明察天命，看到存亡的徵兆，預見興衰之事，所以能夠把功業流傳於萬世。假使長安還可以扶助，能苟延一年半載，但是疏遠者無法參與親近者，二者的界限無法超逾，季文怎麼能夠佔領一方邊地呢？現在長安變亂，赤眉軍臨近郊外，王侯發難，大臣叛離，法律制度斷絕，天下分崩，異姓勢力一起造反，因此蕭王長途跋涉，不畏霜雪，經營河北。而今英才俊傑雲集，百姓傾慕，即使邠岐之人傾倒於周室，也不足與此相比。季文真能醒悟明白成敗之道理的話，當機立斷，功勞與古人相提並論，轉禍為福，就在此時了。如果猛將長驅而至，佈陣包圍城池，即使悔恨也來不及了。」

初，軼與光武首結謀約，加相親愛，及更始立，反共陷伯升。雖知長安已危，欲降又不自安。乃報異書曰[1]：「軼本與蕭王首謀造漢，結死生之約，同榮枯之計。今軼守洛陽，將軍鎮孟津，俱據機軸[2]，千載一會，思成斷金[3]。唯深達蕭王，願進愚策，以佐國安人。」軼自通書之後，不復與異爭鋒，故異因此得北攻天井關，拔上黨兩城，又南下河南成皋已東十三縣，及諸屯聚，皆平之，降者十餘萬。

武勃將萬餘人攻諸畔者，異引軍度河，與勃戰於士鄉下，大破斬勃，獲首五千餘級，軼又閉門不救。異見其信效[4]，具以奏聞。光武故宣露軼書[5]，令朱鮪知之。鮪怒，遂使人刺殺軼。由是城中乖離，多有降者。鮪乃遣討難將軍蘇茂將數萬人攻溫，鮪自將數萬人攻平陰以綴異[6]。異遣校尉護軍將兵，與寇恂合擊茂，破之。異因度河擊鮪，鮪走；異追至洛陽，環城一匝而歸。

注釋

1報：答。2機軸：比喻關鍵的處所。3斷金：謂同心協力或情義深厚。4信效：守信用並見諸行動收到實效。5宣露：泄露，透露。6綴：牽制。

譯文

當初，李軼與光武首先定謀結約，交相友愛，等更始帝即位，反而一同陷害劉伯升。他雖知長安已危在旦夕，想投降又感不安，就回答馮異說：「我本來與蕭王共同謀劃造就漢室，結為生死之盟約，制定榮辱與共之謀劃。現在我守洛陽，將軍守孟津，都據守要地，千載難逢，願能同心協力。望能鄭重地轉達蕭王，我願進獻愚策，以輔佐國家、安定百姓。」李軼自從通信之後，不再和馮異爭鋒相對，馮異也因此得以向北攻打天井關，攻取上黨二城，又向南攻下河南成皋以東的十三個縣，各聚眾起事的部隊也全部得以平定，投降的人有十餘萬。武勃率領萬餘人攻各反叛者，馮異帶兵渡黃河，與武勃交戰於士鄉亭，大敗敵軍，斬殺武勃，殺敵五千多人，李軼又關閉城門不予援救。馮異見他講信用，並付諸行動，就據實上奏光武帝。光武故意泄露李軼的書信，讓朱鮪知道。朱鮪很憤怒，就派人刺殺了李軼。於是洛陽城中人心叛離，有許多投降的。朱鮪於是派討難將軍蘇茂率領幾萬人攻打溫縣，他自己率幾萬人攻打平陰以牽制馮異。馮異派校尉護軍帶兵與寇恂合擊蘇茂，並打敗了蘇茂。馮異趁勢渡過黃河攻擊朱鮪，朱鮪逃走；馮異追到洛陽，繞城一周而歸。

移檄上狀，諸將皆入賀，并勸光武即帝位。光武乃召異詣鄗，問四方動靜。異曰：「三王反畔[1]，更始敗亡，天下無主，宗廟之憂，在於大王。宜從衆議，上為社稷，下為百姓。」光武曰：「我昨夜夢乘赤龍上天，覺悟[2]，心中動悸[3]。」異因下席再拜賀曰：「此天命發於精神。心中動悸，大王重慎之性也。」異遂與諸將定議上尊號。

注釋

1 三王反畔：淮陽王張卬、穰王廖湛、隨王胡殷得知更始帝想殺他們，就帶兵搶了東西市場，入宮大敗更始帝。2 覺悟：即覺寤，睡醒。3 動悸：感情受到觸動而心跳加速。

譯文

馮異送檄文上奏，衆將都來祝賀，並勸光武登皇帝位。光武便召馮異到鄗縣去，問他天下的動靜形勢。馮異說：「三王反叛，更始帝滅亡，天下無主，宗廟之憂，任在大王了。應聽從大家的建議，上為國家，下為百姓。」光武說：「我昨夜夢見乘赤龍上天，醒後，心中激動。」馮異因此從坐席上下來，敬拜兩次而祝賀說：「這是天命顯露於精神。心中激動，是大王慎重的本性。」馮異於是與衆將領議定請皇帝尊號。

建武二年春，定封異陽夏侯。引擊陽翟賊嚴終、趙根，破之。詔異歸家上冢，使太中大夫齎牛酒，令二百里內太守、都尉已下及宗族會焉。

譯文

建武二年春，確定封馮異為陽夏侯。馮異帶兵攻打陽翟賊人嚴終、趙根，擊破他們。光武帝下詔讓馮異回鄉祭掃祖墳，派太中大夫送上牛、酒，下令二百里內的太守、都尉以下的官員以及同宗族的人會同祭冢。

時赤眉、延岑暴亂三輔，郡縣大姓各自擁兵衆，大司徒鄧禹不能定，乃遣異代禹討之。車駕送至河南，賜以乘輿、七尺具劍[1]。敕異曰：「三輔遭王莽、更始之亂，重以赤眉、延岑之酷，元元塗炭[2]，無所依訴。今之征伐，非必略地屠城，要在平定安集之耳[3]。諸將非不健鬭[4]，然好虜掠。卿本能御吏士，念自修敕，無為郡縣所苦。」異頓首受命，引而西，所至皆布威信。弘農羣盜稱將軍者十餘輩，皆率衆降異。

注釋

1乘輿：天子或諸侯乘坐的車。具劍：用寶玉裝飾的劍。2元元：百姓。塗炭：蹂躪摧殘。3安集：安定和睦。4健鬭：善於戰鬥。健，善於。

譯文

此時赤眉、延岑軍在三輔地區殘暴作亂，郡縣大姓豪族各自擁有軍隊，大司徒鄧禹不能平定他們，光武帝就派馮異代替鄧禹討伐他們。光武帝送他到河南，賜給他乘車和用寶玉裝飾的七尺劍。敕令馮異說：「三輔遭受王莽、更始之亂，加之以赤眉、延岑的暴虐，百姓塗炭，無處可以依靠與傾訴。這次征伐，不一定要侵佔土地、掠奪城市，重要的是平定混亂，安定百姓而已。衆將領不是不善戰，但喜歡搶掠。你本來就善於駕馭官兵，希望自覺整治，不要給郡縣增添痛苦。」馮異叩首領命，帶兵西征，所到之處樹立威信。弘農的盜賊集團自稱將軍的有十多伙，都率眾投降馮異。

異與赤眉遇於華陰，相拒六十餘日，戰數十合，降其將劉始、王宣等五千餘人。三年春，遣使者即拜異為征西大將軍。會鄧禹率車騎將軍鄧弘等引歸，與異相遇，禹、弘要異共攻赤眉。異曰：「異與賊相拒且數十日，雖屢獲雄將，餘眾尚多，可稍以恩信傾誘[1]，難卒用兵破也[2]。上今使諸將屯黽池要其東，而異擊其西，一舉取之，此萬成計也。」禹、弘不從。弘遂大戰移日[3]，赤眉陽敗[4]，棄輜重走。車皆載土，以豆覆其上，兵士飢，爭取之。赤眉引還擊弘，弘軍潰亂。異與禹合兵救之，赤眉小卻。異以士卒飢倦，可且休，禹不聽，復戰，大為所敗，死傷者三千餘人。禹得脫歸宜陽。異棄馬步走上回谿阪，與麾下數人歸營。復堅壁，收其散卒，招集諸營保數萬人[5]，與賊約期會戰。使壯士變服與赤眉同，伏於道側。旦日，赤眉使萬人攻異前部，異裁出兵以救之[6]。賊見執弱，遂悉眾攻異，異乃縱兵大戰。日昃[7]，賊氣衰，伏兵卒起，衣服相亂，赤眉不復識別，眾遂驚潰。追擊，大破於崤底，降男女八萬人。餘眾尚十餘萬，東走宜陽降。璽書勞異曰：「赤眉破平，士吏勞苦，始雖垂翅回谿，終能奮翼黽池，可謂失之東隅，收之桑榆。

方論功賞，以答大勳。」

注釋

1稍：逐漸。傾誘：誘使人順服。2卒：同「猝」，即時，立刻。3移日：移動日影。指不短的一段時間。4陽敗：假裝失敗。陽，假裝。5營保：即營堡，堡壘。6裁：節制，抑制。7日昃（粵：則；普：zè）：太陽偏西，約下午兩點。

譯文

馮異與赤眉軍在華陰遭遇，相持六十多天，交戰數十回合，降服赤眉將領劉始、王宣等五千多人。建武三年春，光武帝派使者到軍中封馮異為征西大將軍。恰逢鄧禹率領車騎將軍鄧弘等東歸，與馮異相遇，鄧禹、鄧弘邀請馮異一同攻打赤眉軍。馮異說：「我和敵軍已經相持幾十天，雖然屢次俘獲猛將，但赤眉剩下的兵馬還很多，可以慢慢用恩惠信用引誘他們，難以猝然用兵攻破。皇上這次派衆將領屯駐黽池，攔截他們的東翼，我攻擊其西翼，一舉拿下他們，這是萬全之策。」鄧禹、鄧弘不聽。鄧弘和赤眉大戰良久，赤眉佯裝失敗，丢下輜重逃走。車上都裝着土，土上覆蓋豆子，士兵飢餓，爭相搶豆子。赤眉軍回頭襲擊鄧弘，鄧弘潰不成軍。馮異和鄧禹合力救鄧弘，赤眉稍稍撤退。馮異認為士兵飢餓疲倦，可以暫且休戰，鄧禹不聽從，再戰，被赤眉打得大敗，死傷三千多人。鄧禹得以逃回宜陽縣。馮異棄馬徒步逃上回谿阪，和幾個部下回營。又堅守壁壘，聚集逃散的士兵，招集各堡壘數萬兵，和敵軍約定日期會戰。派壯士穿上和赤眉軍一樣的服裝，埋伏在路邊。第二天，赤眉軍派出萬人攻擊馮異前部，馮異有節制地出兵援救。賊人見他勢力薄弱，就全軍出動攻打馮異，馮異於是發兵大戰。太陽偏西，賊人士氣衰落，這時埋伏的士兵突然出擊，由於衣服與敵人混同，赤眉軍無法再識別敵我，很快就驚恐潰散。馮異追擊，大敗赤眉於崤底，降服八萬男女。其餘還有十多萬人，向東逃到宜陽投降了。光武帝下璽書慰勞馮異說：「赤眉軍被攻破平定，將士們辛苦了，開始雖然折翅於回谿阪，最終能夠重振羽翼於黽池，大功告捷。可說是『失之東隅，收之桑榆』啊。要論功行賞，以報謝大功。」

賞析與點評

此處的「失之東隅，收之桑榆」語一出，常為後世人引用，指先有所失，又有所得。東隅，指日出之處，即早晨，喻初始；桑榆，日落時光照桑榆樹端，因以指日暮，喻最終。畢竟一帆風順的人生並不多，遇到挫折或不盡如人意之事，古訓的確很能給人啓發。

時赤眉雖降，衆寇猶盛：延岑據藍田，王歆據下邽，芳丹據新豐，蔣震據霸陵，張邯據長安，公孫守據長陵，楊周據谷口，呂鮪據陳倉，角閎據汧，駱延據盩厔[1]，任良據鄠，汝章據槐里，各稱將軍，擁兵多者萬餘，少者數千人，轉相攻擊。異且戰且行，屯軍上林苑中。延岑既破赤眉，自稱武安王，拜置牧守，欲據關中，引張邯、任良共攻異。異擊破之，斬首千餘級，諸營保守附岑者皆來降歸異。岑走攻析，異遣復漢將軍鄧曄、輔漢將軍于匡要擊岑[2]，大破之，降其將蘇臣等八千餘人。岑遂自武關走南陽。時百姓飢餓，人相食，黃金一斤易豆五升。道路斷隔，委輸不至[3]，軍士悉以果實為糧。詔拜南陽趙匡為右扶風，將兵助異，並送縑穀，軍中皆稱萬歲。異兵食漸盛，乃稍誅擊豪傑不從令者，褒賞降附有功勞者，悉遣其渠帥詣京師，散其衆歸本業，威行關中。惟呂鮪、張邯、蔣震遣使降蜀，其餘悉平。

注釋

1 盩厔：（粵：州姪；普：zhōu zhì）：地名，在陝西。2 要擊：中途攔截加以襲擊。
3 委輸：轉運的物資。

譯文

這時赤眉軍雖然已經投降，衆寇仍很猖獗：延岑佔據藍田，王歆佔據下邽，芳丹佔據新豐，蔣震佔據霸陵，張邯佔據長安，公孫守佔據長陵，楊周佔據谷口，呂鮪佔據陳倉，角閎佔據汧縣，駱延佔據盩厔，任良佔據鄠縣，汝章佔據槐里，各自號稱將軍，擁兵多的達萬餘人，少的數千人，相互攻擊。馮異邊作戰邊行軍，屯兵在上林苑中。延岑自打敗赤眉軍後，自稱武安王，設置州牧、郡守長官，想要佔據關中，率領張邯、任良一同攻打馮異。馮異打敗他們，殺敵斬首千餘。各營堡依附延岑的人都來歸降馮異。延岑移師攻打析縣，馮異派遣復漢將軍鄧曄、輔漢將軍于匡攔擊延岑，大敗延岑，降服了他的將領蘇臣等八千餘人。延岑於是從武關逃到南陽。當時百姓飢餓，人吃人，黃金一斤換豆子五升。道路阻斷，物資轉運不到，士兵都以果實作為糧食。光武下詔任命南陽人趙匡為右扶風，帶兵援助馮異，並送來絲絹穀物，軍中都高呼萬歲。馮異的軍糧逐漸充足，就立即誅伐豪傑中不聽命令的人，褒獎前來投降歸附建立功勞的人，把首領全部送到京城，遣散他們的士兵，讓他們回歸農業。他的威信盛行關中，只有呂鮪、張邯、蔣震派人入蜀歸降公孫述，其餘都平定了。

明年，公孫述遣將程焉，將數萬人就呂鮪出屯陳倉。異與趙匡迎擊，大破之，焉退走漢川。異追戰於箕谷，復破之，還擊破呂鮪，營保降者甚衆。其後蜀復數遣將間出[1]，異輒摧挫之。懷來百姓[2]，申理枉結，出入三歲[3]，上林成都。

注釋

1間：可乘之機；乘機。2懷來：招來。3出入：大概，接近。

譯文

第二年，公孫述派將領程焉率數萬人靠攏呂鮪，出兵屯守陳倉。馮異與趙匡迎擊，大敗敵人，程焉撤退，逃往漢川。馮異追擊，與程焉戰於箕谷，在此擊敗他，回頭擊敗呂鮪，各營堡投降的人很多。之後蜀又屢派將領乘機出襲，馮異總能摧毀挫敗他們。他招撫百姓，依法處理冤屈，三年左右，上林苑成了城市。

異自以久在外，不自安，上書思慕闕廷，願親帷幄[1]，帝不許。後人有章言異專制關中，斬長安令，威權至重，百姓歸心，號為「咸陽王」。帝使以章示異。異惶懼，上書謝曰：「臣本諸生[2]，遭遇受命之會，充備行伍[3]，過蒙恩私，位大將，爵通侯，受任方面[4]，以立微功，皆自國家謀慮[5]，愚臣無所能及。臣伏自思惟[6]：以詔勑戰攻，每輒如意；時以私心斷決，未嘗不有悔。國家獨見之明，久而益遠，乃知『性與天道，不可得而聞也』[7]。當兵革始起，擾攘之時，豪傑競逐，迷惑千數。臣以遭遇，託身聖明，在傾危溷殽之中[8]，尚不敢過差，而況天下平定，上尊下卑，而臣爵位所蒙，巍巍不測乎[9]？誠冀以謹勑，遂自終始。見所示臣章，戰慄怖懼。伏念明主知臣愚性，固敢因緣自陳[10]。」詔報曰：「將軍之於國家，義為君臣，恩猶父子。何嫌何疑，而有懼意？」

注釋

1 親帷幄：侍奉皇帝。帷幄，指帝王。天子居處必設帷幄，故稱。2 諸生：儒生。3 行伍（粵：杭五；普：háng wǔ）：泛指軍隊。古時兵制，五人為伍，二十五人為行。4 方面：一個地方的軍政要職或其長官。5 國家：猶言「官家」，指皇帝。6 伏：敬詞，古時臣對君奏言多用。7 語出自《論語・子貢》。8 溷殽（粵：混肴；普：hùn xiáo）：即混淆，混雜，錯亂。9 巍巍：高大。不測：危殆，危險。10 因緣：機會，緣分。

譯文

馮異自己覺得長久在外，心中不安，上書表示思念朝廷，願意親近宮室，光武帝不允許。後來有人上書說馮異專制於關中，殺害長安縣令，他的威勢和權力極重，百姓真心歸附於他，稱他為「咸陽王」。光武帝讓人拿奏章給馮異看。馮異惶恐，上書謝罪說：「臣本是書生，遇到受命的機會，參軍打仗，錯蒙恩寵，位居大將，受爵通侯，受命專任一方之要職，得以建立微功，這都是出自皇上的謀略，愚臣沒有可以相比之處。臣暗自思索：奉詔令作戰時，每每如願以償；間或以己意決斷，沒有不後悔的。皇上獨特见解之高明，時間越久越顯得深遠。才知道『性與天道，是不可得知的』。當戰爭剛剛爆發，混亂之時，豪傑競爭追逐，無法辨清是非的人衆多。臣因遭遇明主，將自己交託給聖明，在傾覆混亂之中，尚且不敢有差錯，何況天下太平，上尊下卑，而臣所受爵位，卻高大而危殆了嗎？臣真誠地希望謹守勑令，貫通始終。見到給臣看的奏章，戰慄驚恐。思忖明主知道臣下愚鈍的品性，所以敢藉機自我陳述。」光武帝下詔回覆說：「將軍對於朕，論義理是君臣，論恩情猶如父子。有甚麼嫌疑，而產生畏懼呢？」

六年春，異朝京師。引見，帝謂公卿曰：「是我起兵時主簿也。為吾披荊棘，定關中。」既罷，使中黃門賜以珍寶、衣服、錢帛。詔曰：「倉卒無蔞亭豆粥，虖沱河麥飯，厚意久不報。」異稽首謝曰：「臣聞管仲謂桓公曰：『願君無忘射鉤，臣無忘檻車。』[1]齊國賴之。臣今亦願國家無忘河北之難，小臣不敢忘巾車之恩。」後數引讌見，定議圖蜀，留十餘日，令異妻子隨異還西。

注釋

1 「願君」以下兩句：春秋時管仲曾射中過齊桓公的帶鉤，後來齊桓公假意令魯國用囚車把他押送回齊國，不但沒有殺他，還任他為宰相。檻車，囚車。

譯文

建武六年春，馮異進京朝見。光武帝接見他，對公卿說：「這是我起兵時的主簿。為我披荊斬棘，平定關中。」接見結束，讓中黃門賜給珍寶、衣服、錢幣、布帛。下詔說：「窘迫時無蔞亭的豆粥，虖沱河的麥飯，深情厚誼許久未能報答。」馮異叩首拜謝說：「臣聽說管仲對齊桓公說過：『希望您不要忘記我曾射中您的帶鉤，我也不會忘記您押解我的囚車。』齊國靠的是這種信任。臣現在也希望皇上不忘河北的艱難時期，小臣不敢忘記在巾車鄉所受的恩赦。」之後光武帝多次宴請馮異，商議攻打蜀地，逗留十多天，才讓馮異妻子兒女隨他返回西方。

馬援列傳

本篇導讀——

以先祖馬服君自豪、以相馬達人著稱、戎馬一生、最終馬革裹屍的東漢開國名將馬援，在中國可謂家喻戶曉。馬氏一族自西漢武帝至王莽多官至二千石。本傳記述馬援「少有大志」，不喜文學，好「田牧」實業。他一生壯志凌雲，膽識過人。曾先後效力於王莽、隗囂、劉秀等政權。不僅精通兵略，還善識名馬，告誡他人躲避災禍，十分明智。他征戰沙場，飛矢射穿小腿也毫無懼色。年逾花甲還披甲執兵，請纓遠征，最後悲壯地死在戰場上，實踐了自己「馬革裹屍」的豪言壯語。東漢是個豪族得勢的社會，馬、鄧、竇、梁是當時著名的四大家族，馬援是馬氏家族的代表人物，從他身上可以看到當時豪族崛起的曲折歷程。

馬援字文淵，扶風茂陵人也。其先趙奢為趙將，號曰馬服君[1]，子孫因為氏。武帝時，以吏二千石自邯鄲徙焉。曾祖父通，以功封重合侯，坐兄何羅反，被誅，故援再世不顯[2]。援三兄況、余、員，並有才能，王莽時皆為二千石。

注釋

1馬服君：趙惠文王因其善於降服、駕馭馬匹而賜此爵號。2再世：兩代。

譯文

馬援字文淵，是扶風茂陵人。他的祖先趙奢是趙國的將軍，封爵號為「馬服君」，子孫於是以「馬」為姓氏。武帝時，馬家因為是二千石官職，從邯鄲遷徙至此。曾祖父馬通，因功封為重合侯，因兄長馬何羅謀反，受牽連被殺，所以馬援祖父、父親兩代無顯赫名聲。馬援三個兄長馬況、馬余、馬員，都有才能，王莽時都成為二千石高官。

援年十二而孤，少有大志，諸兄奇之。嘗受《齊詩》，意不能守章句[1]，乃辭況，欲就邊郡田牧。況曰：「汝大才，當晚成。良工不示人以朴，且從所好。」會況卒，援行服期年，不離墓所；敬事寡嫂，不冠不入廬[2]。後為郡督郵[3]，送囚至司命府，囚有重罪，援哀而縱之，遂亡命北地。遇赦，因留牧畜，賓客多歸

附者，遂役屬數百家[4]。轉游隴漢間，常謂賓客曰：「丈夫為志，窮當益堅，老當益壯。」因處田牧，至有牛馬羊數千頭，穀數萬斛。既而歎曰：「凡殖貨財產，貴其能施賑也，否則守錢虜耳。」乃盡散以班昆弟故舊[6]，身衣羊裘皮絝[7]。

注釋

1章句：剖章析句，此指儒家經典的注釋。2廬：建於墓地服喪用的小屋。3督郵：漢代郡的重要屬吏，代表太守督察縣鄉，宣達教令，兼司獄訟捕亡。4役屬：謂使隸屬於自己而役使之。5殖貨：增殖財貨。6班：賜予，分給。7絝：套褲。

譯文

馬援十二歲時父親去世，他年少而有大志，幾個兄長都對他感到驚異。曾學《齊詩》，心思卻不在墨守經學章句上，於是辭別馬況，想到邊郡去經營畜牧業。馬況說：「你有大才，會大器晚成的。好的工匠不把未加工的材料給人看，順從性情所好吧。」趕上馬況去世，馬援服喪一年，不離墓地；恭敬侍奉寡嫂，不戴好帽子不進廬舍。後來做郡督郵，押送囚犯到司命府，囚犯犯有重罪，馬援哀憐他而放了他，於是自己逃亡到北地郡。遇上大赦，於是留在那裏飼養牲畜，賓客有很多來依附他的，竟然役使有幾百家人。輾轉遊歷於隴、漢兩地之間，常對賓客說：「大丈夫立志，境況越艱難意志更堅定，越是年老越要保持旺盛鬥志。」於是居處那裏從事畜牧，乃至擁有牛、馬、羊數千頭，穀物數萬斛。不久慨歎說：「凡經營產業獲取財產的，貴在能施捨賑濟別人，否則僅是守財奴罷了。」於是他把所有的財物分給兄弟舊友，自己只穿羊皮衣褲。

賞析與點評

古代男子二十歲行加冠之禮，表示成人亦稱「丈夫」。所謂「男子二十而冠，冠而列丈夫」（《春秋穀梁傳》）。若按漢代一尺為二十三公分計算，一丈之夫的身高為二米三十，比身高二米二九的籃球名將姚明還高。雖然古人描述男子的稱呼不必過分認真，但是馬援提出「丈夫為志」，即男人要有志氣，而且愈艱苦愈要堅強，愈老愈威猛。這種志氣還包括了豁達的一面，即「凡殖貨財產，貴其能施賑」。今日，狹隘拜金主義與利己主義時代的人們所欠缺的，難道不正是馬援這種「丈夫」氣概嗎？

王莽末，四方兵起，莽從弟衞將軍林廣招雄俊，乃辟援及同縣原涉為掾[1]，薦之於莽。莽以涉為鎮戎大尹，援為新成大尹[2]。及莽敗，援兄員時為增山連率[3]，與援俱去郡，復避地涼州[4]。世祖即位，員先詣洛陽，帝遣員復郡，卒於官。

援因留西州[5]，隗囂甚敬重之，以援為綏德將軍，與決籌策。

注釋　1辟（粵：闢；普：bì）：徵召，薦舉。2大尹：王莽改太守為大尹。3連率：太守。4避地：遷地以避災禍。5西州：指陝西。

譯文　王莽末年，四方戰爭爆發，王莽的堂弟衞將軍王林廣招雄才俊傑，就徵辟馬援和他的同鄉原涉為掾吏，把他們舉薦給王莽。王莽任原涉為鎮戎（即天水郡）太守，馬援為新成（即漢中郡）太守。到王莽敗亡時，馬援的兄長馬員當時正擔任增山（即上郡）太守，和馬援一起離開所在郡，再次遷至涼州避難。世祖光武帝即位後，馬員先到洛陽，光武帝派馬員回原郡做太守，他死在任上。馬援於是留在西州，隗囂非常敬重他，任他為綏德將軍，一起籌劃決策。

是時公孫述稱帝於蜀，囂使援往觀之。援素與述同里閈[1]，相善，以為既至當握手歡如平生，而述盛陳陛衞[2]，以延援入，交拜禮畢，使出就館，更為援制都布單衣、交讓冠[3]，會百官於宗廟中，立舊交之位。述鸞旗旄騎[4]，警蹕就車[5]，磬折而入[6]，禮饗官屬甚盛，欲授援以封侯大將軍位。賓客皆樂留，援曉之曰：「天下雄雌未定，公孫不吐哺走迎國士[7]，與圖成敗，反修飾邊幅，如偶人形。此子何足久稽天下士乎[8]？」因辭歸，謂囂曰：「子陽井底蛙耳，而妄自尊大，不如專意東方。」

注釋

1里閈（粵：捍；普：hàn）：鄉里。閈，里門，里巷。2陛衛：帝王御前衛兵。3都布：有作「荅布」。一種質地粗厚的布。「荅」：厚。單衣：古代官吏的服裝，朝拜見尊者之服。交讓冠：冠名，形制不清。4鸞旗：天子儀仗中的旗子，上繡鸞鳥，故稱。旄騎：即旄頭，皇帝儀仗中擔任先驅的騎兵。5警蹕：古代帝王出入時，於所經路途侍衛警戒，清道止行。6磬折：彎腰，表示謙恭。7吐哺：史載周公一頓飯中數次吐出口中食物，出來接待賢士。極言殷勤待士。8稽：留止。

譯文

這時公孫述在蜀地稱帝，隗囂派馬援前去觀察他。馬援本與公孫述同鄉，相處很好，以為到後應當握手相見，如同平素一樣歡暢，而公孫述讓御前衛兵隆重列隊，才領馬援進入，行過互拜見面禮後，讓他出來前往賓館，又為他做單衣朝服、交讓冠，大會百官於宗廟之中，設下舊交的席位。公孫述陳列鸞旗旄騎儀仗，警戒清道之後登車，躬身進入宗廟，依照禮節宴請招待屬官，場面壯觀，還想封馬援為侯，授予大將軍職位。賓客都樂意留下，馬援開導他們說：「天下勝負未定，公孫述不急切地奔走迎接國之名士，一起謀劃成敗，反而修飾邊幅，就像沒有仁義的人形木偶。此等人物如何能長久留住天下名士呢？」於是告辭回去，對隗囂說：「公孫子陽僅是個井底之蛙，且妄自尊大，我們不如一心歸向東方。」

建武四年冬，囂使援奉書洛陽。援至，引見於宣德殿。世祖迎笑謂援曰：「卿遨遊二帝間[1]，今見卿，使人大慚。」援頓首辭謝，因曰：「當今之世，非獨君擇臣也，臣亦擇君矣。臣與公孫述同縣，少相善。臣前至蜀，述陛戟而後進臣[2]。臣今遠來，陛下何知非刺客姦人，而簡易若是？」帝復笑曰：「卿非刺客，顧說客耳。」援曰：「天下反覆[3]，盜名字者不可勝數。今見陛下，恢廓大度，同符高祖，乃知帝王自有真也。」帝甚壯之。援從南幸黎丘，轉至東海。及還，以為待詔[4]，使太中大夫來歙持節送援西歸隴右。

注釋

1卿：對人的敬稱。2陛戟：執戟侍衛立於殿階兩側。3反覆：動盪，動亂。4待詔：官名，漢代徵士未有正官者，均待詔公車，特異者待詔金馬門，備顧問，後遂以待詔為官名，並沒有實職。

譯文

建武四年冬天，隗囂派馬援送書信至洛陽。馬援一到，光武帝就在宣德殿接見他。世祖（光武帝）迎接，笑迎馬援說：「您奔走周旋於兩個皇帝之間，現在才見到您，讓人十分慚愧。」馬援叩頭道謝，接着說：「當今之世，不單是君主選擇臣子，臣子也選擇君主。臣與公孫述是同鄉，年輕時候相處很好。臣先前到蜀，公孫述佈置衞隊之後才讓我進去。臣現在遠道而來，陛下怎知臣不是刺客奸人，而如此疏略平易呢？」光武帝又笑着說：「您不是刺客，只是説客！」馬援說：「天下動亂，盜用帝號的人不可勝數。現在見陛下，恢宏大度，和高祖相同，才知道帝王自有真的。」光武帝十分讚賞他。馬援跟隨光武帝向南方巡行至黎丘（古城名，今湖北宜城西北），輾轉至東海。等到回朝，任他做待詔，派太中大夫來歙持符節送馬援西歸隴右。

賞析與點評

「當今之世，非獨君擇臣也，臣亦擇君矣」，可見當時的君臣關係中有一種雙向選擇的機制。馬援在「二帝」之間「遨遊」，正是持有這樣不卑不亢的心態。他為何能保持如此心態呢？發人深省！

隗囂與援共臥起[1]，問以東方流言及京師得失。援說囂曰：「前到朝廷，上引見數十，每接讌語[2]，自夕至旦，才明勇略，非人敵也。且開心見誠，無所隱伏，闊達多大節，略與高帝同。經學博覽，政事文辯，前世無比。」囂曰：「卿謂何如高帝？」援曰：「不如也。高帝無可無不可[3]；今上好吏事，動如節度，又不喜飲酒。」囂意不懌，曰：「如卿言，反復勝邪？」然雅信援，故遂遣長子恂入質。援因將家屬隨恂歸洛陽。居數月而無它職任。援以三輔地曠土沃，而所將賓客猥多[4]，乃上書求屯田上林苑中，帝許之。

注釋

1臥起：寢臥和起身。指日常生活諸事。2讌語：聚談。3無可無不可：指對人對事不拘成見。4猥多：衆多，繁多。猥，多。

譯文

隗囂和馬援一起生活，詢問他有關東方的傳聞以及京城的得失。馬援勸隗囂說：「先前到朝廷，皇上接見幾十次，每次接見聚談，通宵達旦，他的雄才偉略，非常人能與之相比。而且他披露真心，顯示誠意，無所隱瞞或遮掩，豁達而注重大節，大致與高祖相同。經學上博覽多識，政事上能文善辯，前世無人能比。」隗囂說：「你說他比高帝怎麼樣？」馬援說：「不如高帝。高帝凡事不講可與不可；當今皇上喜歡政事，舉止講節制、限度，又不喜歡飲酒。」隗囂心中不快：「如你所說，反而又勝過高帝了？」然而他素來信任馬援，因此就派長子隗恂入朝做人質。馬援因此帶家屬隨隗恂回到洛陽，逗留數月而沒有擔任其他官職。馬援因三輔地區土地遼闊肥沃，而所率賓客衆多，就上書請求到上林苑中屯田，光武帝准許了他。

會隗囂用王元計，意更狐疑，援數以書記責譬於囂，囂怨援背己，得書增怒，其後遂發兵拒漢。援乃上疏曰：「臣援自念歸身聖朝，奉事陛下，本無公輔一言之薦，左右為容之助。臣不自陳，陛下何因聞之。夫居前不能令人輕，居後不能令人軒[1]，與人怨不能為人患，臣所恥也。故敢觸冒罪忌，昧死陳誠。臣與隗囂，本實交友。初，囂遣臣東，謂臣曰：『本欲為漢[2]，願足下往觀之。於汝意可，即專心矣。』及臣還反，報以赤心，實欲導之於善，非敢譎以非義[3]。而囂自挾姦心，盜憎主人，怨毒之情遂歸於臣。臣欲不言，則無以上聞。願聽詣行在所[4]，極陳滅囂之術，得空匈腹[5]，申愚策，退就隴畝，死無所恨。」帝乃召援計事，援具言謀畫[6]。因使援將突騎五千，往來遊說囂將高峻、任禹之屬，下及羌豪，為陳禍福，以離囂支黨。

援又為書與囂將楊廣，使曉勸於囂，……廣竟不荅。

注釋

1輊（粵：至；普：zhì）、軒：車前低後高稱「輊」，車前高後低稱「軒」，用來喻高低優劣。2為：歸於，屬於。3譎：詭詐、欺騙。4行在所：指天子所在的地方。5匈腹：胸襟。匈，同「胸」。6具：同「俱」，都，完全。

譯文

適逢隗囂採用王元計謀，心中更生猜疑，馬援多次寫信責備勸導他，隗囂怨馬援背叛自己，見到書信更加惱怒，之後就起兵抗拒漢朝。馬援上奏說：「臣馬援自認為歸依聖朝，侍奉陛下，本來沒有三公宰相一句的推薦，靠的是左右美言幫助。臣若不自我陳述，陛下靠甚麼知道我呢。如果居人之前而不能令人感到重要，落人之後而不能令人感到低下，對別人有怨恨卻不能令人感到禍患的話，這是臣感到可恥的事。所以臣膽敢觸罪犯忌，冒死陳述忠心。臣與隗囂，本來確實是朋友。當初，隗囂派臣來東方，對臣說：『本想歸屬漢朝，希望足下去觀察他們。您認為可以，就一心歸順了。』等臣返回，誠心彙報，實在想勸導他向善，不敢以不義之心欺騙他。但隗囂自己懷有壞心，私下憎恨主上，於是就把怨恨之情歸到臣的身上。臣想不說，但無法讓皇上知道自己的苦衷。希望允許臣到陛下那裏，詳細陳述消滅隗囂的方法，得以道出心中想說的話，陳述愚昧的計策，引退田間，死而無憾。」光武帝就召見他議事，他說出了全部的謀劃。於是派馬援統帥五千突擊騎兵，往來遊說隗囂的將領高峻、任禹之類，以及下面的羌人豪傑，向他們陳說禍福利害，以離間隗囂的黨羽。

馬援又寫信給隗囂的將領楊廣，讓他去開導勸說隗囂，……楊廣始終沒有回信。

八年，帝自西征囂，至漆，諸將多以王師之重，不宜遠入險阻，計冘豫未決[1]。會召援，夜至，帝大喜，引入，具以羣議質之[2]。援因說隗囂將帥有土崩之執[3]，兵進有必破之狀。又於帝前聚米為山谷，指畫形執[4]，開示眾軍所從道徑往來，分析曲折，昭然可曉。帝曰：「虜在吾目中矣。」明旦，遂進軍至第一，囂眾大潰。

注釋

1冘（粵：由；普：yóu）豫：猶豫，遲疑不定貌。2質：詢問。3執：通「勢」。4形執：地理狀況、地勢。

譯文

建武八年，光武帝親自西征隗囂，到達漆縣，眾將領多認為帝王之師尊貴，不宜深入險阻之地，計策猶豫不決。適逢召見馬援，馬援夜裏趕到，光武帝大喜，引見他，將衆人的所有建議都向他詢問。馬援因此說明隗囂的將帥有土崩瓦解之勢，進軍必定能夠摧毀他們。又在光武帝面前堆米作山谷，用手指在上面畫出地形，展示各路軍隊所經由往返的道路，分析曲折，明白可知。光武帝說：「敵軍在我眼底了。」第二天早晨，就進軍至第一城，隗囂的部隊大敗。

九年，拜援為太中大夫，副來歙監諸將平涼州。自王莽末，西羌寇邊，遂入居塞內，金城屬縣多為虜有。來歙奏言隴西侵殘，非馬援莫能定。十一年夏，璽書拜援隴西太守。援迺發步騎三千人，擊破先零羌於臨洮[1]，斬首數百級，獲馬牛羊萬餘頭。守塞諸羌八千餘人詣援降，諸種有數萬，屯聚寇鈔[2]，拒浩亹隘。援與揚武將軍馬成擊之。羌因將其妻子輜重移阻於允吾谷，援乃潛行間道，掩赴其營[3]。羌大驚壞，復遠徙唐翼谷中，援復追討之。羌引精兵聚北山上，援陳軍向山，而分遣數百騎繞襲其後，乘夜放火，擊鼓叫譟，虜遂大潰，凡斬首千餘級。援以兵少，不得窮追，收其穀糧畜產而還。援中矢貫脛，帝以璽書勞之，賜牛羊數千頭，援盡班諸賓客。

注釋

1先零（粵：簾；普：lián）羌：漢代羌族的一個分支。2寇鈔：亦作「寇抄」，即劫掠。3掩赴：乘其不備而至。掩，突然襲擊。

譯文

建武九年，拜任馬援為太中大夫，輔佐來歙監督眾將軍平定涼州。從王莽末年，西羌侵擾邊境，最終進駐塞內，金城的屬縣大多被羌人佔據。來歙上奏說隴西被侵略殘破，非馬援不能安定。十一年夏天，璽書任馬援為隴西太守。馬援就徵發步騎兵三千人，在臨洮攻破先零羌，斬首幾百人，繳獲馬、牛、羊一萬多頭。把守要塞的各部羌人八千多人前來馬援這裏投降。羌人各部落有幾萬人，聚集劫掠，拒守浩亹關隘。馬援和揚武將軍馬成攻打他們。羌人因此帶着妻子兒女輜重轉移至允吾谷進行阻截，馬援就悄然從小路行進，奔襲他們軍營。羌人大驚失色，又長途遷徙到唐翼谷中，馬援面向北山佈陣，分派數百騎兵繞道襲擊敵後，乘夜放火，擊鼓吶喊，敵軍最終大敗，共斬首千餘人。馬援因為兵少，不敢窮追，收繳敵人穀物和牲畜而回。馬援中箭，穿透小腿，皇帝下璽書慰勞他，賜給他牛羊幾千頭，馬援全都分給了賓客。

是時，朝臣以金城破羌之西，塗遠多寇[1]，議欲棄之。援上言，破羌以西城多

完牢，易可依固[2]；其田土肥壤，灌溉流通。如令羌在湟中，則為害不休，不可棄也。」帝然之，於是詔武威太守，令悉還金城客民。歸者三千餘口，使各反舊邑。援奏為置長吏，繕城郭，起塢候[3]，開導水田，勸以耕牧，郡中樂業。又遣羌豪楊封譬說塞外羌，皆來和親。又武都氐人背公孫述來降者，援皆上復其侯王君長，賜印綬，帝悉從之。乃罷馬成軍。

注釋

1塗：同「途」，道路。2易：也，亦。固：同「舊」，「仍舊」。3塢候：塢壁。塢，小城堡。候，同「堠」，伺望設施，哨所。

譯文

這時，朝廷大臣認為金城郡破羌縣（縣治在今青海省樂都縣東）的西面，路途遙遠，多有盜賊，商議要放棄那裏。馬援上書說，破羌以西城池大多完好牢固，可依舊，不作改變；那裏土地肥沃，灌溉流暢。如果讓羌人居於湟中地區（今青海省湟水兩岸），那他們將為害不止，不可放棄那裏。光武帝認為他說得對，於是下詔武威太守，讓他將客居在武威的金城人全部遣返。返回去的三千多人，讓他們各自回到原先的村鎮。馬援上奏，請求為他們設置縣級官吏，修繕城郭，建塢堡，開墾水田，鼓勵他們耕作放牧，令全郡安居樂業。又派遣羌族豪傑楊封譬解勸說塞外羌人，都來和睦相處。又有武都郡氐族人背叛公孫述前來投降的，馬援都上書請求恢復他們的侯王君長的稱號，賜給印綬，光武帝都聽從了他的建議。於是撤回馬成的軍隊。

十三年，武都參狼羌與塞外諸種為寇，殺長吏。援將四千餘人擊之，至氐道縣，羌在山上，援軍據便地[1]，奪其水草[2]，不與戰，羌遂窮困，豪帥數十萬戶亡出塞，諸種萬餘人悉降，於是隴右清靜[3]。

注釋

1便地：形勢便利之地。2奪：喪失。3隴右：隴山以西地區。約相當今甘肅省六盤山以西。

譯文

十三年，武都郡的參狼羌和塞外各部落入侵為寇，殺死郡縣長官。馬援率四千多人攻打他們，到氐道縣，羌人在山上，馬援的軍隊佔據有利地勢，奪了他們的水草，不與他們交戰，羌人終於走投無路，首領率領數十萬戶逃出塞外，各部落一萬多人全投降，於是隴右安定了。

援務開恩信，寬以待下，任吏以職，但總大體而已。賓客故人，日滿其門。諸曹時白外事，援輒曰：「此丞、掾之任，何足相煩。頗哀老子[1]，使得遨遊。若大姓侵小民，黠羌欲旅距[2]，此乃太守事耳。」傍縣嘗有報仇者，吏民驚言羌反，百姓奔入城郭。狄道長詣門[3]，請閉城發兵。援時與賓客飲，大笑曰：「燒虜何敢復犯我[4]。曉狄道長歸守寺舍[5]，良怖急者[6]，可牀下伏。」後稍定，郡中服之。視事六年[7]，徵入為虎賁中郎將。

注釋

1哀：同情，愛惜。老子：老人的自稱，猶老夫。2旅距：聚衆抗拒。旅，軍隊。距，即「拒」。3道：少數民族集居的縣。4燒虜：即燒羌，羌人的一支。5寺舍：官舍。6良：甚，很。7視事：就職治事。

譯文

馬援務求開明誠信，寬厚地對待部下，根據職務任用官吏，自己只是總管大局而已。賓客和朋友，每天坐滿他家。各官署時常向他報告事務，馬援總說：「這是丞、掾吏的事務，哪值得來煩我。稍微愛惜一下老夫，就讓我能夠遊樂。如果豪門大姓侵犯小民，狡黠羌人聚衆抗命，這才是太守的政務。」鄰縣曾有報仇事件，官吏和百姓驚恐地說羌人造反了，百姓逃入城郭。狄道（位於今甘肅省臨洮縣）長上門來，請求關閉城門，派出軍隊。馬援當時正在與賓客飲酒，大笑說：「燒羌人怎敢再侵犯我。告訴狄道長回去守好官府，實在怕極了，可趴在牀下。」後來漸漸安定，郡中人都佩服他。他在那裏任職六年，召入朝廷任虎賁中郎將。

初，援在隴西上書，言宜如舊鑄五銖錢。事下三府[1]，三府奏以為未可許，事遂寢[2]。及援還，從公府求得前奏，難十餘條，乃隨牒解釋，更具表言[3]。帝從之，天下賴其便。援自還京師，數被進見。為人明須髮，眉目如畫。閑於進對[4]，尤善述前世行事。每言及三輔長者，下至閭里少年，皆可觀聽[5]。自皇太子、諸王侍聞者，莫不屬耳忘倦。又善兵策，帝常言「伏波論兵[6]，與我意合」，每有所謀，未嘗不用。

注釋

1三府：漢制，三公皆可開府，因稱三公（此時為太尉、大司徒、大司空）為「三府」。2寢：止息，廢置。3表：臣子給君主的奏章。4閑：通「嫻」，熟習。5觀聽：即「聽」。6伏波：指馬援，他受封為伏波將軍。

譯文

當初，馬援在隴西上書，說應該像原來一樣鑄造五銖錢。事情交給三府，三府上奏認為不能允許，事情就擱置了。等到馬援回朝，從公府要來三府的上奏，其中有十幾條詰難，馬援就在奏牒上一一解釋，再上奏陳述。光武帝聽從了他，天下因此得便。馬援自從返回京城，多次被召入接見。他鬚髮分明，眉目如畫。善於進謁並答對，特別善於講述前代政事。他經常談及的是三輔的有德之人，下至鄉里少年，皆有可聽性。皇太子、陪侍聽講的諸王，沒有不注意傾聽而忘記疲倦的。又善於用兵，光武帝常說「伏波講論用兵，與我意氣相投」，馬援每次謀劃，沒有不被採用的。

又交阯女子徵側及女弟徵貳反，攻沒其郡，九真、日南、合浦蠻夷皆應之，寇略嶺外六十餘城，側自立為王。於是璽書拜援伏波將軍，以扶樂侯劉隆為副，督樓船將軍段志等南擊交阯。軍至合浦而志病卒，詔援并將其兵。遂緣海而進，隨山刊道千餘里[1]。十八年春，軍至浪泊上，與賊戰，破之，斬首數千級，降者萬餘人。援追徵側等至禁谿，數敗之，賊遂散走。明年正月，斬徵側、徵貳，傳首洛陽。封援為新息侯，食邑三千戶。援乃擊牛釃酒[2]，勞饗軍士。從容謂官屬曰：「吾從弟少游常哀吾慷慨多大志，曰：『士生一世，但取衣食裁足[3]，乘下澤車[4]，御款段馬[5]，為郡掾史，守墳墓，鄉里稱善人，斯可矣。致求盈餘，但

自苦耳。』當吾在浪泊、西里間，虜未滅之時，下潦上霧，毒氣重蒸，仰視飛鳶跕跕墯水中[6]，臥念少游平生時語，何可得也！今賴士大夫之力，被蒙大恩，猥先諸君紆佩金紫[7]，且喜且慚。」吏士皆伏稱萬歲。

注釋

1 刊：砍斫，開鑿。2 釃（粵：私；普：shī）酒：濾酒。3 裁：同「才」。4 下澤車：一種適於在沼澤地行駛的短轂輕便車。5 款段：馬行遲緩貌。款，緩；段，時間的一節。6 跕跕（粵：點；普：diǎn）：墜落的樣子。跕，墜落。7 猥：謬，錯誤地。紆（粵：迂；普：yū）佩金紫：紆，繫結，垂掛。金紫，黃金印章和繫印的紫色綬帶。

譯文

又有交阯郡女子徵側和妹妹徵貳反叛，攻陷其郡，九真、日南、合浦蠻夷都響應他，侵略嶺南六十餘城池，徵側自立為王。於是朝廷下璽書拜馬援為伏波將軍，以扶樂侯劉隆為副將，督樓船將軍段志等南下攻打交阯。軍隊至合浦而段志病死，詔命馬援一併統領他的軍隊。於是沿海行進，沿山開鑿道路千餘里。十八年春，軍至浪泊河上，與賊兵戰鬥，打敗他們，斬敵人首級數千，降伏萬餘人。馬援追擊徵側等直至禁谿，多次打敗他們，賊人終於潰散逃走。翌年正月，殺徵側、徵貳，將其首級轉遞至洛陽。封馬援為新息侯，食邑三千戶。馬援殺牛濾酒，犒勞兵士。他從容對屬官說：「我堂弟馬少游時時哀歎我慷慨有雄心大志，說：『士人活一世，但求衣食足用而已，乘坐短轂輕便車輛，駕馭遲緩的馬，做個郡掾吏，守着祖墳，被鄉里稱為好人，這就可以了。至於謀求剩餘，只是自找苦吃而已。』當我在浪泊、西里之間，賊人未消滅之時，腳踏積水，頭頂霧氣，毒氣層層籠罩，仰見飛鳥墜落水中，睡卧中不禁想起少游平日所言，但如何才能得到那樣的生活呢！現在依靠諸位士大夫之力，才蒙受皇上大恩，竟然錯在各位之先佩戴金印紫綬，又高興又慚愧。」將士們都伏身稱萬歲。

賞析與點評

自古士人進則崇尚儒家進取精神，退則以知足常樂老莊思想自慰。馬少游的「哀」歎出於後者立場，馬文淵之不顧生死拚搏是履行前者信念。二者之不同在於是甘願「自苦」，還是但求知足常樂。正可謂人各有志，不可，也不必強求人人整齊劃一！

援將樓船大小二千餘艘，戰士二萬餘人，進擊九眞賊徵側餘黨都羊等，自無功至居風，斬獲五千餘人，嶠南悉平[1]。援奏言西于縣戶有三萬二千[2]，遠界去庭

千餘里，請分為封溪、望海二縣，許之。援所過輒為郡縣治城郭，穿渠灌溉，以利其民。條奏越律與漢律駁者十餘事，與越人申明舊制以約束之，自後駱越奉行馬將軍故事[3]。

注釋

1嶠南：指嶺南。嶠，特指五嶺。2西于：縣名，屬交趾郡，位於今越南北寧省。3駱越：古種族名，居住於今雲南、貴州、廣西之間。

譯文

馬援率領樓船大小兩千多艘、戰士兩萬多人，進擊九真郡賊人徵側的餘黨都羊等人，從無功到居風之間，斬首抓獲五千多人，嶺南全部平定。馬援上奏說西于縣民戶有三萬兩千家，最遠的地方距離治縣有一千多里，請求分為封溪、望海兩縣，皇上准許了。馬援每經過一地，就為郡縣修整城郭、鑿渠灌溉，以此為人民造福。上奏陳述越律與漢律不合的十幾處，與越人申明舊的制度，以此約束他們，從此以後，駱越人奉行馬將軍舊法。

二十年秋，振旅還京師，軍吏經瘴疫死者十四五。賜援兵車一乘，朝見位次九卿。

譯文

建武二十年秋，馬援整隊班師回京城，眾軍帥因瘴氣瘟疫死的有十分之四五。賜馬援兵車一輛，朝見時位於九卿之列。

援好騎，善別名馬，於交阯得駱越銅鼓，乃鑄為馬式[1]，還上之。因表曰：「夫行天莫如龍，行地莫如馬。馬者甲兵之本[2]，國之大用。安寧則以別尊卑之序，有變則以濟遠近之難。昔有騏驥，一日千里，伯樂見之，昭然不惑。近世有西河子輿，亦明相法。子輿傳西河儀長孺，長孺傳茂陵丁君都，君都傳成紀楊子阿，臣援嘗師事子阿，受相馬骨法。考之於行事，輒有驗效。臣愚以為傳聞不如親見，視景不如察形[3]。今欲形之於生馬，則骨法難備具[4]，又不可傳之於後。孝武皇帝時，善相馬者東門京鑄作銅馬法獻之，有詔立馬於魯班門外，則更名魯班門曰金馬門。臣謹依儀氏羇[5]，中帛氏口齒，謝氏唇鬐[6]，丁氏身中，備此數家骨相以為法。」馬高三尺五寸，圍四尺五寸。有詔置於宣德殿下，以為名馬式焉。

注釋

1馬式：銅鑄的駿馬的樣式。2甲兵：鎧甲與兵械；戰爭。3景：同「影」，影子。4具：古同「俱」，都，完全。5羇：同「羈」，馬絡頭。6鬐（粵：獵；普：liè）：馬鬣。

譯文

馬援喜好騎馬，善於識別名馬，在交阯得到駱越銅鼓，就熔鑄成馬的樣式，回朝後獻給皇帝。藉此上表說：「凡天上飛的比不上龍，地上走的比不過馬。馬是作戰的根本，國家之最有用的東西。安定時可以用來區分尊卑的次序，有戰亂時則可以用來解決遠近的危難。從前有騏驥，一日千里，伯樂見到牠，就辨明無疑。近代有西河的子輿，也通曉相馬之法。子輿傳授給西河儀長孺，長孺傳給茂陵的丁君都，君都傳給成紀的楊子阿，臣馬援曾拜子阿為師，學習相馬骨法。檢驗於實踐，很有效驗。臣認為輾轉聽到的信息不如親眼所見，觀察影子不如察驗實體。現在想將相馬骨法表現於活馬，但骨法難以完全體現，又不能將骨法傳給後代。孝武皇帝時，擅長相馬的東門京鑄造銅馬獻給朝廷，孝武帝下詔立銅馬於魯班門外，就改魯班門為金馬門。臣謹依儀氏的馬絡，中帛氏的口齒，謝氏的脣鬐，丁氏的馬身，綜合幾家的骨相學作為法則。」銅馬高三尺五寸，胸圍四尺五寸。詔令把銅馬放在宣德殿下，作為名馬的模範樣式。

初，援軍還，將至，故人多迎勞之，平陵人孟冀，名有計謀，於坐賀援。援謂之曰：「吾望子有善言，反同眾人邪？昔伏波將軍路博德開置七郡[1]，裁封數百戶；今我微勞，猥饗大縣[2]，功薄賞厚，何以能長久乎？先生奚用相濟？」冀曰：「愚不及[3]。」援曰：「方今匈奴、烏桓尚擾北邊，欲自請擊之。男兒要當死於邊野，以馬革裹屍還葬耳，何能臥牀上在兒女子手中邪！」冀曰：「諒為烈士[4]，當如此矣。」

注釋

1《漢書》曰：伏波將軍路博德平定南越，分置南海、合浦、珠崖、儋耳、蒼梧、桂林、九真、日南、交趾九郡。此言「七郡」，與《漢書》不合。2猥饗：猥，多；饗，通「享」，享受。3愚：謙辭，用於自稱。不及：未達，不識。4諒：確實。烈士：有雄心壯志的人。

譯文

當初，馬援軍隊還朝，將要到達時，舊友多來迎接慰勞他，平陵人孟冀，以有計謀聞名，在座中祝賀馬援。馬援對他說：「我希望你有好意見，怎麼反而和大家一樣？過去伏波將軍路博德開設七個郡，才受封幾百戶；現在我以微小功勞，多受大縣，功少賞多，憑甚麼能夠長久呢？先生您用甚麼來幫助我呢？」孟冀說：「鄙人無知。」馬援說：「當今匈奴、烏桓還在侵擾北方的邊境，我想自告奮勇前去抗擊他們。男人應當戰死邊野，以馬皮裹屍歸鄉安葬，怎麼能臥牀死在婦孺手中呢？」孟冀說：「實為壯士，應當如此啊！」

還月餘，會匈奴、烏桓寇扶風，援以三輔侵擾，園陵危逼，因請行，許之。自九月至京師，十二月復出屯襄國。詔百官祖道[1]。援謂黃門郎梁松、竇固曰：「凡人為貴，當使可賤，如卿等欲不可復賤，居高堅自持，勉思鄙言。」松後果以貴滿致災，固亦幾不免。

注釋

1 祖道：古代為出行者祭祀路神，並飲宴送行。

譯文

回朝一個多月，適逢匈奴、烏桓侵擾扶風，馬援因三輔受侵，園陵受威迫，就請求出戰，朝廷准許了他。他自九月份回到京城，十二月又出兵屯守襄國縣。皇帝詔命百官為他祭拜路神送行。馬援對黃門郎梁松、竇固說：「大凡人在尊貴時，應當使自己可以經受貧賤，如果你們想不再貧賤，居高位且堅固自守的話，勸你們想想我這話吧。」梁松後來果然因為富貴至極招災，竇固也幾乎未能免禍。

明年秋，援乃將三千騎出高柳，行雁門、代郡、上谷障塞。烏桓候者見漢軍至，虜遂散去，援無所得而還。

譯文　第二年秋天，馬援就率領三千騎兵從高柳縣（在今山西陽高）出發，走雁門（位於今山西代縣）、代郡（治今河北蔚縣、陽原、懷安一帶）、上谷（郡治今河北懷來、宣化、赤城一帶）的城障、要塞一線。烏桓的偵察兵見漢軍到，敵軍就分散逃離，馬援無功而返。

援嘗有疾，梁松來候之，獨拜牀下，援不荅。松去後，諸子問曰：「梁伯孫帝壻，貴重朝廷，公卿已下莫不憚之，大人奈何獨不為禮？」援曰：「我乃松父友也。雖貴，何得失其序乎？」松由是恨之。

譯文　馬援曾生病，梁松來看望他，獨自拜倒於牀下，馬援不答禮。梁松離開後，幾個兒子問他：「梁伯孫是皇上的女婿，尊貴於朝廷，公卿以下沒有不怕他的，為甚麼唯獨大人不答禮呢？」馬援說：「我是梁松父親的朋友。他雖然顯貴，怎麼能違背長幼次序呢？」梁松由此懷恨他。

二十四年，武威將軍劉尚擊武陵五溪蠻夷，深入，軍沒，援因復請行。時年六十二，帝愍其老，未許之。援自請曰：「臣尚能被甲上馬。」帝令試之。援據鞍顧眄[1]，以示可用。帝笑曰：「矍鑠哉是翁也！」遂遣援率中郎將馬武、耿舒、劉匡、孫永等，將十二郡募士及弛刑四萬餘人征五溪[2]。援夜與送者訣，謂友人謁者杜愔曰：「吾受厚恩，年迫餘日索[3]，常恐不得死國事。今獲所願，甘心瞑目，但畏長者家兒或在左右[4]，或與從事，殊難得調，介介獨惡是耳[5]。」明年春，軍至臨鄉，遇賊攻縣，援迎擊，破之，斬獲二千餘人，皆散走入竹林中。

注釋

1顧眄：左顧右看。眄，看，望。2弛刑：弛刑徒，解除枷鎖的囚徒。弛，廢。3索：盡。4長者：權貴。5介介：形容有心事，不能忘懷。

譯文

建武二十四年，武威將軍劉尚攻打武陵五溪蠻夷，深入那裏，全軍覆沒，馬援因此又請求前往。當時他六十二歲，光武帝憐憫他年紀大，未答允。馬援親自請戰說：「臣還能披鎧甲上戰馬。」光武帝讓他試試看。馬援跨着馬鞍左顧右看，以此表示自己能行。光武帝笑着說：「精神矍鑠啊此老翁！」終於派馬援率中郎將馬武、耿舒、劉匡、孫永等，統領十二郡招募來的士兵及解除刑罰的犯人四萬多人征伐五溪。馬援連夜與送行的人訣別，對朋友任謁者的杜愔說：「我蒙受大恩，年歲大了，剩下的日子很少，常擔心不能死於為國家而戰。現在得以實現願望，甘心瞑目，只怕權貴子弟有的在皇上左右，有的與我共事，很難協調，耿耿於懷的討厭事僅此了。」第二年春天，漢軍到達臨鄉，遇上敵軍攻打縣城，馬援迎擊，大破敵軍，殺死俘獲的共有兩千多人，其餘的都逃到竹林之中。

初，軍次下雋，有兩道可入，從壺頭則路近而水嶮，從充則塗夷而運遠，帝初以為疑。及軍至，耿舒欲從充道，援以為棄日費糧，不如進壺頭，搤其喉咽，充賊自破。以事上之，帝從援策。三月，進營壺頭。賊乘高守隘，水疾，船不得上。會暑甚，士卒多疫死，援亦中病，遂困，乃穿岸為室，以避炎氣。賊每升險鼓譟，援輒曳足以觀之，左右哀其壯意，莫不為之流涕。耿舒與兄好畤侯弇書曰：「前舒上書當先擊充，糧雖難運而兵馬得用，軍人數萬爭欲先奮。今壺頭竟不得進，大眾怫鬱行死[1]，誠可痛惜。前到臨鄉，賊無故自致，若夜擊之，即可殄滅[2]。伏波類西域賈胡[3]，到一處輒止，以是失利。今果疾疫，皆如舒言。」弇得書，奏之。帝乃使虎賁中郎將梁松乘驛責問援，因代監軍。會援病卒，松宿懷不平，遂因事陷之。帝大怒，追收援新息侯印綬。

注釋

1佛（粵：乏；普：fú）鬱：憂鬱，心情不舒暢。佛，抑鬱，心情不舒暢。行：將。2殄（粵：tin^{5}；普：tiǎn）滅：消滅，滅絕。殄，滅絕。3賈（粵：古；普：gǔ）胡：做生意的胡人。賈，做買賣。

譯文

當初，部隊駐紮下雋縣，有兩條路可進山，從壺頭走路近，但河水險惡，從充縣走路平繞遠，光武帝開始遲疑不決。待部隊到達那裏，耿舒想從充縣走，馬援認為耗時費糧食，不如挺進壺頭，扼住敵軍咽喉，充縣賊兵將不攻自破。這件事情請示朝廷後，光武帝採用了馬援的計策。三月，進軍壺頭。賊兵登高守隘口，水流湍急，船無法上去。適逢酷暑，士兵大多病死，馬援也生病，終於陷入困境，就鑿岸為洞室，以躲避暑氣。賊兵每次登高喊叫，馬援就讓人拽住他的腿以便觀望，左右的人都哀憐他悲壯的心意，無不為之落淚。耿舒給哥哥好時侯耿弇寫信說：「先前我上書說應先攻充縣，糧草雖難轉運但兵馬能夠用上，幾萬士兵都想奮勇當先。現在壺頭終究無法前進，大家鬱悶困惑，行將死去，實在心痛惋惜。先前到臨鄉時，賊人無故自來，如果乘夜攻擊，即可全殲。伏波就像西域的胡商，到一地就停下來，因此失利。現在果然遭受瘟疫，都被我言中。」耿弇收到信，上奏信的內容。皇上就派虎賁中郎將梁松乘驛馬傳車前去責問馬援，讓梁松代理監管部隊。適逢馬援病逝，梁松宿怨未平，就趁機陷害他。光武帝大怒，追繳馬援的新息侯印綬。

初，援在交阯，常餌薏苡實，用能輕身省慾[1]，以勝瘴氣。南方薏苡實大，援欲以為種，軍還，載之一車。時人以為南土珍怪，權貴皆望之。援時方有寵，故莫以聞。及卒後，有上書譖之者[2]，以為前所載還，皆明珠文犀。馬武與於陵侯昱等皆以章言其狀，帝益怒。援妻孥惶懼，不敢以喪還舊塋，裁買城西數畝地槁葬而已[3]。賓客故人莫敢弔會。嚴與援妻子草索相連，詣闕請罪。帝乃出松書以示之，方知所坐，上書訴冤，前後六上，辭甚哀切，然後得葬。

注釋 1輕身：使身體輕健。省慾：節制欲望。2譖（粵：浸；普：zèn）：詆毀，誣陷。3槁葬：草草埋葬。

譯文 當初，馬援在交阯時，經常吃薏米，以此能使身體輕捷，控制欲望，並以此克服瘴氣。南方的薏米粒大，馬援想用來做種子，部隊回朝時，載了一車薏米。當時人以為那是南方的珍奇，權貴們都想得到。馬援那時很得寵，所以沒人報告此事。等他死後，有上書誣陷他的，說他那時載回的都是明珠犀角。馬武和於陵侯侯昱都上書描述，皇帝更加惱怒。馬援的妻子兒女惶恐，不敢將靈柩送歸祖墳安葬，只在城西買了幾畝地草草下葬而已。賓客朋友沒人敢去弔喪。馬嚴和馬援的妻子兒女用草繩捆在一起，到朝廷請罪。皇帝就把梁松的奏書給他們看，他們這才知道馬援獲罪的原因，於是上書申訴冤情，前後六次，言辭哀切，然後（馬援）才得以安葬。

賞析與點評

「男兒要當死於邊野，以馬革裹屍還葬耳，何能卧牀上在兒女子手中邪！」馬援其言擲地有聲，其人名垂千古。他所「介介獨惡」的小人們，的確在他死後貌似得逞地加害於他。怎奈史家執筆不阿，誰是君子，誰是小人，一目了然。公道自在人心！

梁冀列傳

本篇導讀——

以生性殘暴、作惡多端著稱的東漢外戚權臣梁冀，與慶父、趙高一同被列入中國歷代十大奸臣的名單。今人欲了解此人的經歷，還得依靠這篇《梁冀列傳》。這裏選譯了梁冀出身紈絝，放蕩不羈；靠裙帶起家，成為「跋扈將軍」；擁立並毒殺幼帝；居職暴恣，濫殺大臣；夫婦窮奢極欲，斂財數十億；廣拓苑囿，役使奴婢數千人；最終在外戚與皇權的角逐中敗於宦官之手的一系列片段。列傳的結尾處曰：梁冀死時「百姓莫不稱慶」，應該是對當時民心的真實記載。

冀字伯卓。為人鳶肩豺目[1]，洞精矘眄[2]，口吟舌言[3]，裁能書計[4]。少為貴

戚，逸遊自恣。性嗜酒，能挽滿、彈棋、格五、六博、蹴鞠、意錢之戲[5]，又好臂鷹走狗[6]，騁馬鬬雞。初為黃門侍郎，轉侍中，虎賁中郎將，越騎、步兵校尉，執金吾。

注釋

1鳶：鳥，鷹科。2洞精：眸子明而不正，斜眼。矘眄（粵：坦免；普：tǎn miàn）：眼神直視的樣子。3口吟：口中喁喁私語。舌言：話一出口嘴即閉合，所謂說話含糊不清。4裁：通「材」。書計：寫字算數。5彈棋：兩人對局的黑白六子棋，用手指撥動棋子，故名。格五：一種格子棋，因規定至五格不得行，故名。六博：棋藝。投六箸，行六白六黑棋子，故名。意錢：以錢幣為賭具的博戲。一說為猜錢，或猜面或猜數。6臂鷹：架鷹於臂。走狗：謂縱狗行獵。

譯文

梁冀，字伯卓。為人像鷹一樣聳起肩膀，像豺一樣斜眼，而眼光直勾勾的，說話嘟嘟囔囔，含糊不清，有寫字計數的能力。從小是皇親貴族，四處遊樂，放蕩不羈。他生性嗜酒，能拉強弓，玩彈棋、格五、六博、蹴踘、猜錢等遊戲，又喜好利用鷹、犬打獵，賽馬鬥雞。起初任黃門侍郎，後轉遷為侍中、虎賁中郎將、越騎步兵校尉、執金吾。

永和元年，拜河南尹。冀居職暴恣，多非法，父商所親客洛陽令呂放，頗與商言及冀之短，商以讓冀，冀即遣人於道刺殺放。而恐商知之，乃推疑於放之怨仇，請以放弟禹為洛陽令，使捕之，盡滅其宗親、賓客百餘人。

商薨未及葬，順帝乃拜冀為大將軍，弟侍中不疑為河南尹。

譯文

章帝永和元年，梁冀任河南尹。梁冀在任殘暴放縱，多行違法之事，他父親梁商所親信的賓客洛陽縣令呂放，常與梁商說梁冀的缺點，梁商因此責備梁冀，梁冀就派人在路上刺殺了呂放。又怕梁商知道此事，就嫁禍給呂放的仇家，請求讓呂放的弟弟呂禹任洛陽令，讓他捉捕呂放的仇家，將仇家宗親、賓客一百多人都殺了。

梁商去世還沒有下葬，順帝就任命梁冀為大將軍，任他的弟弟侍中梁不疑為河南尹。

及帝崩，沖帝始在繈褓，太后臨朝，詔冀與太傅趙峻、太尉李固參錄尚書事。冀雖辭不肯當，而侈暴滋甚。

譯文　到順帝駕崩時，沖帝還在繈褓之中，太后臨朝執政，詔命梁冀和太傅趙峻、太尉李固統領尚書事務。梁冀雖然推辭了任命，卻更加奢侈殘暴了。

沖帝又崩，冀立質帝。帝少而聰慧，知冀驕橫，嘗朝羣臣，目冀曰：「此跋扈將軍也。」冀聞，深惡之，遂令左右進鴆加煮餅[1]，帝即日崩。

注釋　1鴆：用鴆鳥羽毛泡的毒酒。煮餅：湯麵。

譯文　沖帝又駕崩了，梁冀擁立質帝。質帝年幼卻聰慧，知道梁冀驕橫，曾經在朝見羣臣時，目視梁冀說：「這是跋扈將軍。」梁冀聽了，非常痛恨他，便指使侍從奉上加了毒酒的湯麵給質帝吃，質帝當天就駕崩了。

復立桓帝，而枉害李固及前太尉杜喬[1]，海內嗟懼，語在《李固傳》。建和元年，益封冀萬三千戶，增大將軍府舉高第茂才，官屬倍於三公。又封不疑為潁陽侯，不疑弟蒙西平侯，冀子胤襄邑侯，各萬戶。和平元年，重增封冀萬戶，并前所襲

合三萬戶。

注釋　1李固、杜喬在質帝死後曾擁立劉蒜，梁冀誣陷李固、杜喬參與其事，處死二人。

譯文　梁冀又擁立桓帝，並枉殺了李固和前任太尉杜喬，天下人都歎息、恐懼，詳见《李固傳》。桓帝建和元年，加封梁冀食邑一萬三千戶，增加大將軍府推舉高第茂才的人數，屬官是三公的兩倍。又封梁不疑為潁陽侯，封梁不疑的弟弟梁蒙為西平侯，梁冀的兒子梁胤為襄邑侯，各賜一萬戶的食邑。桓帝和平元年，又增加梁冀食邑一萬戶，與從前所繼承的合計三萬戶。

弘農人宰宣素性佞邪，欲取媚於冀，乃上言大將軍有周公之功，今既封諸子，則其妻宜為邑君。詔遂封冀妻孫壽為襄城君，兼食陽翟租，歲入五千萬，加賜赤紱[1]，比長公主[2]。壽色美而善為妖態，作愁眉、嗁粧、墮馬髻、折腰步、齲齒笑[3]，以為媚惑。冀亦改易輿服之制，作平上軿車、埤幘、狹冠、折上巾、擁身扇、狐尾單衣[4]。壽性鉗忌[5]，能制御冀，冀甚寵憚之。

注釋

1赤紱：赤色蔽膝，大夫以上所服。2長公主：皇帝的姊姊或皇女之尊崇者的封號，儀服同藩王。3愁眉：細而曲折的眉。墮馬髻：側在一邊的髮髻。折腰步：走路時擺動腰肢，扭捏作態。齲齒笑：故意做出的狀若齒痛的笑容。4軿：通「屏」。埤幘：低的紫頭巾。埤，低。折上巾：折疊巾之上角。擁身扇：大扇。單衣：官服、朝服。5鉗忌：忌刻。

譯文

弘農人宰宣本性諂媚邪惡，想取寵於梁冀，就上奏說大將軍有周公的功德，現在既然封他的兒子們為侯，那他妻子也應該封為邑君。桓帝就下詔封梁冀妻子孫壽為襄城君，兼食陽翟的租稅，每年收入五千萬錢，加賜給她赤紱，與長公主的規格相同。孫壽貌美而且善於做媚態，作愁眉、啼妝、墮馬髻、折腰步、齲齒笑，以此惑人。梁冀也改變車乘服飾的制式，製作平頂而四面屏蔽的車輛，低矮的頭巾，狹窄的帽子，把頭巾上角折起來，使用擁身扇，穿像狐狸尾巴一樣後擺拖地的朝服。孫壽生性刻薄嫉妒，能夠駕馭梁冀，梁冀非常嬌寵懼怕她。

初，父商獻美人友通期於順帝，通期有微過，帝以歸商，商不敢留而出嫁之，冀即遣客盜還通期。會商薨，冀行服，於城西私與之居。壽伺冀出，多從倉頭[1]，簒取通期歸，截髮刮面，笞掠之，欲上書告其事。冀大恐，頓首請於壽母，壽亦不得已而止。冀猶復與私通，生子伯玉，匿不敢出。壽尋知之，使子胤誅滅友氏。冀慮壽害伯玉，常置複壁中。冀愛監奴秦宮[2]，官至太倉令，得出入壽所。壽見宮，輒屏御者，託以言事，因與私焉。宮內外兼寵，威權大震，刺史、二千石皆謁辭之[3]。

注釋

1倉頭：漢代對奴僕的稱呼。漢時奴僕以深青色布包頭，故稱。倉，通「蒼」。2監奴：為權貴豪門監管家務的奴僕頭。3謁辭：就任前晉謁辭行。

譯文

當初，梁冀的父親梁商進獻美人友通期給順帝，通期因有小過失，順帝把她還給梁商，梁商不敢留下，將她嫁出，梁冀就派門客偷回了友通期。恰好梁商去世，梁冀正在服喪期間，在城西和她姘居。孫壽趁梁冀出門，率許多家奴，將友通期搶回，剪斷她的頭髮，刮破她的臉，鞭打她，還要上書告發此事。梁冀非常害怕，向孫壽的母親叩頭請求，孫壽不得已而罷休。但梁冀又和通期私通，生了個兒子叫伯玉，藏起來不敢讓他出去。孫壽不久得知此事，指使兒子梁胤把友氏一家殺光。梁冀擔心孫壽殺害伯玉，經常把他藏在夾壁墻之中。梁冀喜歡管家秦宮，秦宮當上太倉令，可以出入孫壽的住所。孫壽一見秦宮，就屏退侍從，藉口有事要說，趁機與他私通。秦宮內外受寵，威名權力大震，刺史、二千石高官就任前都要向他晉謁辭行。

冀用壽言，多斥奪諸梁在位者，外以謙讓，而實崇孫氏宗親。冒名而為侍中、卿、校尉、郡守、長吏者十餘人，皆貪叨凶淫[1]，各遣私客籍屬縣富人，被以它罪，閉獄掠拷，使出錢自贖，貲物少者至於死徙。扶風人士孫奮居富而性吝，冀因以馬乘遺之[2]，從貸錢五千萬，奮以三千萬與之，冀大怒，乃告郡縣，認奮母為其守臧婢[3]，云盜白珠十斛、紫金千斤以叛，遂收考奮兄弟，死於獄中，悉沒貲財億七千餘萬。

注釋

1貪叨：貪婪殘忍。叨，殘忍。2馬乘：四匹馬。3臧：庫藏。

譯文

梁冀採用孫壽的建議，大力排斥各位梁家人的職權，外表謙讓，實際上擡高孫氏宗親。他們當中假託他人名義擔任侍中、卿、校尉、郡守、長吏等官職的有十幾個人，都十分貪婪殘忍、兇暴荒淫，各自派遣自己的門客登記屬縣富人的名單，給他們安上各種罪名，抓進監獄拷打，讓他們出錢自贖，給錢物少的人甚至被處死或流放。扶風人士孫奮富裕而生性吝嗇，梁冀就贈送給他四匹馬，然後向他借錢五千萬，孫奮只借給他三千萬，梁冀大怒，就狀告到郡縣，指認孫奮母親是他過去守庫的奴婢，說她偷了十斛白珠、一千斤紫金之後叛逃了，於是孫奮兄弟被收捕拷打，死在獄中，全部沒收其家財總計一億七千多萬。

其四方調發，歲時貢獻，皆先輸上第於冀[1]，乘輿乃其次焉[2]。吏人齎貨求官請罪者[3]，道路相望。冀又遣客出塞，交通外國，廣求異物。因行道路，發取伎女御者，而使人復乘執橫暴[4]，妻略婦女，毆擊吏卒，所在怨毒。

注釋

1上第：上等，第一等。2乘輿：特指皇帝、諸侯的乘車，泛指皇帝所用器物，此借指皇帝。3齎（粵：擠；普：jī）：懷抱，帶着。4執：通「勢」，勢力。

譯文

那些從四方徵調來的物品，每年一定時節進獻來的供品，都要先把最上等的送給梁冀，送給皇帝則在其次。官吏送禮、求官或請罪的，絡繹不絕。梁冀又派門客出塞外，與外國交往，廣泛尋求稀奇物品。出行途中，徵調歌舞妓侍御，而出使的人又仗勢橫行強暴，姦污霸佔婦女，毆打吏人、差役，到處惹怨恨。

冀乃大起第舍，而壽亦對街為宅，殫極土木，互相誇競。堂寢皆有陰陽奧室[1]，連房洞戶。柱壁雕鏤，加以銅漆；窗牖皆有綺疏青瑣[2]，圖以雲氣仙靈。臺閣周通，更相臨望；飛梁石蹬，陵跨水道。金玉珠璣，異方珍怪，充積藏室。遠致汗血名馬。又廣開園囿，採土築山，十里九坂，以像二崤，深林絕澗，有若自然，奇禽馴獸，飛走其間。冀、壽共乘輦車，張羽蓋，飾以金銀，游觀第內，多從倡伎，鳴鐘吹管，酣謳竟路。或連繼日夜，以騁娛恣。客到門不得通，皆請謝門者，門者累千金。又多拓林苑，禁同王家，西至弘農，東界滎陽，南極魯陽，北達河、淇，包含山藪，遠帶丘荒，周旋封域[3]，殆將千里。又起菟苑於河南城西，經亙數十里[4]，發屬縣卒徒，繕修樓觀，數年乃成。移檄所在，調發生菟[5]，刻其毛以為識，人有犯者[6]，罪至刑死。嘗有西域賈胡，不知禁忌，誤殺一兔，轉相告言，坐死者十餘人。冀二弟嘗私遣人出獵上黨，冀聞而捕其賓客，一時殺三十餘人，無生還者。冀又起別第於城西，以納姦亡。或取良人，悉為奴婢，至數千人，名曰「自賣人」。

注釋

1奧室：內室，深宅。2綺疏：雕刻成空心花紋的窗戶。青瑣：裝飾皇宮門窗的青色連環花紋。3周旋：環繞。4經亙：縱橫。經，縱線。亙，橫度。5菟：通「兔」。6犯：

傷害。

譯文

梁冀竟然大造豪宅，而孫壽也在街對面建宅第，窮盡土木工程之鋪張，互相競爭誇耀。堂屋、寢室都有陽陰搭配的深宅內室，房與房相連，戶與戶相通。房柱牆壁雕飾鏤刻，加以包銅、塗漆；窗戶都鏤空刻花，裝飾以宮廷的青瑣紋飾，並畫上雲氣仙靈。臺閣環繞聯通，相互眺望。飛架的橋梁、石製的階梯，淩空橫跨水道。金玉珠璣，異域珍奇，充滿倉庫。遠方還送來汗血名馬。又廣開園囿，取土築山，在十里之內築起九個山坡，以此模仿二崤山，森林深澗，有如天然形成，珍奇的飛鳥、馴養的走獸，在園中飛奔。梁冀和孫壽同乘輦車，車子張開羽毛傘蓋，裝飾以金銀，遊覽於宅第之中，有許多歌妓、舞女隨同，敲鐘吹管，酣歌一路。有時夜以繼日，以求歡愉盡情。來客到門口不得通行，都要向看門人求情送禮，看門人由此積攢千金財物。又廣開林苑，園囿設禁與諸王禁苑相同，其範圍西至弘農，東面以滎陽為界，南面直到魯陽，北面到達黃河、淇河，園中含有山川湖澤，遠處呈現有丘陵、荒野，周邊環繞以封閉區域，近千平方里。又在河南城西興建了菟苑，縱橫數十里，調發各屬縣士卒、刑徒，修繕樓觀，幾年才建成。又傳令菟苑所在地區調集活兔，在兔毛上刻出標誌作為記號，若有人傷害兔子，就處以死刑。曾有一名西域商人，不知道禁忌，誤殺了一隻兔子，此事輾轉相互告發，被處以死罪有十幾人。梁冀的兩個弟弟曾私下派人到上黨打獵，梁冀聽說後逮捕了那些賓客，一時間殺死三十幾人，沒有人活着回來。梁冀又在城西另建宅第，用來收留奸邪亡命之徒。有時抓捕良民，全部收為奴婢，多達幾千人，稱他們為「自賣人」。

元嘉元年，帝以冀有援立之功，欲崇殊典，乃大會公卿，共議其禮。於是有司奏冀入朝不趨，劍履上殿，謁贊不名，禮儀比蕭何；悉以定陶、成陽餘戶增封為四縣，比鄧禹；賞賜金錢、奴婢、綵帛、車馬、衣服、甲第，比霍光：以殊元動[1]。每朝會，與三公絕席[2]。十日一入，平尚書事[3]。宣布天下，為萬世法。冀猶以所奏禮薄，意不悅。專擅威柄，凶恣日積，機事大小，莫不諮決之。宮衛近侍，並所親樹。禁省起居，纖微必知。百官遷召，皆先到冀門牋檄謝恩[4]，然後敢詣尚書。下邳人吳樹為宛令，之官辭冀，冀賓客布在縣界，以情託樹。樹對曰：「小人姦蠹[5]，比屋可誅[6]。明將軍以椒房之重[7]，處上將之位，宜崇賢善，以補朝闕。宛為大都，士之淵藪，自侍坐以來，未聞稱一長者，而多託非人，誠非敢聞！」冀嘿然不悅。樹到縣，遂誅殺冀客為人害者數十人，由是深怨之。樹後為荊州刺史，臨去辭冀，冀為設酒，因鴆之，樹出，死車上。又遼東太守侯猛，初拜不謁，冀託以它事，乃腰斬之。

注釋

1元勳：首功、大功。2絕席：與他人不同席。獨坐一席，以示尊顯。3平：平決，判斷處理。4牋檄：猶箋記。給上級官員的書箚。5姦蠹：指有害國家社會的不法行為。6比屋：家家戶戶，指大衆、百姓。7椒房：殿名，皇后所居之處。

譯文

元嘉元年（一五一），桓帝因為梁冀有扶助立位之功，要以特殊恩典加以尊重，於是大規模召集公卿，共同商議對待他的禮遇。官員上奏說梁冀可以上朝不行趨步禮，佩劍穿鞋上殿，謁見言事不必自稱名字，享受與蕭何同等規格的儀禮；將定陶、成陽剩餘的編戶全都封給他，使他的封邑增至四縣，與鄧禹相同；賞賜金錢、奴婢、彩帛、車馬、衣服、甲第，與霍光相同：由此彰顯他的首功；每當朝會，梁冀與三公的坐席分開，獨坐一席；十天入朝一次，判斷處理尚書事務；將這些宣告天下，當作萬世法則。梁冀還覺得他們奏請的禮遇太薄，心中不快。他獨掌權柄，兇暴恣肆，與日俱增，樞機要事不論大小，無不需要向他諮詢而決定。宮中的衞士侍從，都由他親自安置，所以宮中的起居之事，纖小細節他必能知道。百官的升遷召對，都要先到梁冀府上上交報告並謝恩，然後才敢去尚書臺報到。下邳人吳樹被任命為宛縣縣令，赴任前向梁冀辭行，梁冀有賓客分佈於宛縣境內，以私情囑託他。吳樹回答說：「那些小人是國家害蟲，百姓都可以誅殺他們。英明的將軍您憑藉皇后之力，處於上將之位，應該推舉賢才好人，以此補正朝廷的缺失。宛縣乃大都會，是士人聚集之地，我陪您坐了這許久，沒聽到稱頌一位長者，卻總是託付些不合適的人，實在不是我敢恭聽的。」梁冀沉默不悅。吳樹到宛縣，誅殺了梁冀賓客中為害百姓的幾十人，由此梁冀非常痛恨他。吳樹後來任荊州刺史，臨行前辭別梁冀，梁冀為他設置酒宴，趁機給他喝毒酒，吳樹出來後，死在了車上。還有遼東太守侯猛，初次拜官沒有謁見他，梁冀以他事為藉口，將他腰斬了。

時郎中汝南袁著，年十九，見冀凶縱，不勝其憤，乃詣闕上書曰：「臣聞仲尼歎鳳鳥不至，河不出圖，自傷卑賤，不能致也。今陛下居得致之位，又有能致之資，而和氣未應[1]，賢愚失序者，執分權臣，上下壅隔之故也。夫四時之運，功成則退，高爵厚寵，鮮不致災。今大將軍位極功成，可為至戒，宜遵懸車之禮[2]，高枕頤神。傳曰：『木實繁者，披枝害心。』若不抑損權盛，將無以全其身矣。左右聞臣言，

將側目切齒[3]，臣特以童蒙見拔，故敢忘忌諱。昔舜、禹相戒無若丹朱[4]，周公戒成王無如殷王紂，願除誹謗之罪，以開天下之口。」書得奏御，冀聞而密遣掩捕著[5]。著乃變易姓名，後託病偽死，結蒲為人，市棺殯送。冀廉問知其詐[6]，陰求得，笞殺之，隱蔽其事。學生桂陽劉常，當世名儒，素善於著，冀召補令史以辱之。時太原郝絜、胡武，皆危言高論[7]，與著友善。先是絜等連名奏記三府，薦海內高士，而不詣冀，冀追怒之，又疑為著黨，勑中都官移檄捕前奏記者並殺之[8]，遂誅武家，死者六十餘人。絜初逃亡，知不得免，因輿櫬奏書冀門[9]。書入，仰藥而死，家乃得全。及冀誅，有詔以禮祀著等。冀諸忍忌[10]，皆此類也。

注釋

1和氣：指能導致吉祥的祥瑞之氣。2懸車：致仕。古人以七十歲辭官家居，廢車不用。3側目：斜目而視，形容憤恨。4丹朱：堯帝長子，從小受寵，個性剛烈，缺乏政治智慧，被堯稱為「不肖乃翁」。5掩捕：乘其不備逮捕。6廉問：察訪查問。廉，考察，查訪。7危言：直言。8中都官：漢代京師各官署的統稱。9輿櫬：把棺材裝在車上，表示決死或有罪當死之意。10忍忌：殘忍、嫉妒。

譯文

當時汝南袁著為郎中，年僅十九歲，見梁冀兇殘放縱，壓制不住內心的憤怒，便到朝廷上書說：「臣聽說仲尼歎息鳳凰不來，黃河不出圖，感傷自己卑賤，不能使鳳凰、河圖出現。現在陛下身居可以招致鳳凰、河圖的高位，又有得到鳳凰、河圖的資質，但祥瑞之氣仍未響應，賢德與愚蠢的次序之所以錯位，是因為權勢被權臣分割了，使君臣上下被阻隔造成的。四季運行，功成身退，高爵位和豐厚的恩寵，很少不招致災禍的。現在大將軍地位極高，大功告成，可引以為深刻警誡，應該遵循懸車引退的禮制，回鄉高枕無憂地修身養性了。《左傳》說：『樹木的果實太繁盛，就會劈開樹枝，損害樹芯。』如果不抑制權貴的氣勢，將難以保全他們自身。陛下左右的人聽到我的話，將怒目而視，咬牙切齒，臣只以一無知幼童而被提拔，所以敢不顧念忌諱。從前，禹、舜相互告誡不要像丹朱那樣，周公告誡成王不要像殷王紂那樣，希望皇上能廢除誹謗之罪，讓天下的人都能開口說話。」上書得以奏報漢桓帝，梁冀聽說後祕密派人捉拿袁著。袁著便改名換姓，後來又假託病死，用蒲草編紮假人，買棺材殯葬了。梁冀查問得知他的偽詐，暗中抓到他，鞭撻殺死，並隱瞞了此事。桂陽的學生劉常，是當世名儒，一向與袁著關係很好，梁冀召他補任令史之職來羞辱他。當時，太原人郝絜、胡武，都是喜好直言的人士，與袁著很要好。此前郝絜等人聯名上奏三府，舉薦海內志行高潔之士，而未晉謁梁冀，梁冀想起此事很惱怒，又懷疑他們是袁著的同黨，就命令中都官發出檄文逮捕從前上奏的人並且殺掉他們，結果誅滅胡武家族，死了六十多人。郝絜最初逃亡了，但知道不免一死，就用車載棺材到梁冀府門前上奏。奏書遞進去之後，他服毒而死，一族因此得以保全。等到梁冀被殺後，漢桓帝下詔按禮制祭祀袁著等人。梁冀各種殘忍忌恨之事，都與此相似。

不疑好經書，善待士，冀陰疾之，因中常侍白帝，轉為光祿勳。又諷衆人共薦其子胤為河南尹。胤一名胡狗，時年十六，容貌甚陋，不勝冠帶[1]，道路見者，莫不蚩笑焉。不疑自恥兄弟有隙，遂讓位歸第，與弟蒙閉門自守。冀不欲令與賓客交通，陰使人變服至門，記往來者。南郡太守馬融、江夏太守田明，初除[2]，過謁不疑，冀諷州郡以它事陷之，皆髡笞徙朔方[3]。融自刺不殊[4]，明遂死於路。

注釋

1冠帶：帽子與腰帶；制服。2除：拜官，授職。3髡（粵：坤；普：kūn）：剃去男子頭髮的刑罰。笞：用竹板或荊條打人脊背或臀腿的刑罰。4殊：死亡。

譯文

梁不疑喜好經書，善待士人，梁冀暗中憎恨他，指使中常侍告訴桓帝，把梁不疑轉任為光祿勳。又暗示衆人共同舉薦自己兒子梁胤任河南尹。梁胤又名胡狗，當時十六歲，容貌十分醜陋，很不適合穿官服，路人見到他的沒有不嗤笑的。梁不疑為自己兄弟之間的隙嫌感到可恥，就辭官回家，與弟弟梁蒙閉門自守。梁冀不想讓他們與賓客來往，暗中派人穿便服到不疑家門口，記錄來往人等。南郡太守馬融、江夏太守田明，剛剛上任時，順道往訪了梁不疑，梁冀就暗示州郡官以其他的事情誣陷他們，他們都被處以髡、笞刑並被流放到朔方。馬融自殺未遂，田明死在路上。

永興二年，封不疑子馬為潁陰侯，胤子桃為城父侯。冀一門前後七封侯，三皇后，六貴人，二大將軍，夫人、女食邑稱君者七人，尚公主者三人，其餘卿、將、尹、校五十七人。在位二十餘年，窮極滿盛，威行內外，百僚側目，莫敢違命，天子恭己而不得有所親豫[1]。

注釋

1恭己：指君主不問政事，大權旁落。

譯文

桓帝永興二年（一五四），梁不疑之子梁馬被封為潁陰侯，梁胤之子梁桃被封為城父侯。梁冀一家前後有七人封侯，有三位皇后，六位貴人，兩位大將軍，夫人、女兒中賜食邑稱君的有七人，娶公主的有三人，其餘官至卿、將、尹、校的五十七人。梁冀在位二十多年，興盛至極致，威勢橫行朝廷內外，百官懼怕而不敢正視他，無人敢違抗他的指令，天子恭敬謙讓不能親自參與政事。

帝既不平之。延熹元年，太史令陳授因小黃門徐璜，陳災異日食之變[1]，咎在大將軍，冀聞之，諷洛陽令收考授，死於獄。帝由此發怒。

注釋

1 災異：自然災害及其異常現象。

譯文

桓帝對此已經憤憤不平。延熹元年（一五八），太史令陳授通過小黃門徐璜，向桓帝陳述出現的災異和日食等變故，認為責任在於大將軍，梁冀聽說後，暗示洛陽令拘捕拷問陳授，陳授死在獄中。桓帝因此發怒。

賞析與點評

漢桓帝的無能造成了外戚梁冀「二十餘年，窮極滿盛，威行內外」的局面，但最終促使他下決心剷除梁冀的，卻是所謂「災異日食之變」的天意。東漢時期自然災害頻繁，朝廷政治鬥爭也經常隨着天災的發生而出現戲劇性的變化。漢桓帝依靠宦官消滅外戚梁冀的原因雖然很多，但史官陳授在其中所起的作用以及所做出的犧牲，無論如何是不容忽視的。

初，掖庭人鄧香妻宣生女猛[1]，香卒，宣更適梁紀[2]。梁紀者，冀妻壽之舅也。壽引進猛入掖庭，見幸，為貴人，冀因欲認猛為其女以自固，乃易猛姓為梁。時猛姊壻邴尊為議郎，冀恐尊沮敗宣意[3]，乃結刺客於偃城，刺殺尊，而又欲殺宣。宣家在延熹里，與中常侍袁赦相比，冀使刺客登赦屋，欲入宣家。赦覺之，鳴鼓會衆以告宣。宣馳入以白帝，帝大怒，遂與中常侍單超、具瑗、唐衡、左悺、徐璜等五人成謀誅冀。語在《宦者傳》。

注釋　1掖庭：宮中官署名。掌後宮貴人采女事，以宦官為令丞。2適：嫁。3沮敗：敗壞，挫敗。

譯文　當初，掖庭人鄧香之妻宣生女兒叫猛，鄧香死後，宣改嫁梁紀。梁紀是梁冀之妻孫壽的舅舅。孫壽引薦鄧猛入掖庭，受到桓帝寵倖，被封為貴人，梁冀因此想認猛做女兒以鞏固自身的地位，就改鄧猛為梁姓。當時鄧猛的姐夫邴尊是議郎，梁冀怕他挫敗宣的心意，就結交偃城的刺客，刺殺了邴尊，然後又想殺死宣。宣家在延熹里，與中常侍袁赦為鄰居，梁冀派刺客爬上袁赦的屋頂，想進入宣家。袁赦發現了，敲鼓召集衆人，以此告知宣。宣奔馳入宮將此事報告了桓帝，桓帝大怒，於是與中常侍單超、具瑗、唐衡、左悺、徐璜五個人策劃誅殺梁冀。詳見《宦者列傳》。

冀心疑超等，乃使中黃門張惲入省宿，以防其變。具瑗勑吏收惲，以輒從外入[1]，欲圖不軌。帝因是御前殿，召諸尚書入，發其事[2]，使尚書令尹勳持節勒丞郎以下皆操兵守省閤[3]，斂諸符節送省中。使黃門令具瑗將左右廄騶、虎賁、羽林、都候劍戟士[4]，合千餘人，與司隸校尉張彪共圍冀第。使光祿勳袁盱持節收冀大將軍印綬，徙封比景都鄉侯。冀及妻壽即日皆自殺。悉收子河南尹胤、叔父屯騎校尉讓，及親從衛尉淑、越騎校尉忠、長水校尉戟等，諸梁及孫氏中外宗親送詔獄[5]，無長少皆棄市[6]。不疑、蒙先卒。其它所連及公卿列校刺史二千石死者數十人，故吏賓客免黜者三百餘人，朝廷為空，唯尹勳、袁盱及廷尉邯鄲義在焉。是時事卒從中發，使者交馳，公卿失其度，官府市里鼎沸[7]，數日乃定，百姓莫不稱慶。

注釋

1輒：擅自、專擅。2發：顯露、宣告。3省閣：宮門。閣當作「閤」。4廄騶：主駕車馬的騎士。都候：古代主行夜巡邏的衛士官。5詔獄：關押欽犯的牢獄。6棄市：處死並暴屍於街市的刑罰。7市里：街市里巷。鼎沸：比喻形勢紛擾動亂。

譯文

梁冀心中猜疑單超等人，就派中黃門張惲進宮宿住，以防生變。具瑗命吏人收捕張惲，認為他擅自從外入宮，圖謀不軌。桓帝因此御駕親至前殿，召集各位尚書入殿，宣告此事，讓尚書令尹勳手持節統率丞郎以下人等持兵器把守宮門，收繳各種符節送至宮中。派黃門令具瑗率領左右廄騶騎士、虎賁、羽林、都候等，共千餘人，與司隸校尉張彪一起包圍梁冀宅第。派光祿勳袁盱持節收回了梁冀的大將軍印及綬帶，遷封他為比景都鄉侯。梁冀與妻子孫壽當天都自殺了。又將梁冀之子河南尹梁胤、叔父屯騎校尉梁讓，以及親信衛尉梁淑、越騎校尉梁忠、長水校尉梁戟等，衆梁家及孫家的內外宗親全部逮捕送進詔獄，不論老少都處以棄市刑。梁不疑、梁蒙在這之前已死。其他受到牽連而死的公卿、列校、刺史等二千石官員有幾十人，梁冀的舊吏、賓客被免職罷黜的有三百多人，為此朝廷都空了，只剩尹勳、袁盱以及廷尉邯鄲義等人。此時事件突發於宮中，使者往來奔馳，公卿都失去常態，官府街市里巷混亂，幾天之後才得以平定，百姓沒有不為此道賀的。

收冀財貨，縣官斥賣[1]，合三十餘萬萬，以充王府[2]，用減天下稅租之半[3]。散其苑囿[4]，以業窮民[5]。錄誅冀功者[6]，封尚書令尹勳以下數十人。

注釋

1縣官：朝廷，官府。斥賣：出賣。2王府：帝王府庫。3用：因此。4散：釋放。5業：成業，使之立業或樂業。6錄：次第；排比編次。

譯文

沒收梁冀的財產，由朝廷變賣，價值總計三十多億，用來充實國家府庫，因此減免了天下百姓的一半租稅。開放梁冀的苑囿，由貧民安身立業。排比編次誅殺梁冀有功的人，封賞尚書令尹勳及以下數十人。

賞析與點評

我們祖先創造完備的文官管理制度的同時，也留下了一部貪官污吏史。對於這些貪婪的社會害蟲，尋常百姓最是受害者，所以也最是明眼人；就算不能親手殺蟲，也應奮起揭露、曝光他們！能力有限，並非無能；無作為，才是真正的無能。

班超列傳

本篇導讀——

與西漢攻佔西域「斷匈奴右臂」的大規模遠征相比，東漢面臨的是如何以外交手段治理西域的時代課題。班超是東漢前期聲震西域的著名都護。雖然歷史上將他與父親班彪、兄長班固並稱「三班」，其實他的胞妹班昭是當時著名的女才子，不妨稱「四班」。本傳中作者重點敍述了班超投筆從戎、不入虎穴焉得虎子、以夷制夷、兵不厭詐、狐死首丘等情節。內容環環相扣，引人入勝。

班超字仲升，扶風平陵人，徐令彪之少子也。為人有大志，不修細節。然內孝謹，居家常執勤苦，不恥勞辱。有口辯，而涉獵書傳[1]。永平五年，兄固被召詣校書郎，超與母隨至洛陽。家貧，常為官傭書以供養[2]。久勞苦，嘗輟業投筆歎曰：「大丈夫無它志略，猶當效傅介子、張騫立功異域[3]，以取封侯，安能久事筆研間乎？」左右皆笑之。超曰：「小子安知壯士志哉！」其後行詣相者，曰：「祭酒[4]，布衣諸生耳，而當封侯萬里之外。」超問其狀[5]。相者指曰：「生燕頷虎頸，飛而食肉，此萬里侯相也。」久之，顯宗問固[6]：「卿弟安在？」固對：「為官寫書，受直以養老母[7]。」帝乃除超為蘭臺令史[8]。後坐事免官。

注釋

1書傳：著作，典籍。2傭書：受雇為人抄書。亦泛指為人做筆箚之事。3傅介子：北地郡人，元帝時出使西域，刺殺樓蘭王，封為義陽侯。張騫：漢中人，武帝時被稱為「鑿空」（開闢道路）之人，開發了西域，封博望侯。4祭酒：古代饗宴酹酒祭神的長者。亦以泛稱年長或位尊者。5狀：事實依據；迹象表明。6顯宗：即漢明帝。7直：工錢，報酬。8蘭臺令史：掌管圖書、文書的官員，後世也稱史官為蘭臺。蘭臺，漢代宮中藏書之處。

譯文

班超字仲升，扶風郡平陵縣人，是徐縣（今江蘇省盱眙西北）縣令班彪的小兒子。他為人有大志向，不拘小節。然而內心孝順恭謹，居家常堅持勤奮努力，不以勞苦為恥辱。他能言善辯，而且涉獵典籍。明帝永平五年（六二），他哥哥班固被召至朝廷做校書郎（校訂宮中所藏圖書），班超與母親跟他來到洛陽。因家境貧寒，經常為官府抄寫文書來維持生計。他辛苦了很久，曾停下工作把筆扔到一邊感歎說：「大丈夫就算沒有別的志向，也應該效仿傅介子、張騫到異域立功，由此封侯，怎能長久供職於筆硯之間呢？」兩旁的人都嘲笑他。班超說：「小子怎知壯士的志向！」此後，他去相者那裏看相，相者說：「祭酒，只是個平民書生而已，但會在萬里之外封侯。」班超問有何迹象。相者指畫着說：「你長着燕子的下巴、老虎的脖頸，能飛又能吃肉，這是萬里侯的面相。」過了很久，明帝問班固：「你弟弟在哪裏？」班固回答說：「為官府抄寫，掙錢供養老母。」皇帝就任命班超為蘭臺令史。後來他因事獲罪被免官。

十六年，奉車都尉竇固出擊匈奴[1]，以超為假司馬，將兵別擊伊吾[2]，戰於蒲類海[3]，多斬首虜而還[4]。固以為能，遣與從事郭恂俱使西域[5]。

注釋

1竇固：字孟孫，東漢開國功臣竇融之姪，娶光武帝女涅陽公主為妻。永平年間統領漢軍大舉反擊匈奴，取得勝利。2伊吾：匈奴地名。漢伊吾地區，故城在今新疆維吾爾自治區哈密縣西南。3蒲類海：匈奴湖名，即今新疆維吾爾自治區東部的巴里坤湖。4首虜：首級和俘虜。5從事：即從事中郎，大將軍的屬官。

譯文

明帝永平十六年，奉車都尉竇固出擊匈奴，任班超為代司馬，領兵另外去進攻伊吾，在蒲類海交戰，斬殺俘獲許多敵人凱旋。竇固認為他很有能力，派他與從事郭恂一同出使西域。

超到鄯善[1]，鄯善王廣奉超禮敬甚備，後忽更疏懈。超謂其官屬曰：「寧覺廣禮意薄乎？此必有北虜使來[2]，狐疑未知所從故也。明者睹未萌，況已著邪。」乃召侍胡詐之曰：「匈奴使來數日，今安在乎？」侍胡惶恐，具服其狀[3]。超乃閉侍胡，悉會其吏士三十六人，與共飲，酒酣，因激怒之曰：「卿曹與我俱在絕域[4]，欲立大功，以求富貴。今虜使到裁數日，而王廣禮敬即廢；如令鄯善收吾屬送匈奴，骸骨長為豺狼食矣。為之奈何？」官屬皆曰：「今在危亡之地，死生從司馬。」超曰：「不入虎穴，不得虎子。當今之計，獨有因夜以火攻虜，使彼不知我多少，必大震怖，可殄盡也。滅此虜，則鄯善破膽，功成事立矣。」衆曰：「當與從事議之。」超怒曰：「吉凶決於今日。從事文俗吏[5]，聞此必恐而謀泄，死無所名[6]，非壯士也！」衆曰：「善。」初夜，遂將吏士往奔虜營[7]。會天大風，超令十人持鼓藏虜舍後，約曰：「見火然[8]，皆當鳴鼓大呼。」餘人悉持兵弩夾門而伏。超乃順風縱火，前後鼓譟。虜衆驚亂，超手格殺三人，吏兵斬其使及從士三十餘級，餘衆百許人悉燒死。明日乃還告郭恂，恂大驚，既而色動。超知其意，舉手曰：「掾雖不行[9]，班超何心獨擅之乎？」恂乃悅。超於是召鄯善王廣，以虜使首示之，一國震怖。超曉告撫慰，遂納子為質。還奏於竇固，固大喜，具上超功效，并求更選使使西域，帝壯超節[10]，詔固曰：「吏如班超，何故不遣而更選乎？今以超為軍司馬，令遂前功[11]。」超復受使，固欲益其兵，超曰：「願將本所從三十餘人足矣。如有不虞[12]，多益為累。」

注釋

1鄯（粵：善；普：shàn）善：古西域國名，本名樓蘭，故址在今新疆鄯善東南。2北虜：當時對北方匈奴等民族的蔑稱。3具服：全部招認。具，同「俱」。4卿曹：君等，你們。卿，上級對下級、長輩對晚輩的稱呼。曹，等，輩。5文俗：拘守禮法安於習俗。6名：為世人所稱道。7吏士：軍吏與士兵。8然：「燃」的古字。9掾：副官，此指從事郭恂。10壯：推崇，讚許。11遂：因循。12不虞：意料不到的事。

譯文

班超到鄯善國，鄯善王廣接待他的禮節十分周到，後來忽然變得疏遠怠慢。班超對官屬說：「難道沒覺得廣的禮節、情意淡薄了嗎？這一定是有北虜匈奴使者來，因此猶豫，不知應該依附誰為好。明眼人能看到尚未萌芽之事，何況事情已經很明顯了。」於是他召來侍奉他們的胡人，誆騙說：「匈奴使者已來幾天了，現在在哪兒呢？」胡侍很惶恐，詳細招認了實情。班超就禁閉了胡侍，把隨從的三十六名將士全都召集來，與他們一起飲酒，酒喝到最酣暢時，趁機激怒他們說：「君等與我都在極遠之地，想立大功，以求富貴。現在匈奴使者才來幾天，而鄯善王廣就不再對我們以禮相敬了；如果讓鄯善收捕我等送給匈奴，那我們的骸骨將長久被豺狼吞食了。對此怎麼辦呢？」屬官都說：「現在處在危亡之地，生死存亡全聽從司馬。」班超說：「不入虎穴，不得虎子。當今之計，只有趁夜火攻北虜，讓他們搞不清我們有多少人，他們必定很震驚恐怖，可以全殲他們。消滅這些北虜，鄯善則會嚇破膽，我等功名事業即可完成了。」眾人說：「應當與從事商議此事。」班超發怒說：「是凶是吉取決於今日。從事是個文俗之吏，聽到此事必恐慌而使計謀泄露，雖死而不為世人所稱道，不是壯士！」眾人說：「好！」初更時分，班超率將士奔往北虜營地。適逢大風，班超讓十人持鼓藏在北虜的房舍後面，約定：「見到火燃起，都要擊鼓吶喊。」剩下的人持兵器、弓弩在大門兩旁埋伏起來。班超便順風縱火，前後鼓聲、吶喊聲響成一片。虜人驚恐混亂，班超擊殺三人，將士殺匈奴使者以及隨從三十多人，剩下一百多人都被燒死。第二天才回來報告郭恂，郭恂大驚，既而臉色改變。班超知道他的心意，舉起手說：「從事您雖然沒去，但班超我怎能獨享其功呢？」郭恂這才高興。班超於是召見鄯善王廣，把虜使的首級給他看，鄯善全國為此震驚恐怖。班超告諭撫慰他們，於是接受鄯善王兒子作人質。班超回去向竇固彙報，竇固大喜，把班超的功勞全部上報皇帝，並請求另選使者出使西域。明帝推崇班超有節操，下詔竇固說：「像班超這樣的官吏，為何不派遣而另外選擇呢？現在任班超為軍司馬，讓他繼續先前的功業。」班超再次接受使命，竇固要增加他的兵力，班超說：「率領原來跟從我的那三十多人足矣。如有不測，人多反而更成累贅。」

是時，于窴王廣德新攻破莎車[1]，遂雄張南道[2]，而匈奴遣使監護其國。超既西，先至于窴。廣德禮意甚疏。且其俗信巫。巫言：「神怒何故欲向漢？漢使有騧馬[3]，急求取以祠我。」廣德乃遣使就超請馬。超密知其狀，報許之，而令巫自來取馬。有頃，巫至，超即斬其首以送廣德，因辭讓之[4]。廣德素聞超在鄯善誅滅虜使，大惶恐，即攻殺匈奴使者而降超。超重賜其王以下，因鎮撫焉。

注釋

1于寘（粵：田；普：tián）：亦作「于闐」，古西域國名，在今新疆和田一帶。莎車：古西域國名，在今新疆塔里木盆地西緣，莎車縣、葉城縣一帶。2南道：古代中原地區對西域交通的主要道路南北二道中的南道。出陽關（今甘肅敦煌西南）西行，經鄯善，沿崑崙山的北麓，經過于闐、莎車、蒲犁（今塔什庫爾干），逾葱嶺，至大月氏（今伊犁河、楚河一帶），再西行到安息（伊朗高原古國）。3騧（粵：娃；普：guā）馬：黑嘴的黃馬。4辭讓：責問。

譯文

此時于寘王廣德新近攻破莎車，從而興盛於南道，而匈奴派遣使者監護于寘國。班超既已到西方，就先至于寘國。廣德對他的禮節和敬意甚是疏陋、冷淡。而且那裏有信巫的風俗。巫說：「神發怒說，為甚麼想要歸附漢室。漢朝的使者有騧馬，趕快求取來祭祀我。」廣德就派使者到班超處來取馬。班超暗中知道了情況，告知同意要求，但要求巫親自來取馬。過了一會兒，巫來了，班超馬上就砍下巫的頭送給廣德，並因此責問他。廣德本來就聽說過班超在鄯善殺虜使之事，非常惶恐，即刻攻擊殺死匈奴使者而投降班超。班超重賞于寘王及其下屬，因此安撫了這裏。

時龜茲王建為匈奴所立[1]，倚恃虜威，據有北道[2]，攻破疏勒[3]，殺其王，而立龜茲人兜題為疏勒王。明年春，超從間道至疏勒。去兜題所居槃橐城九十里[4]，逆遣吏田慮先往降之。勑慮曰：「兜題本非疏勒種，國人必不用命。若不即降，便可執之。」慮既到，兜題見慮輕弱，殊無降意。慮因其無備，遂前劫縛兜題。左右出其不意，皆驚懼奔走。慮馳報超，超即赴之，悉召疏勒將吏，說以龜茲無道之狀，因立其故王兄子忠為王，國人大悅。忠及官屬皆請殺兜題，超不聽，欲示以威信，釋而遣之。疏勒由是與龜茲結怨。

注釋

1 龜茲（粵：鳩慈；普：qiū cí）：漢西域古國名，位於天山南麓，今新疆維吾爾自治區庫車。2 北道：古代中原對西域交通的主要道路之一。自玉門關（今敦煌西北）西行，經車師前國（今吐魯番附近），經渠犁（今庫爾勒）、龜茲、姑墨至疏勒。3 疏勒：古西域國名，在今新疆維吾爾自治區喀什。4 槃橐城：位於今新疆喀什市東南郊多來巴提格路以南。

譯文

當時，龜茲王建是匈奴擁立的，倚仗北虜的威勢，佔據北道，攻破疏勒，殺死其國王，而擁立龜茲人兜題為疏勒王。翌年春，班超從偏僻小路到達疏勒。距兜題所居槃橐城九十里處，事先派屬下田慮去勸降兜題。他告誡田慮說：「兜題本不是疏勒人，國人必定不聽從他的命令。如不立即投降，便可逮捕他。」田慮到了那裏，兜題見他弱小，毫無投降之意。田慮乘其不備，上前劫持縛住了他。兜題左右人員見事出意外，都驚慌逃走了。田慮迅速通報班超，班超立即趕到，召集疏勒的全體將士，用龜茲王的無道勸他們，從而擁立已故國王兄長的兒子忠為王，國人十分高興。忠及其官屬都請求殺死兜題，班超沒有聽從，要以此顯示威信，就釋放並遣返了兜題。疏勒從此與龜茲結下仇怨。

十八年，帝崩。焉耆以中國大喪[1]，遂攻沒都護陳睦[2]。超孤立無援，而龜茲、姑墨數發兵攻疏勒[3]。超守槃橐城，與忠為首尾，士吏單少，拒守歲餘。肅宗初即位，以陳睦新沒，恐超單危不能自立，下詔徵超。超發還，疏勒舉國憂恐。其都尉黎弇曰：「漢使棄我，我必復為龜茲所滅耳。誠不忍見漢使去。」因以刀自剄。超還至于窴，王侯以下皆號泣曰：「依漢使如父母，誠不可去。」互抱超馬腳，不得行。超恐于窴終不聽其東，又欲遂本志，乃更還疏勒。疏勒兩城自超去後，復降龜茲，而與尉頭連兵[4]。超捕斬反者，擊破尉頭，殺六百餘人，疏勒復安。

注釋

1焉耆：古西域國名，今新疆維吾爾自治區焉耆回族自治縣。2都護：西域都護，總監西域諸國，並護南北道，為西域地區最高長官。官秩比二千石。3姑墨：漢代西域國名，今新疆維吾爾自治區拜城。4尉頭：漢代西域國名，在今新疆維吾爾自治區烏什。

譯文

永平十八年，明帝崩。焉耆因中國正值大喪，就進攻殺了都護陳睦。班超孤立無援，而且龜茲、姑墨多次出兵攻打疏勒。班超據守槃橐城，和疏勒王忠首尾呼應，士兵官吏雖然人少勢弱，卻堅守了一年多。章帝初即位，因為陳睦剛死，怕班超孤立危險，不能自保，下詔徵召班超。班超出發返回，疏勒舉國都憂患恐慌。疏勒都尉黎弇說：「漢使遺棄我們，我們肯定會再次被龜茲滅掉。實在不忍見漢使離去。」於是用刀割頸自殺了。班超回到于窴，王侯以下都號哭說：「我們依賴漢使就像依靠父母，實在不可離去啊！」互相抱住班超的馬腿，使班超無法前行。班超恐怕于窴人最終不會讓他東歸，又想成就自己的志願，就又返回疏勒。疏勒兩城自從班超離開後，又投降了龜茲，而與尉頭的兵力聯合。班超逮捕斬殺了反叛者，攻破尉頭，殺了六百多人，疏勒又安定下來。

建初三年，超率疏勒、康居、于窴、拘彌兵一萬人攻姑墨石城[1]，破之，斬首

七百級。超欲因此叵平諸國[2]，乃上疏請兵。

注釋

1康居：古西域國名，今屬哈薩克斯坦。拘彌：古代西域諸國之一，今新疆維吾爾自治區于田縣。石城：在今新疆維吾爾自治區烏什縣。2叵：遂，終於。

譯文

章帝建初三年（七八），班超率疏勒、康居、于窴、拘彌士兵一萬人進攻姑墨的石城，攻破城池，殺敵七百多人。班超想趁勢最終平定諸國，於是上疏請兵。

曰：「臣竊見先帝欲開西域，故北擊匈奴，西使外國，鄯善、于窴即時向化。今拘彌、莎車、疏勒、月氏、烏孫[1]、康居復願歸附，欲共并力破滅龜茲，平通漢道。若得龜茲，則西域未服者百分之一耳。臣伏自惟念，卒伍小吏，實願從谷吉效命絕域[2]，庶幾張騫棄身曠野。昔魏絳列國大夫，尚能和輯諸戎，況臣奉大漢之威，而無鉛刀一割之用乎[3]？前世議者皆曰取三十六國，號為斷匈奴右臂。今西域諸國，自日之所入，莫不向化，大小欣欣，貢奉不絕，唯焉耆、龜茲獨未服從。臣前與官屬三十六人奉使絕域，備遭艱戹。自孤守疏勒，於今五載，胡夷情數，臣頗識之。問其城郭小大[4]，皆言『倚漢與依天等』。以是效之，則葱領可通[5]，葱領通則龜茲可伐。今宜拜龜茲侍子白霸為其國王，以步騎數百送之，與諸國連兵，歲月之間，龜茲可禽[6]。以夷狄攻夷狄，計之善者也。臣見莎車、疏勒田地肥廣，草牧饒衍，不比敦煌、鄯善間也，兵可不費中國而粮食自足。且姑墨、溫宿二王[7]，特為龜茲所置，既非其種，更相厭苦，其執必有降反。若二國來降，則龜茲自破。願下臣章，參考行事。誠有萬分，死復何恨。臣超區區，特蒙神靈，竊冀未便僵仆，目見西域平定，陛下舉萬年之觴，薦勳祖廟，布大喜於天下。」

注釋

1烏孫：古代西域國名，地在今新疆維吾爾自治區西北部。2谷吉：西漢元帝時出使西域郅支國的司馬，被郅支人所殺害。絕域：極遙遠之地（多指外國）。3鈆刀：鉛質的刀。鉛質軟，作刀不鋭，比喻無用的人或物。鈆，古同「鉛」。4城郭：即城郭國。指西域築城定居的國家。5葱領：即葱嶺，古代對今帕米爾高原及崑崙山、喀喇崑崙山西部諸山的統稱。6禽：同「擒」，制伏，俘獲。7溫宿：古國名，在今新疆維吾爾自治區溫宿縣。

譯文

他說：「臣私下見先帝想開拓西域，所以北擊匈奴，向西方外國派遣使者。鄯善、于窴立即歸化。現在拘彌、莎車、疏勒、月氏、烏孫、康居又願意歸附，想聯合兵力殲滅龜茲，治理通往漢朝的道路。如果能得到龜茲，那西域不歸順的國家就只剩百分之一了。臣私下考慮過，士兵小吏，實心願意跟從谷吉在絕域為國效力，類似張騫捨身曠野那樣。從前魏絳作為諸侯國的大夫，尚能與各戎狄之國和睦團結，何況臣奉行大漢的威勢，卻沒有鉛刀一割之功用嗎？前代議論者都說奪取西域三十六國，號為斬斷匈奴的右臂。現在西域各國，從日落之處至漢朝之地，沒有不歸化的，大小國欣欣向榮，貢奉不絕，唯獨焉耆、龜茲尚未歸順。臣從前與三十六人奉命出使絕域，備遭艱難險惡。自孤守疏勒，至今五年，胡夷的情況，臣頗了解。詢問那些城郭國人，或小國或大國，都說『仰仗漢朝與依靠上天相同』。以此為證，則葱嶺可以打通；葱嶺一旦貫通，則龜茲可以攻伐。現在應拜龜茲國侍子白霸為他們的國王，以步兵騎兵幾百人護送他，與各國聯合兵力，短時間內龜茲可被征服。以夷狄攻夷狄，是計策的最上策。臣見莎車、疏勒田地肥沃廣闊，草場牧業富饒，不同於敦煌、鄯善之間，軍隊不依靠中國就能夠糧食自給。而且姑墨、溫宿二王，都是由龜茲設置的，既不是同種，又相互厭恨以為苦事，勢必有人投降謀反。如果二國來歸降，則龜茲不攻自破。希望下發臣的奏章，要求參考行事。如果有萬分之一效果，臣也死而無憾。臣班超渺小，承蒙神靈護佑，私下希望不便就此死去，能夠親眼看到西域平定，陛下舉萬歲之杯向祖廟進獻功勳，向天下人宣佈特大喜訊。」

書奏，帝知其功可成，議欲給兵。平陵人徐幹素與超同志[1]，上疏願奮身佐超，五年，遂以幹為假司馬，將弛刑及義從千人就超[2]。

注釋　1同志：志趣相同，志向相同。2義從：自願從軍者。

譯文　奏書呈上，章帝知道班超可以成就功業，商議要給他派兵。平陵人徐幹平素與班超志同道合，上疏願意奮力輔佐班超。章帝建初五年（八〇），便以徐幹為假司馬，率領免刑以及自願從軍的一千人前往班超處。

先是莎車以為漢兵不出，遂降於龜茲，而疏勒都尉番辰亦復反叛。會徐幹適至，超遂與幹擊番辰，大破之，斬首千餘級，多獲生口。超既破番辰，欲進攻龜茲。以烏孫兵彊，宜因其力，乃上言：「烏孫大國，控弦十萬，故武帝妻以公主，至孝宣皇帝，卒得其用。今可遣使招慰，與共合力。」帝納之。八年，拜超為將

兵長史，假鼓吹幢麾[1]。以徐幹為軍司馬，別遣衛候李邑護送烏孫使者，賜大小昆彌以下錦帛[2]。

注釋

1假：授予。鼓吹：演奏樂曲的樂隊。幢：一種旌旗，常在軍事指揮、依仗行列中使用。麾：指揮軍隊的旗幟。2大小昆彌：烏孫稱王曰昆彌。老昆彌死，其子孫爭王位，漢宣帝時遂令立大小兩昆彌，各賜印綬。

譯文

此前莎車以為漢軍不會出動，最終投降了龜茲，而疏勒都尉番辰也再次反叛。正值徐幹到來，班超就與徐幹攻打番辰，大敗對手，斬首千餘人，抓獲許多俘虜。班超打敗番辰後，想要進攻龜茲。考慮到烏孫兵力強大，應該借助他的兵力，就上書說：「烏孫是大國，有軍隊十萬人，所以武帝把公主嫁到烏孫，到孝宣皇帝時發揮了效用。現在，可以派遣使者招撫慰問，與他們聯合兵力。」章帝採納了此建議。建初八年，拜班超為將兵長史，授予他鼓吹樂隊和旌旗儀仗。以徐幹為軍司馬，另派遣衛候李邑護送烏孫使者，以錦帛賞賜給大昆彌、小昆彌及其臣下。

李邑始到于窴，而值龜茲攻疏勒，恐懼不敢前，因上書陳西域之功不可成，又盛毀超擁愛妻，抱愛子，安樂外國，無內顧心。超聞之，歎曰：「身非曾參而有三至之讒[1]，恐見疑於當時矣[2]。」遂去其妻。帝知超忠，乃切責邑曰：「縱超擁愛妻，抱愛子，思歸之士千餘人，何能盡與超同心乎？」令邑詣超受節度。詔超：「若邑任在外者，便留與從事。」超即遣邑將烏孫侍子還京師。徐幹謂超曰：「邑前親毀君，欲敗西域，今何不緣詔書留之[3]，更遣它吏送侍子乎？」超曰：「是何言之陋也！以邑毀超，故今遣之。內省不疚，何卹人言[4]！快意留之，非忠臣也。」

注釋

1有個與曾參同名的人殺了人，有人向他母親說「曾參殺了人」，他母親照舊織布，不予理睬；第二個人又來報「曾參殺了人」，他母親依舊不動聲色；第三個人說「曾參殺人了」，他的母親扔下梭子，翻牆逃跑了。（見《史記．甘茂列傳》）2當時：在位的皇帝。3緣：順，依據。4卹：憂慮。

譯文

李邑初到于窴國時，正值龜茲攻打疏勒，他恐懼而不敢前行，就上書陳說西域的功業無法成就，又大肆誹謗班超擁愛妻，抱愛子，在外國安樂享受，無心顧念國內。班超聽說後，歎息說：「我不是曾參卻也遭接二連三讒言，恐怕要遭到當朝皇帝的懷疑。」於是休了妻子。章帝深知班超的忠誠，就嚴厲責備李邑說：「縱使班超擁愛妻，抱愛子，可那千餘名渴望歸鄉的戰士，怎麼都能與班超同心呢？」於是命令李邑到班超那裏接受調度。詔示班超說：「如果李邑能勝任外職，那就留下共事。」班超隨即派遣李邑率領烏孫侍子返還京城。徐幹問班超說：「李邑先前親口詆譭您，想敗壞西域之事，現在為何不依照詔書留下他，另派遣其他的官吏送侍子呢？」班超說：「這說的是怎樣淺陋的話呀！正因為李邑詆譭我，現在才派遣他去的。我問心無愧，別人的議論有甚麼可憂慮的呢。圖心情爽快把他留下，這不是忠臣所為。」

賞析與點評

所謂「三至之讒」，用今天的話叫作謊言重複一百遍就成了真理！任何一個成功者身邊一定會有讒言小人出現，不用抱僥倖心理，更不要指望明主不會聽信讒言。史上有名的明主劉秀，不也聽信謠言對馬革裹屍的開國功臣狠下毒手嗎？孔聖人的門徒曾參是個大孝子，自信最了解兒子的母親不也動搖了嗎？小人防不勝防，所以就更要防。關鍵是如何保護自己。班超這裏對小人取勝的經驗至少有三：一，朝中要有耳目，能夠迅速得到情報。二，動作要快，在讒言生效之前採取措施：以「三至之讒」造輿論，以「去其妻」見行動。三，事發後網開一面，表面看是為敗者留條生路，實際上是建立起更高的人望，以防下一個小人。

明年，復遣假司馬和恭等四人將兵八百詣超，超因發疏勒、于寘兵擊莎車。莎車陰通使疏勒王忠，啖以重利[1]，忠遂反從之，西保烏即城[2]。超乃更立其府丞成大為疏勒王[3]，悉發其不反者以攻忠。積半歲[4]，而康居遣精兵救之，超不能下。是時月氏新與康居婚，相親，超乃使使多齎錦帛遺月氏王[5]，令曉示康居王，康居王乃罷兵[6]，執忠以歸其國，烏即城遂降於超。

注釋

1啖：利誘。2烏即城：在今新疆喀什市西。3當時周邊國的國王之下都設置「丞」，仿效漢朝郡縣官制。4積：經過。5齎：攜帶。遺（粵：惟；普：wèi）：給予；饋贈。6曉示：明白告知；告誡。

譯文

第二年，朝廷又派假司馬和恭等四人率兵八百到班超處。班超於是調發了疏勒、于寘兵攻打莎車。莎車暗中與疏勒王忠通使往來，用重利誘惑他，忠於是反叛班超歸順莎車，向西據守烏即城。班超便改立忠的府丞成大為疏勒王，調發所有不反叛的人攻打忠。經過半年，康居派精兵救忠，班超無法攻破。此時月氏剛與康居通婚，相互親近，班超便派使者攜帶許多錦帛饋贈月氏王，要他規勸康居王，康居王便撤兵，押送忠回到自己國中，烏即城因此投降了班超。

後三年，忠說康居王借兵，還據損中[1]，密與龜茲謀，遣使詐降於超。超內知其姦而外偽許之。忠大喜，即從輕騎詣超。超密勒兵待之，為供張設樂[2]，酒行[3]，乃叱吏縛忠斬之。因擊破其眾，殺七百餘人，南道於是遂通。

注釋

1損中：地名或城名。地理位置不詳。2供張：亦作供帳。陳設供宴會用的帷帳、用具、飲食等物。3行：斟酒。

譯文

此後三年，忠說服康居王借給他軍隊，回去據守損中城，祕密與龜茲王謀劃，派使者向班超詐降。班超暗中已知他們的奸計，但對外卻假裝答應。忠大喜，立即跟輕騎兵到班超處。班超祕密率軍等待他，並擺宴奏樂。酒剛斟上，就叱令從吏捆綁並殺了忠。（班超）趁勢攻擊忠的部隊，殺死七百多人，南道從此打通。

明年，超發于窴諸國兵二萬五千人，復擊莎車。而龜茲王遣左將軍發溫宿、姑墨、尉頭合五萬人救之。超召將校及于窴王議曰：「今兵少不敵，其計莫若各散去。于窴從是而東，長史亦於此西歸，可須夜鼓聲而發[1]。」陰緩所得生口。龜茲王聞之大喜，自以萬騎於西界遮超[2]，溫宿王將八千騎於東界徼于窴[3]。超知二虜已出，密召諸部勒兵[4]，雞鳴馳赴莎車營[5]，胡大驚亂奔走，追斬五千餘級，大獲其馬畜財物。莎車遂降，龜茲等因各退散，自是威震西域。

注釋

1須：等待；停留。2遮：遏制，阻攔。3徼：遮攔；截擊。4召：通「詔」，告訴。5雞鳴：即丑時，四更，相當於凌晨一至三點。

譯文

第二年，班超調發于窴各國兵二萬五千多人，再次進攻莎車。而龜茲王派左將軍調發溫宿、姑墨、尉頭共五萬人救援莎車。班超召集將軍校尉以及于窴王商議說：「現在我們寡不敵衆，從長計議還不如各自分散離去。于窴王從這裏向東，長史我也從這裏向西返回，可等到夜裏鼓聲一響就出發。」又暗中放鬆對俘虜的看管。龜茲王得知消息後大喜，親自率領一萬騎兵在西面的邊界攔截班超，溫宿王則率領八千騎兵在東面的邊界截擊于窴王。班超得知二虜已經出發，便密令各部率兵，在雞鳴時急速趕赴莎車營地，胡人極度驚恐慌亂，爭相逃散，被追殺斬首五千多人，他們的馬匹牲畜財物被大量繳獲。莎車於是投降，龜茲等因此各自撤退散去，班超從此威震西域。

初，月氏嘗助漢擊車師有功[1]，是歲貢奉珍寶、符拔、師子[2]，因求漢公主。超拒還其使，由是怨恨。永元二年，月氏遣其副王謝將兵七萬攻超。超衆少，皆大恐。超譬軍士曰[3]：「月氏兵雖多，然數千里逾葱領來，非有運輸，何足憂邪？但當收穀堅守，彼飢窮自降，不過數十日決矣。」謝遂前攻超，不下，又鈔掠無所得。超度其糧將盡，必從龜茲求救，乃遣兵數百於東界要之[4]。謝果遣騎齎金銀珠玉以賂龜茲。超伏兵遮擊，盡殺之，持其使首以示謝。謝大驚，即遣使請罪，願得生歸。超縱遣之。月氏由是大震，歲奉貢獻。

注釋

1車師：古西域國名。漢宣帝時分其地為車師前後兩部，後皆屬西域都護，車師前部治交河城，後部治務塗谷。2符拔：獸名，似鹿，長尾。師子：獅子。3譬：曉諭，勸導。4要：攔阻，截擊。

譯文

當初，月氏曾經幫助漢攻打車師有功，那一年貢奉珍寶、符拔、獅子，以此請求迎娶漢公主。班超拒絕，遣還使者，由此怨恨班超。和帝永元二年（九〇），月氏派遣他的副王謝率兵七萬攻打班超。班超人少，大家十分驚恐。班超勸導將士們說：「月氏兵雖多，但從千里之外翻越葱嶺而來，沒有物資轉運，哪裏值得擔憂呢？僅需收好糧食堅守，他們飢餓困窮就會自己投降，不過數十日就可決定勝負了。」謝前來進攻班超，攻不下來，又搶掠不到東西。班超估計他們糧食即將耗盡，必定向龜茲求救，於是派數百士兵到東界攔截他們。謝果然派遣騎兵攜帶金銀玉珠去賄賂龜茲。班超設伏兵攔擊，把他們全殺了，並拿他們所派使者的首級給謝看。謝大驚，立即派使者前來請罪，希望得以生還。班超放走了他。月氏因此大為震動，每年送上貢奉。

明年，龜茲、姑墨、溫宿皆降，乃以超為都護，徐幹為長史。拜白霸為龜茲王，遣司馬姚光送之。超與光共脅龜茲廢其王尤利多而立白霸，使光將尤利多還詣京師。超居龜茲它乾城[1]，徐幹屯疏勒。西域唯焉耆、危須、尉犁[2]以前沒都護，懷二心，其餘悉定。

注釋

1它乾城：今新疆庫車附近。2危須：古西域國名，今新疆和碩縣。尉犁：西域古國名，在今新疆尉犁縣。

譯文

第二年，龜茲、姑墨、溫宿都投降了，朝廷便以班超為都護，徐幹為長史。立白霸為龜茲王，派遣司馬姚光護送他。班超和姚光共同威逼龜茲廢掉他們的國王尤利多而立白霸，讓姚光將尤利多帶回京師。班超居住龜茲它乾城，徐幹屯兵在疏勒。西域惟有焉耆、危須、尉犁因從前殺害過都護，還懷有二心，其餘的都被平定了。

六年秋，超遂發龜茲、鄯善等八國兵合七萬人，及吏士賈客千四百人討焉耆。兵到尉犁界，而遣曉説焉耆、尉犁、危須曰：「都護來者，欲鎮撫三國。即欲改過向善，宜遣大人來迎[1]，當賞賜王侯已下，事畢即還。今賜王綵五百匹。」焉耆王廣遣其左將北鞬支奉牛酒迎超。超詰鞬支曰：「汝雖匈奴侍子，而今秉國之權。都護自來，王不以時迎，皆汝罪也。」或謂超可便殺之[2]。超曰：「非汝所及。此人權重於王，今未入其國而殺之，遂令自疑，設備守險，豈得到其城下哉！」於是賜而遣之。廣乃與大人迎超於尉犁，奉獻珍物。

注釋　1大人：指在高位者，王公貴族。2便：就，即。

譯文　和帝永元六年（九四）秋天，班超便調發龜茲、鄯善等八國兵共計七萬人，以及將士客商一千四百多人討伐焉耆。兵到尉犁界，就派使者勸導焉耆、尉犁、危須說：「都護來的原因，是想要安撫三國。假如想要改過自新，應當派王公貴族來迎接，那樣將賞賜王侯以下之人，事情辦完立即返回。現在賜王彩色絲綢五百疋。」焉耆王廣派遣他的左將北鞬支奉上牛酒迎接班超。班超責怪北鞬支說：「你雖然是匈奴的侍子，而今也掌握國家大權。都護親自前來，王不及時迎接，都是你的罪過。」有人要班超馬上殺了北鞬支。班超說：「這不是你所能料及的。此人權勢比王還大，現在尚未進入其國就殺死他，會使他們自生疑惑，加強設防，嚴守險要，如何能到達他們的城下呢！」於是賞賜並遣送他回去了。焉耆王廣就與王公貴族一起在尉犁恭迎班超，奉獻珍寶。

焉耆國有葦橋之險，廣乃絕橋，不欲令漢軍入國。超更從它道厲度[1]。七月晦[2]，到焉耆，去城二十里，營大澤中。廣出不意，大恐，乃欲悉驅其人共入山保。焉耆左候元孟先嘗質京師，密遣使以事告超，超即斬之，示不信用。乃期大會諸國王，因揚聲當重加賞賜，於是焉耆王廣、尉犁王汎及北鞬支等三十人相率詣超。其國相腹久等十七人懼誅，皆亡入海，而危須王亦不至。坐定，超怒詰廣曰：「危須王何故不到？腹久等所緣逃亡？」遂叱吏士收廣、汎等於陳睦故城斬之，傳首京師。因縱兵鈔掠，斬首五千餘級，獲生口萬五千人、馬畜牛羊三十餘萬頭，更立元孟為焉耆王。超留焉耆半歲，慰撫之。於是西域五十餘國悉皆納質內屬焉。

注釋

1厲度：涉水而過。2晦：農曆每月的末一天。

譯文

焉耆國有一處險要叫葦橋，廣就切斷此橋，不想讓漢軍入國。班超便從別的道路涉水而過。七月末這天，到達焉耆，距城二十里，在大澤中安營。廣始料未及，十分驚恐，便想把他的人全部驅趕到山中據守。焉耆左候元孟從前曾在京師做人質，就祕密派使者將此事通告班超，班超當即殺來使，以表示不信任他。就約定日期大會諸國國王，藉此揚言要重加賞賜，於是焉耆王廣、尉犁王汎以及北鞬支等三十多人相繼來到班超處。焉耆國相腹久等十七人害怕被殺，都逃亡入海，而危須王也沒到。諸王坐定，班超怒斥廣說：「危須王為甚麼不到？腹久等人為甚麼逃亡？」便叱令吏士收捕廣、汎等，在陳睦故城殺了他們，將首級傳送到京師。接着便縱容士兵搶掠，斬首五千餘級，活捉俘虜一萬五千人，繳獲馬匹、牛羊等牲畜三十多萬頭，改立元孟為焉耆王。班超留在焉耆半年，撫慰那裏。於是西域五十多國都送納人質而臣屬於內地朝廷。

超自以久在絕域，年老思土。十二年，上疏曰：「臣聞太公封齊，五世葬周，狐死首丘[1]，代馬依風[2]。夫周齊同在中土千里之間，況於遠處絕域，小臣能無依風首丘之思哉？蠻夷之俗，畏壯侮老。臣超犬馬齒殲[3]，常恐年衰，奄忽僵仆[4]，孤魂棄捐。昔蘇武留匈奴中尚十九年，今臣幸得奉節帶金銀護西域，如自以壽終屯部，誠無所恨，然恐後世或名臣為沒西域。臣不敢望到酒泉郡，但願生入玉門關。臣老病衰困，冒死瞽言[5]，謹遣子勇隨獻物入塞。及臣生在，令勇目見中土。」而超妹同郡曹壽妻昭亦上書請超。

注釋

1狐死首丘：傳説狐狸臨死時，頭必朝向出生的山丘，比喻不忘本或懷念故土。2代馬依風：代，古國名，泛指北方。北方所產的馬總是懷戀北邊吹來的風。比喻人心眷戀故土，不願老死他鄉。3犬馬齒：臣子對君上卑稱自己的年齡。殲：盡。4奄忽：疾速，倏忽。5瞽言：謙詞，不明事理的言論。

譯文

班超久居邊遠之地，年老而思念故土。和帝永元十二年，他上疏説：「我聽説姜太公雖分封於齊，但五代都安葬在周，狐死首丘，代馬依風。周齊都在中原，不過千里之間，何況遠處極遠之地，小臣能沒有依風首丘的思念嗎？蠻夷民俗，畏懼壯年欺侮老者。臣班超犬馬齒盡，常擔心年老體衰，突然倒下，孤魂拋棄。從前蘇武滯留匈奴約十九年，現在臣有幸得以奉節持金銀之印護衞西域，如果臣自身壽終於屯戍地，確實死而無憾，但是擔心後代或名臣也被埋在西域。臣不敢奢望能到酒泉郡，但願能活着進入玉門關。臣老弱多病、衰弱困頓，冒死胡言，謹遣兒子班勇隨同進貢物品入塞。趁我還活着，讓他親眼見到中原。」班超的妹妹、同郡曹壽的妻子班昭也上書為班超請求此事。

書奏，帝感其言，乃徵超還。

譯文　奏書奉上，和帝被班昭的話所感動，於是便徵召班超回朝。

超在西域三十一歲。十四年八月至洛陽，拜為射聲校尉[1]。超素有胸脅疾，既至，病遂加。帝遣中黃門問疾[2]，賜醫藥。其年九月卒，年七十一。朝廷愍惜焉[3]，使者弔祭，贈賵甚厚[4]。子雄嗣。

注釋

1射聲校尉：掌管宿衞兵，秩比二千石。2中黃門：宦官名，因侍奉禁中的黃門之內，故名。3愍惜：憐恤。4贈賵（粵：諷；普：fèng）：贈送車馬等以助人送葬。賵，送給喪家助葬的車馬等物。

譯文

班超在西域三十一年。和帝永元十四年（一〇二）八月到洛陽，拜為射聲校尉。班超有胸脅的疾病，到洛陽後，病情就加重了。和帝派中黃門探問疾病，賜給醫藥。當年九月班超去世，年七十一歲。朝廷憐惜他，派使者弔唁祭拜，贈送豐厚的喪葬用財物。兒子班雄繼承了爵位。

初，超被徵，以戊己校尉任尚為都護。與超交代[1]。尚謂超曰：「君侯在外國三十餘年，而小人猥承君後[2]，任重慮淺，宜有以誨之。」超曰：「年老失智，任君數當大位，豈班超所能及哉！必不得已，願進愚言。塞外吏士，本非孝子順孫，皆以罪過徙補邊屯。而蠻夷懷鳥獸之心，難養易敗。今君性嚴急，水清無大魚，察政不得下和[3]。宜蕩佚簡易[4]，寬小過，總大綱而已。」超去後，尚私謂所親曰：「我以班君當有奇策，今所言平平耳。」尚至數年，而西域反亂，以罪被徵，如超所戒。

注釋 1交代：接替，移交。2猥：猶辱，謙詞。3察：清高、清白。4蕩佚：放縱。簡易：簡單易行。

譯文 起初，班超被召回時，朝廷以戊己校尉任尚為都護。他與班超進行交接。任尚對班超說：「君侯在外國三十多年，而我有幸承接您之後，任務重大而我見識短淺，您應該對我有所教誨吧。」班超說：「我年老喪失了智力，任君屢居要職，哪裏是班超比得上的啊！非要説點甚麼的話，願意提些愚笨的建議。塞外的軍吏、士卒，本不是孝子順孫，都是因犯罪被發配到邊疆屯戍的。而蠻夷包藏禽獸之心，難以馴養，容易壞事。如今您性情嚴厲急躁，水清則無大魚，清政則得不到下屬的親和。應該鬆弛簡易，寬赦小過，把握大綱而已。」班超離開後，任尚私下對親近的人説：「我以為班君肯定會有些奇策，可今日所言平平淡淡而已。」任尚到任幾年後，西域叛亂，他因罪而被徵回，正如班超所告誡的那樣。

賞析與點評

「水清無大魚，察政不得下和」，此語可謂官場古訓。拿前半句去問漁夫，他一定回答「當然」；以後半句去問官僚，其回答恐怕莫衷一是。其實後者要複雜得多，所以班超在下一句具體解釋為「宜蕩佚簡易，寬小過，總大綱而已」。即所謂「小過」可以糊塗，「大綱」不能放鬆，事必躬親以及毫無原則都不可取。事情頭緒再多，均可以「大」、「小」劃分，一張一弛之間，顯見管理藝術。而既然是藝術，應該不僅限於班超所言邊境事務吧！

楊震列傳

本篇導讀——

東漢是士大夫階層崛起於朝廷的時代，士大夫作為抗衡外戚、宦官等濁流勢力的清流勢力，湧現出衆多的優秀人物。人稱「關西孔子」的楊震是當時文人從政、不畏強暴的典型。本傳通過楊震五十入仕、治家清貧、夜拒重金、舉薦賢士、杜絕請託、切諫朝廷、屢遭讒言、飲鴆自殺等一系列感人事迹，為後代樹立起士大夫清白廉潔治政的楷模。

楊震字伯起，弘農華陰人也。八世祖喜，高祖時有功，封赤泉侯[1]。高祖敞，昭帝時為丞相，封安平侯[2]。父寶，習《歐陽尚書》。哀、平之世，隱居教授。居攝二年，與兩龔、蔣詡俱徵[3]，遂遁逃，不知所處。光武高其節。建武中，公車特徵，老病不到，卒於家。

注釋　1楊喜因垓下之戰追殺項羽有功而封侯。事見《史記》。2楊敞，司馬遷女婿。3兩龔：龔勝字君賓，龔舍字君倩。蔣詡：字元卿。三人都以高節著名。事見《漢書》。

譯文　楊震，字伯起，弘農郡華陰縣人。八世祖楊喜，在高祖時有功，封赤泉侯。高祖楊敞，昭帝時為丞相，封安平侯。父楊寶，治《歐陽尚書》之學。他在哀帝、平帝時期，隱居教授。居攝二年（七），與兩龔、蔣詡一同被徵召，竟至逃遁，不知去向。光武帝高度評價他的節操。建武年間，朝廷派公車特別徵召他，他因年老患病未到，逝於家中。

震少好學，受《歐陽尚書》於太常桓郁，明經博覽，無不窮究。諸儒為之語曰：「關西孔子楊伯起。」常客居於湖，不荅州郡禮命數十年，衆人謂之晚暮，而震志愈篤。後有冠雀銜三鱣魚[1]，飛集講堂前，都講取魚進曰[2]：「蛇鱣者，卿大夫服之象也。數三者，法三臺也。先生自此升矣。」年五十，乃始仕州郡。

注釋　1冠雀：即鸛雀。鱣：《韓非子》云：「鱣似蛇。」鱣，通「鱓」。2都講：學舍中協助博士講經的儒生，一般選擇高材者充之。進：呈上。

譯文　楊震少年好學，跟隨太常桓郁學習《歐陽尚書》，通曉經典，博覽羣書，沒有他不窮究的問題。諸儒為此稱他為：「關西孔子楊伯起。」他經常客居於湖城縣，數十年沒有答應過州郡官府的禮聘和任命，眾人認為他晚年暮氣，而他卻心志愈加堅定。後來有鸛雀銜三條鱣魚，飛集在講堂前，都講取來魚呈上說：「蛇鱣，是卿大夫服飾的圖像。三數，是效法三公臺府。先生自此要升遷了。」（他）五十歲時，才開始出任州郡官。

大將軍鄧騭聞其賢而辟之，舉茂才，四遷荊州刺史、東萊太守。當之郡，道經昌邑，故所舉荊州茂才王密為昌邑令，謁見，至夜懷金十斤以遺震。震曰：「故人知君，君不知故人，何也？」密曰：「暮夜無知者。」震曰：「天知，神知，我知，子知。何謂無知！」密愧而出。後轉涿郡太守。性公廉，不受私謁[1]。子孫常蔬食步行，故舊長者或欲令為開產業，震不肯，曰：「使後世稱為清白吏子孫，以此遺之，不亦厚乎！」

注釋

1 **私謁**：因私事而干謁請託。謁，拜見，請求。

譯文

大將軍鄧騭聽說他有賢才而徵召他，舉薦他為茂才，四次升遷至荊州刺史、東萊太守。當他到郡府赴任時，途經昌邑（今山東巨野），以前他所舉薦的荊州茂才王密為昌邑令，前來謁見，到夜晚懷藏十斤金送給楊震。楊震說：「故人知君，君不知故人，為甚麼呢？」王密說：「夜晚沒有誰知道。」楊震說：「天知，神知，我知，你知。甚麼叫沒有誰知道！」王密愧愧而出。後來轉任涿郡太守。他生性公正廉潔，不接受私下謁見。子孫經常蔬食步行，舊友長輩中有人想讓他設置產業，楊震不肯，說：「使後代被稱為清白吏的子孫，以此遺留給他們，不也很豐厚嗎！」

賞析與點評

在物欲橫流的當今社會，遺產糾紛已經成為一大社會疾病。古代人的遺產問題看來也不會太少，否則古書中為甚麼會有那麼多褒獎推讓遺產的美談呢？比如上古孤竹國二王子伯夷、叔齊雙雙放棄國家繼承權，逃亡出國是美德；春秋范蠡放棄高官厚祿，下海經商受讚譽；西漢有「遺子黃金滿籯，不如教子一經」的民謠，以放棄金錢繼承學問為風雅；東漢楊震所謂「使後世稱為清白吏子孫，以此遺之，不亦厚乎」，則是以放棄名利，繼承「清白」道德為崇高。由此而論，在遺產繼承的取捨之間，竟有從繼承王公爵位，繼承高官厚祿，繼承財物金錢，繼承書本學問，直至繼承道德品質的層次遞進過程。其中，不能不說東漢士大夫已經達到了至高無上的精神境界。

元初四年，徵入為太僕，遷太常。先是博士選舉多不以實，震舉薦明經名士陳留楊倫等，顯傳學業，諸儒稱之。

譯文　元初四年（一一七），應徵入朝任太僕，遷升太常。在此之前選舉出的博士多名不副實，楊震舉薦明了經文的名士陳留楊倫等人，他們都能出色地傳授學業，頗受諸儒的稱讚。

永寧元年，代劉愷為司徒。明年，鄧太后崩，內寵始橫。安帝乳母王聖，因保養之勤，緣恩放恣；聖子女伯榮出入宮掖，傳通姦賂。震上疏曰：「……《易》

曰：『無攸遂[1]，在中饋[2]。』言婦人不得與於政事也。宜速出阿母，令居外舍，斷絕伯榮，莫使往來，令恩德兩隆，上下俱美。」奏御，帝以示阿母等，內倖皆懷忿恚。而伯榮驕淫尤甚，與故朝陽侯劉護從兄瓌交通，瓌遂以為妻，得襲護爵，位至侍中。

注釋

1 攸：文言語助詞，無義。遂：專擅。2 饋：進食於人。

譯文

永寧元年（一二〇），楊震代劉愷為司徒。第二年，鄧太后駕崩，宮內受寵的人開始橫行。安帝乳母王聖，因保育之勞，憑藉恩寵而放縱；王聖的子女伯榮出入宮廷，傳送疏通奸邪賄賂。楊震上疏說：「……《易》曰：『夫人不能擅自行事，在家中侍奉進食。』是說婦人不得參與政事。應盡快讓阿母出宮，讓她居住外面，斷絕她與伯榮的聯絡，不要讓她們往來，使恩與德兩相隆盛，上與下兩全其美。」上奏之後，安帝將奏疏給阿母等人看了，內宮受寵的人都對楊震滿懷憤慨。而伯榮驕淫格外嚴重，與故朝陽侯劉護堂兄劉瓌私通，劉瓌最終娶她為妻，得以繼承劉護的爵位，官位做到侍中。

延光二年，代劉愷為太尉。帝舅大鴻臚耿寶薦中常侍李閏兄於震，震不從。寶乃自往候震曰：「李常侍國家所重[1]，欲令公辟其兄[2]，寶唯傳上意耳。」震曰：「如朝廷欲令三府辟召，故宜有尚書勑。」遂拒不許，寶大恨而去。皇后兄執金吾閻顯亦薦所親厚於震，震又不從。司空劉授聞之，即辟此二人，旬日中皆見拔擢。由是震益見怨。

注釋

1國家：公家、朝廷。2公：敬辭，尊稱男子。

譯文

延光二年（一二三），楊震代劉愷為太尉。帝舅大鴻臚耿寶舉薦中常侍李閏兄給楊震，楊震沒有聽從。耿寶於是自己前往拜訪楊震說：「李常侍是朝廷所倚重的人物，想要讓您召辟他的兄長，耿寶只是傳達上方旨意而已。」楊震說：「如果朝廷有意讓三府召辟，本該有尚書的勑令。」終究拒絕沒有允許，耿寶非常憤恨地離去。皇后兄執金吾閻顯也舉薦他所親近的人給楊震，楊震又未聽從。司空劉授聽說此事，立即召辟了此二人，（二人）十日之中都被提拔。由此楊震更加被人怨恨。

時詔遣使者大為阿母脩第，中常侍樊豐及侍中周廣、謝惲等更相扇動，傾搖朝廷。震復上疏曰：「……伏見詔書為阿母興起津城門內第舍[1]，合兩為一，連里竟街[2]，雕修繕飾，窮極巧伎。今盛夏土王，而攻山採石，其大匠左校別部將作合數十處[3]，轉相迫促，為費巨億[4]。周廣、謝惲兄弟，與國無肺腑枝葉之屬[5]，依倚近倖姦佞之人，與樊豐、王永等分威共權，屬託州郡[6]，傾動大臣。宰司辟召[7]，承望旨意，招來海內貪污之人，受其貨賂，至有臧錮棄世之徒復得顯用[8]。白黑溷淆，清濁同源，天下讙譁，咸曰財貨上流，為朝結譏。臣聞師言：『上之所取，財盡則怨，力盡則叛。』怨叛之人，不可復使，故曰：『百姓不足，君誰與足？』惟陛下度之。」豐、惲等見震連切諫不從，無所顧忌，遂詐作詔書，調發司農錢穀、大匠見徒材木，各起家舍、園池、廬觀，役費無數。

注釋

1津城門：洛陽城南面西頭城門。2里：即坊。竟：遍，全。3大匠：將作大匠的略稱，即職掌宮室、宗廟、陵寢及其他土木營建的大臣。左校：將作大匠的下屬官吏。將作：施行。4巨億：數以億計，極言其多。5肺腑：同「肺附」。比喻帝王的宗室近親。枝葉：比喻臣僚、部屬。6屬託：囑託、託付。屬通「囑」。7宰司：謂百官之長，處宰輔之位者。8臧錮：謂因收受賄賂而被監禁。棄世：人死的婉辭。9見徒：現被拘禁執役的囚犯。

譯文

當時安帝下詔派遣使者為阿母大修宅第，中常侍樊豐及侍中周廣、謝惲等更相煽動，動搖朝廷。楊震又上疏曰：「……臣見朝廷下詔書為阿母興建津城門內的第舍，合兩坊而為一宅。坊與坊相連，以致佔據了街道，雕飾修繕，極盡巧技。如今正值盛夏而土氣旺盛，攻山採石，將作大匠左校分別部署施行的工程合計數十處，轉相催促，耗資巨大。周廣、謝惲兄弟，與那些國中沒有皇親、僚屬關係，而依靠近幸奸佞的人，與樊豐、王永等分享威嚴，共同操縱權柄，請託州郡長官，翻弄朝中大臣。朝廷辟用徵召官員，要秉承他們的旨意，招來海內貪婪之人，接受他們財貨賄賂，以致有因貪贓受賄被監禁、判死刑的人重新得到重用的情況。黑白混淆，清濁同流，天下為之譁然，都說錢財歸於上層，為朝廷造成讓人譏諷的話柄。臣聞師說：『皇上對下的索取，將財物取盡的話則生怨恨，將勞力用盡的話則遭反叛。』怨恨、反叛之人，就無法再役使了，所以說：『百姓不能富足，你又怎麼算得上真正的富足？』希望陛下認真考慮此事。」樊豐、謝惲等人見楊震接連直諫而不被接受，於是無所顧忌，竟至偽造詔書，調發司農掌管的錢穀、大匠的材木，各自興建家舍、園池、廬觀，耗費勞役錢財無數。

震前後所上，轉有切至[1]，帝既不平之，而樊豐等皆側目憤怨，俱以其名儒，未敢加害。尋有河間男子趙騰詣闕上書，指陳得失。帝發怒，遂收考詔獄，結以罔上不道[2]。震復上疏救之……。帝不省，騰竟伏尸都市。

注釋

1轉：輾轉，傳遞。切至：切直盡理。2罔上：欺騙君上。

譯文

楊震前前後後上疏，輾轉之中懇切率直、充滿道理，安帝已經對他心存不滿，而樊豐等人又都側目憤怒怨恨，但因他是名儒，未敢加害。不久有河間男子趙騰到朝廷上書，指摘陳述朝政得失。安帝發怒，於是抓進詔獄拷問，判以欺君不道罪名。楊震又上疏營救……。安帝不省悟，趙騰終被處死並曝屍於都市。

會三年春，東巡岱宗，樊豐等因乘輿在外，競修第宅，震部掾高舒召大匠令史考校之[1]，得豐等所詐下詔書，具奏，須行還上之。豐等聞，惶怖，會太史言星變逆行，遂共譖震云[2]：「自趙騰死後，深用怨懟；且鄧氏故吏，有恚恨之心。」及車駕行還，便時太學，夜遣使者策收震太尉印綬，於是柴門絕賓客[3]。豐等復惡之，乃請大將軍耿寶奏震大臣不服罪，懷恚望，有詔遣歸本郡。震行至城西几陽亭，乃慷慨謂其諸子門人曰：「死者士之常分[4]。吾蒙恩居上司，疾姦臣狡猾而不能誅，惡嬖女傾亂而不能禁，何面目復見日月！身死之日，以雜木為棺，布單被裁足蓋形[5]，勿歸冢次，勿設祭祠。」因飲酖而卒，時年七十餘。弘農太守移良承樊豐等旨[7]，遣吏於陝縣留停震喪[6]，露棺道側，謫震諸子代郵行書[8]，道路皆為隕涕。

注釋

1史：府吏。2譖：說別人的壞話，誣陷。3柴門：杜門，閉門。4常分：定分。謂人事均由命運前定，人力難以改變。5裁：通「才」，僅，方。形：形體，身體。6喪：屍體。7移良：人名。8謫：處罰，懲罰。郵：驛站。

譯文

適逢三年春，安帝東巡岱宗，樊豐等人趁皇帝外出，競相修建第宅，楊震的部掾高舒召將作大匠屬令的府吏來考查核對，發現了樊豐等人所偽造下發的詔書，準備奏疏，但須等到安帝巡行回來才上奏。樊豐等聽說後，很恐惶，正趕上太史報告說星象有變動，出現逆行，於是共同誹謗楊震說：「自從趙騰死後，他非常怨恨；而且他本是鄧氏徵辟的故吏，存有懷恨之心。」等到安帝車駕還朝，選擇吉日進入太學，連夜派使者持策命沒收了楊震的太尉印綬，於是楊震閉門謝絕賓客。樊豐等更加恨他，就請大將軍耿寶上奏，說楊震身為大臣不服罪，心懷怨恨，詔令將他遣送回本郡。楊震行至城西几陽亭，便悲歎着對他的衆兒、門人說：「死，是人命裏注定。我承蒙朝廷的恩典而位居高官，痛恨奸臣狡猾而不能誅殺，憎惡嬖女作亂而不能禁止，有何面目再見日月！我死之日，請以雜木製作棺具，布單被僅能蓋在身上即可，不要回鄉歸葬於祖墳，不要設置祭祠發喪。」於是飲酖而亡，時年七十餘歲。弘農太守移良秉承樊豐等人旨意，派遣官吏在陜縣停止移送楊震的屍體歸鄉，將棺木放置道旁，懲罰楊震的兒子們代行郵驛職責，傳送文書，路人都為之落淚。

黨錮列傳序

本篇導讀——

黨錮事件直至東漢末年延續了二十餘年，甚至成為漢朝滅亡的一個重要因素。東漢後期君權衰弱，朝政為外戚、宦官等當時被稱為「濁流」的腐敗勢力把持，造成了中國歷史上少見的政治昏暗局面。為此，士大夫官僚與在野文士兩相呼應，代表「清流」奮起抗爭。由此他們的學派朋黨逐漸成為了政治黨派，所謂「黨人」成為政權的敵人，他們或遭殺害，或被終身禁錮不得為官，最終演變為親屬、門生、故吏連坐受害的慘烈局面。范曄為重現這段歷史，盡最大努力收集了被迫害的三十五個黨人，將他們排列成傳，即《黨錮列傳》。限於篇幅，這裏僅錄傳序以饗讀者。

孔子曰：「性相近也，習相遠也。」[1]言嗜惡之本同，而遷染之塗異也[2]。夫刻意則行不肆，牽物則其志流[3]。是以聖人導人理性，裁抑宕佚[4]，慎其所與，節其所偏，雖情品萬區[5]，質文異數[6]，至於陶物振俗[7]，其道一也。叔末澆訛[8]，王道陵缺[9]，而猶假仁以效己，憑義以濟功。舉中於理，則強梁褫[10]氣；片言違正，則厮臺解情[11]。蓋前哲之遺塵，有足求者。

注釋

1語出《論語．陽貨》。2塗：同「途」。3流：放縱，無節制。4宕佚：同「蕩逸」。放蕩，放逸。5情品：性格。區：區別。6質文：實質內容與外在形式。異數：等次不同，程度不一。7陶物：教化培養，使人成才。8叔末：衰亡的時代（特指春秋時期）。古時兄弟按伯（孟）、仲、叔、季排行，叔、季屬於末位。所以「叔末」亦稱「季末」。澆訛：浮薄詐偽。9王道：儒家以仁義治天下的政治主張。陵缺：敗壞殘缺。10褫（粵：恥；普：chǐ）：剝奪。11厮臺：卑賤者。

譯文

孔子說：「人性情本相近，因為習染不同，便相距懸遠。」這是説人的好惡之性原本無差別，而習染變遷的途徑卻不同。克制欲望則行為不放肆，為物欲所牽制則其意志放縱。所以聖人引導人的本性，遏制放蕩，使其謹慎結交，節制其好惡的偏頗，雖然性格有衆多區別，內容與形式也有等次的不同，至於陶冶教化，振奮俗尚，其途徑是一樣的。衰亡的春秋時代，風俗浮薄詐偽，王道殘缺，而世人仍能憑藉仁義以貢獻一己之力，成就功業。舉止合於理義，則強橫之人也會為之奪氣；片言背離正義，則賤人奴婢也會因此離心。因為先哲之遺風，尚有足可追求者。

霸德既衰，狙詐萌起。彊者以決勝為雄，弱者以詐劣受屈。至有晝半策而綰萬金[1]，開一說而錫琛瑞[2]。或起徒步而仕執珪[3]，解草衣以升卿相[4]。士之飾巧馳辯，以要能釣利者[5]，不期而景從矣[6]。自是愛尚相奪，與時回變[7]，其風不可留，其敝不能反。

注釋

1綰：繫結。2錫：同「賜」，賞賜。琛瑞：瑞玉，碧玉。琛，珍寶。瑞，古代作為憑信的玉器。3執珪：以手執珪。古代大夫以上可以執珪，因而又指稱仕宦。珪，同「圭」，古代帝王或諸侯在舉行典禮時拿的一種玉器，上圓（或劍頭形）下方。4卿相：執政大臣。5要能：博取能名。要，求。6景從：同「影從」。如影隨形，比喻追隨之緊或趨之若鶩。7與時：逐時，追逐時機。回變：轉變。亦作「迴變」。

譯文

春秋五霸之德既已衰落，戰國時代狡猾奸詐萌生。強者以戰爭取勝稱雄，弱者以詐術拙劣受屈辱。以致有人以謀劃半個計策而獲萬金，提出一種主張而賞賜寶玉。有的平民徒步而來即刻被任命為官，脱下草衣就被提拔為卿相。士人之所以弄巧善辯，因為可以由此邀名釣利，所以不期而遇，如影隨形。自此喜愛與崇尚不但相互爭奪，而且隨時轉變，那種風氣無法停止，那種弊端無法消除。

及漢祖杖劍，武夫敎興，憲令寬賒[1]，文禮簡闊，緒餘四豪之烈[2]，人懷陵上之心，輕死重氣，怨惠必讎，令行私庭[3]，權移匹庶，任俠之方[4]，成其俗矣。自武帝以後，崇尚儒學，懷經協術，所在霧會[5]，至有石渠分爭之論[6]，黨同伐異之說[7]，守文之徒[8]，盛於時矣。至王莽專偽，終於篡國，忠義之流，恥見纓紼，遂乃榮華丘壑，甘足枯槁[9]。雖中興在運，漢德重開，而保身懷方，彌相慕襲，去就之節[10]，重於時矣。逮桓靈之間，主荒政繆，國命委於閹寺，士子羞與為伍[11]，故四夫抗憤，處士橫議，遂乃激揚名聲，互相題拂，品覈公卿[12]，裁量執政，婞直之風，於斯行矣。

注釋

1賒：緩；寬大，寬容。2緒餘：本意為抽絲後留在蠶繭上的殘絲，借指事物之殘餘。四豪：戰國四公子，即魏國信陵君魏無忌、趙國平原君趙勝、楚國春申君黃歇、齊國孟嘗君田文。3讎：報答，報復。私庭：私家。4匹庶：平民。任俠：見義勇為者。任，相互信賴。俠，是非一致。方：類別。5協術：精通儒術。協，通「挾」。懷藏。霧會：會集如霧聚雲合。6石渠：即石渠閣。西漢皇室藏書之處，在長安未央宮殿北。史載為蕭何所建，其下設置石渠導水，故為閣名。宣帝時，集諸儒於石渠閣，講論五經異同，會上觀點相同者結為朋黨，攻伐異己者。最後由宣帝親自裁決，以為定論。與會者的奏疏曾被輯成《石渠閣義奏》一書。7黨同伐異：原指學術上派別之間的鬥爭，後來泛指集團之間的鬥爭。8守文：墨守舊說，恪守陳規。9纓紼（粵：佛；普：fú）：冠帶與印帶。甘足：甘願；滿足。枯槁：枯萎，憔悴，貧困潦倒。10去就：離去或接近；任官職或不任官職。此為偏正詞組，義偏於「去」，離去，辭官。11閹寺：宦官。閹，割去雄性生殖器。寺，官署。為伍：做同伴；看作同類。12題拂：提攜。題，說起；提起。後多作「提」。拂，通「弼」，輔助。品：品評。覈：考核。

譯文

到漢祖持劍起兵，武夫勢力蓬勃興起，法令寬緩，禮儀制度疏略，續承戰國四公子之遺風，人人懷有犯上之心，以死事為輕，以義氣為重，仇恨、恩惠必定相報，命令行使於私家，權力轉移至平民，任俠之類的人，促成了這一風俗。自武帝以後，崇尚儒學，知經典通儒術之士，所到之處會集如雲，以至於有石渠閣會議的爭論，與自己觀點相同的就袒護，與自己觀點相異就攻擊，墨守舊説之徒，盛行一時。到王莽專心於虛偽，最終篡奪君位，忠義之人，以做官為恥，就以棲身山谷為榮華，以甘心貧困為富貴。雖然東漢中興是國運所在，漢朝德化重新開啓，而人們還是但求身心自保，懷藏方略而不用，更加相互羨慕仿效，辭官不做的節操，為當時人所看重。到桓帝、靈帝年間，君主荒唐，政治混繆，國家權柄任於宦官，士人子弟恥於與他們為伍，所以平民百姓激昂憤慨，隱居不仕者恣意議論，於是激勵宣揚名譽聲望，互相提攜，品評公卿，鑒別執政者，倔強剛直之風氣，由此流行開來。

賞析與點評

以上一段是此序言的精彩開篇，區區六百字左右，將戰國至漢末六百餘年的社會風氣，概括得淋漓盡致，將二百五十年的戰國風俗概括為從「王道」遺塵尚可求，發展至「強者」提拔「草衣」卿相之風「不能反」的變化；將西漢二百年勾勒為漢初「武夫」得勢，任俠「成其俗」，至漢武帝以後崇尚儒學造成「黨同伐異」而「守文之徒盛於時」；將東漢二百年總括為王莽時「忠義之流」退隱，東漢初「去就之節重於時」，從桓靈年間開始，匹夫處士「品覈公卿，裁量執政，婞直之風，於斯行矣」。不僅語言流暢而且引經據典、條理分明，其文采及史識絕不輸給「馬班」。力薦讀者將其作為必須背誦的佳作予以重視。

夫上好則下必甚，矯枉故直必過[1]，其理然矣。若范滂、張儉之徒，清心忌惡[2]，終陷黨議[3]，不其然乎？

注釋

1矯枉：矯正彎曲。枉，彎曲。2清心：清白之心。3黨議：朋黨之間的爭論、非議。黨，朋黨，指由私人利害關係結成的集團。

譯文

在上者喜好甚麼，在下者必愛好得更厲害，要想將彎曲矯正到原來的直度，必須過度地矯正，道理就是這樣。像范滂、張儉之類的人，本以清白之心憎恨邪惡，最終卻墜入朋黨之爭，不也是這樣嗎？

初，桓帝為蠡吾侯，受學於甘陵周福，及即帝位，擢福為尚書。時同郡河南尹房植有名當朝，鄉人為之謠曰：「天下規矩房伯武[1]，因師獲印周仲進。」二家賓客，互相譏揣，遂各樹朋徒，漸成尤隙，由是甘陵有南北部，黨人之議，自此始矣。後汝南太守宗資任功曹范滂，南陽太守成瑨亦委功曹岑晊[2]，二郡又為謠曰：「汝南太守范孟博，南陽宗資主畫諾[3]。南陽太守岑公孝，弘農成瑨但坐嘯。」因此流言轉入太學[4]，諸生三萬餘人，郭林宗、賈偉節為其冠，並與李膺、陳蕃、王暢更相襃重。學中語曰：「天下模楷李元禮，不畏強禦陳仲舉[5]，天下俊秀王叔茂。」又渤海公族進階[6]、扶風魏齊卿，並危言深論，不隱豪強。自公卿以下，莫不畏其貶議，屣履到門[7]。

注釋

1規矩：規和矩，校正方圓的兩種工具，引申為標準、規範。2任：信賴。委：任。3畫諾：主管官員在文書上簽字，表示同意照辦。4太學：國學，中國古代設在京城的最高學府。5強禦：豪強，有權勢的人。6公族：姓，名為進階。7屣履：拖着鞋子走路，形容急忙的樣子。

譯文

當初，桓帝做蠡吾（西漢縣名，位於今河北保定）侯時，跟隨甘陵（東漢縣名，位於今河北邢臺）人周福（字仲進）學習，到他即位皇帝時，就提拔周福擔任尚書。當時周福的同郡人河南尹房植（字伯武）聞名當朝，故鄉人給他倆編了首歌謠：「天下規矩房伯武，因師獲印周仲進。」兩家的賓客，互相譏評猜度，最終各自樹立黨徒，逐漸產生嫌隙，從此甘陵出現南北兩派，黨人的言論，就是由此開始的。後來汝南太守宗資信賴功曹范滂（字孟博），南陽太守成瑨也信賴功曹岑晊（字公孝），兩郡又編出歌謠說：「汝南太守是范孟博，南陽宗資主管畫押和承諾。南陽太守是岑公孝，弘農人成瑨只管坐在那裏叫。」因這些流傳的話輾轉傳入太學，眾學生三萬多人，以郭林宗、賈偉節為首，一起與李膺（字元禮）、陳蕃（字仲舉）、王暢（字叔茂）等相互褒獎推崇。太學中傳言：「天下楷模李元禮，不畏權勢陳仲舉，天下俊秀王叔茂。」另外渤海人公族進階、扶風人魏齊卿，都敢發正直之言和深刻的議論，不避豪強。自公卿之下，沒有人不害怕他們的批評議論，都匆忙去造訪。

時河內張成善說風角[1]，推占當赦，遂教子殺人。李膺為河南尹，督促收捕，既而逢宥獲免[2]，膺愈懷憤疾，竟案殺之。初，成以方伎交通宦官[3]，帝亦頗誶其占[4]。成弟子牢脩因上書誣告膺等養太學遊士，交結諸郡生徒，更相驅馳[5]，共為部黨，誹訕朝廷，疑亂風俗。於是天子震怒，班下郡國[6]，逮捕黨人，布告天下，使同忿疾，遂收執膺等。其辭所連及陳寔之徒二百餘人，或有逃遁不獲，皆懸金購募。使者四出，相望於道。明年，尚書霍諝、城門校尉竇武並表為請，帝意稍解，乃皆赦歸田里，禁錮終身。而黨人之名，猶書王府[7]。

注釋

1風角：觀四方四角之風以占凶吉的占卜法。2宥：寬容，饒恕。3方伎：同「方技」，指醫、卜、星、相之術。4誶（粵：睡；普：suì）：問。5驅馳：盡力奔走效勞。6班：通「頒」。7王府：即「三府」，指太尉、司徒、司空府。

譯文

當時河內人張成善於解說風角占術，他推測將有大赦，就讓兒子去殺人。李膺任河南尹，督促逮捕他，不久就遇赦被免罪，李膺更加憤慨，竟然判死罪殺了他。

當初，張成利用方技勾結宦官，桓帝也經常向他問詢占卜之事。張成的弟子牢脩因此上書誣告李膺等豢養太學的遊學文人，勾結各郡的生徒，相互奔走效勞，共同結為朋黨，誹謗譏諷當朝，惑亂風俗。於是天子盛怒，頒佈詔令至郡國，逮捕黨人，通告天下，讓天下人共同憤怒憎惡，於是逮捕李膺等人。他們的供辭牽連陳寔等兩百多人，那些逃走沒有被抓的人，全都被懸賞通緝。使者出沒四方，路上隨處可見。第二年，尚書霍諝、城門校尉竇武一起上奏為他們求情，桓帝的怒氣稍退，就全部赦免，讓他們回鄉，終身禁錮不得做官。而黨人的名字，依然記載在王府。

自是正直廢放，邪枉熾結[1]，海內希風之流[2]，遂共相摽搒[3]，指天下名士，為之稱號。上曰「三君」，次曰「八俊」，次曰「八顧」，次曰「八及」，次曰「八廚」，猶古之「八元」、「八凱」也[4]。竇武、劉淑、陳蕃為「三君」。君者，言一世之所宗也。李膺、荀翌、杜密、王暢、劉祐、魏朗、趙典、朱寓為「八俊」。俊者，言人之英也。郭林宗、宗慈、巴肅、夏馥、范滂、尹勳、蔡衍、羊陟為「八顧」。顧者，言能以德行引人者也。張儉、岑晊、劉表、陳翔、孔昱、苑康、檀敷、翟超為「八及」。及者，言其能導人追宗者也。度尚、張邈、王考、劉儒、胡母班、秦周、蕃嚮、王章為「八廚」。廚者，言能以財救人者也。

注釋

1熾結：緊密勾結。2希風：仰慕風格節操。3摽搒：同「標榜」。4八元、八凱：傳說上古顓頊有八才子曰「八凱」，帝嚳有八才子曰「八元」。

譯文

從此，正直的人被廢黜流放，邪惡勢力緊密勾結，海內仰慕風格節操的人，就相互標榜，指點天下的名士，命名以稱號。最上等的稱為「三君」，其次為「八俊」，其次為「八顧」，其次為「八及」，其次為「八廚」，猶如古時的「八元」、「八凱」。竇武、劉淑、陳蕃為「三君」。所謂君，是說他們為一代人所尊重敬仰。李膺、荀翌、杜密、王暢、劉祐、魏朗、趙典、朱寓為「八俊」。所謂俊，是說他們是人類的精英。郭林宗、宗慈、巴肅、夏馥、范滂、尹勳、蔡衍、羊陟為「八顧」。所謂顧，是說他們能以德行引導人們。張儉、岑晊、劉表、陳翔、孔昱、苑康、檀敷、翟超為「八及」。所謂及，是說他們能引導人們追隨典範。度尚、張邈、王考、劉儒、胡母班、秦周、蕃向、王章為「八廚」。所謂廚，是說他們能以財物救助他人。

又張儉鄉人朱並，承望中常侍侯覽意旨，上書告儉與同鄉二十四人別相署號，共為部黨，圖危社稷。以儉及檀彬、褚鳳、張肅、薛蘭、馮禧、魏玄、徐乾為「八俊」，田林、張隱、劉表、薛郁、王訪、劉祗、宣靖、公緒恭為「八顧」，朱楷、田槃、疎耽、薛敦、宋布、唐龍、嬴咨、宣褒為「八及」，刻石立墠[1]，共為部黨，而儉為之魁。靈帝詔刊章捕儉等[2]。大長秋曹節因此諷有司奏捕前黨故司空虞放、太僕杜密、長樂少府李膺、司隸校尉朱寓、潁川太守巴肅、沛相荀翌、河內太守

魏朗、山陽太守翟超、任城相劉儒、太尉掾范滂等百餘人，皆死獄中。餘或先歿不及，或亡命獲免。自此諸為怨隙者，因相陷害，睚眦之忿[3]，濫入黨中。又州郡承旨，或有未嘗交關[4]，亦離禍毒[5]。其死徙廢禁者，六七百人。

注釋

1墠（粵：善；普：shàn）：古代供祭祀用的場地。2刊章：刪去告發人姓名的捕人文書。3睚眦：發怒時瞪眼睛，指極小的仇恨。4交關：相關。5離：通「罹」，遭遇。

譯文

另有張儉的同鄉朱並，逢迎中常侍侯覽意旨，上書告發張儉和同鄉二十四人互相起名號，共為朋黨，企圖危害國家。稱張儉及檀彬、褚鳳、張肅、薛蘭、馮禧、魏玄、徐乾為「八俊」，田林、張隱、劉表、薛郁、王訪、劉祇、宣靖、公緒恭為「八顧」，朱楷、田槃、疎耽、薛敦、宋布、唐龍、嬴咨、宣褒為「八及」，刻石結盟，共結朋黨，張儉即是魁首。靈帝下詔按照削去告發人姓名的捕人文書逮捕張儉等人。大長秋曹節趁機暗示主管官吏奏請逮捕從前的黨人前任司空虞放、太僕杜密、長樂少府李膺、司隸校尉朱寓、潁川太守巴肅、沛相荀翌、河內太守魏朗、山陽太守翟超、任城相劉儒、太尉掾范滂等一百多人，他們都死在獄中。其他人有的未及逮捕已死，有的逃亡得以幸免。從此，眾多有仇怨嫌隙的人，趁機互相陷害，極小的仇恨也誣告為黨人。另外州郡為了順承旨意，有些從不相關的人也遭禍害。被處死、流放和禁錮的有六七百人。

熹平五年，永昌太守曹鸞上書大訟黨人[1]，言甚方切。帝省奏大怒，即詔司隸、益州檻車收鸞，送槐里獄掠殺之。於是又詔州郡更考黨人門生故吏[2]父子兄弟，其在位者，免官禁錮，爰及五屬[3]。

注釋

1 訟：為人理冤、辯冤。2 故吏：原來的屬吏。3 五屬：五服內的親屬。五服指高祖、曾祖、祖父、父親、自身五代。

譯文

靈帝熹平五年（一七六），永昌郡（今雲南保山）太守曹鸞上書竭力為黨人辯冤，言辭甚是正直懇切。靈帝看了奏章大怒，當即下詔司隸、益州用囚車拘捕曹鸞，押送槐里監獄拷打致死。於是又詔令州郡進一步審查黨人的門生、故吏以及父子兄弟，凡在官位的，都免職禁錮，牽連至五服親屬。

光和二年，上祿長和海上言：「禮，從祖兄弟別居異財，恩義已輕，服屬疎末。

而今黨人錮及五族，既乖典訓之文[1]，有謬經常之法。」帝覽而悟之，黨錮自從祖以下，皆得解釋。

注釋　1典訓之文：《左傳》說：「父子兄弟，罪不相及。」

譯文　靈帝光和二年（一七九），上祿縣（治所在今甘肅成縣西南）長和海上書說：「禮制規定，從祖兄弟要分家析產，親情已經淡薄，親屬關係已經疏遠。而現在對黨人的禁錮牽連至五族，既違背經典之文，也違反通常之法。」靈帝讀後有所省悟，對黨人的禁錮自從祖之下，都得以解除。

中平元年，黃巾賊起[1]，中常侍呂彊言於帝曰：「黨錮久積，人情多怨。若久不赦宥，輕與張角合謀，為變滋大，悔之無救。」帝懼其言，乃大赦黨人，誅徙之家皆歸故郡。其後黃巾遂盛，朝野崩離，綱紀文章蕩然矣[2]。

注釋　1黃巾賊：東漢末張角領導的農民起義軍，因頭裹黃巾而得名。2綱紀：法律制度。文章：禮樂制度。

譯文

靈帝中平元年（一八四），黃巾軍起義，中常侍呂彊報告皇帝：「黨錮的時間已長久，人情多懷怨恨。如果久不赦免寬恕，他們容易與張角合謀，動亂會越來越大，後悔也無救了。」靈帝擔心他的話，就大赦黨人，被處死罪和流放的家族都回到家鄉。後來黃巾軍勢力終於興盛，朝野分崩離析，綱紀制度蕩然無存。

凡黨事始自甘陵、汝南，成於李膺、張儉，海內塗炭[1]，二十餘年，諸所蔓衍[2]，皆天下善士。三君、八俊等三十五人，其名迹存者，並載乎篇。陳蕃、竇武、王暢、劉表、度尚、郭林宗別有傳。荀翌附祖《淑傳》。張邈附《呂布傳》。胡母班附《袁紹傳》。王考字文祖，東平壽張人，冀州刺史；秦周字平王，陳留平丘人，北海相；蕃嚮字嘉景，魯國人，郎中；王璋字伯儀，東萊曲城人，少府卿：位行並不顯。翟超，山陽太守，事見《陳蕃傳》，字及郡縣未詳。朱寓，沛人，與杜密等俱死獄中。唯趙典名見而已。

注釋

1 塗炭：爛泥炭火。指極困苦的境地。2 蔓衍：即牽連。一人犯罪，他人為此遭受連坐。

譯文

黨人事始自甘陵、汝南兩地，形成於李膺、張儉二人，海內遭遇禍害二十餘年，衆多被牽連者都是天下有德之士。三君、八俊等三十五人，那些存在姓名、事迹的，一並記載於此篇。陳蕃、竇武、王暢、劉表、度尚、郭林宗另外有傳。荀翌附在其祖父《荀淑傳》中。張邈附於《呂布傳》。胡母班附於《袁紹傳》。王考，字文祖，東平壽張人，是冀州刺史；秦周，字平王，陳留平丘人，是北海相；蕃嚮，字嘉景，魯國人，是郎中；王璋，字伯儀，東萊曲城人，是少府卿，這些人地位行迹都不顯著。翟超，是山陽太守，事迹見於《陳蕃傳》，他的字及郡縣籍貫未詳。朱寓，沛人，與杜密等一起死在獄中。唯有趙典僅有名字而已。

董卓列傳

本篇導讀——

若問中國百姓誰是漢末第一大惡人的話，恐怕十有八九的回答是董卓。中國史書有為惡人立傳的傳統，目的在於以反面教材警示後人。本傳記載了董卓在對羌族戰爭中嶄露頭角，直至發展為盤踞一方的軍閥，進而在混亂朝政中，脅迫何太后，廢掉少帝、擁立陳留王，竊得朝廷權力，威逼遷都長安，一族人盡封諸侯，甚至戕害百姓大臣，殺人成性。一人製造了一個恐怖的年代，這在中國歷史上是罕見的，也是令人悲哀的。他最終在朝廷政變中被殺，一場歷史的噩夢才算結束！

董卓字仲穎，隴西臨洮人也。性麤猛有謀[1]。少嘗遊羌中[2]，盡與豪帥相結。

後歸耕於野，諸豪帥有來從之者，卓為殺耕牛，與共宴樂，豪帥感其意，歸相斂得雜畜千餘頭以遺之，由是以健俠知名。為州兵馬掾，常徼守塞下[3]。卓膂力過人[4]，雙帶兩鞬[5]，左右馳射，為羌胡所畏。

注釋　1麤（粵：操；普：cū）：同「粗」。2羌中：古地名。秦漢時期指羌族居住的地區，即今青海、西藏及四川西北部、甘肅西南部。3徼守：巡邏守衛。塞下：邊塞附近。4膂（粵：旅；普：lǚ）力：體力，力氣。5鞬（粵：件；普：jiàn）：馬上盛弓矢的器具。

譯文　董卓字仲穎，是隴西郡臨洮縣人。他性情粗獷有謀略。年輕時曾遊歷羌中地區，盡力與部族首領結交。後來回鄉耕種，眾部族首領有來到他這兒的，董卓宰殺耕牛，一起宴飲作樂，首領們感謝他的情意，回去相互收羅各類牲畜千餘頭送給他，由此董卓以剛勇俠義聞名。他擔任州兵馬掾時，經常巡邏守衛邊塞附近。董卓力氣過人，坐騎兩側都佩戴盛箭匣，奔馳中左右開弓，羌胡人都畏懼他。

桓帝末，以六郡良家子為羽林郎[1]，從中郎將張奐為軍司馬，共擊漢陽叛羌，破之，拜郎中，賜縑九千匹。卓曰：「為者則己，有者則士。」乃悉分與吏兵，無所留。稍遷西域戊己校尉，坐事免。後為并州刺史、河東太守。

注釋
1羽林郎：漢代禁衛軍官名，掌宿衛、侍從。

譯文
桓帝末年，他以六郡良家子弟的身份為羽林郎，跟從中郎將張奐做軍司馬，共同攻打漢陽郡（治冀縣，今甘肅甘谷縣東）叛亂的羌人，擊敗他們，拜任郎中，受賞賜九千疋縑帛。董卓說：「立功勞的是我，享有賞賜的是將士。」就把賞賜全部分給軍吏、士兵，甚麼也沒留下。（他）逐步升遷為西域戊己校尉，因犯法被免職。後來任并州刺史、河東太守。

中平元年，拜東中郎將，持節，代盧植擊張角於下曲陽，軍敗抵罪。其冬，北地先零羌及枹罕河關羣盜反叛，遂共立湟中義從胡北宮伯玉[1]、李文侯為將軍，殺護羌校尉冷徵。伯玉等乃劫致金城人邊章、韓遂，使專任軍政，共殺金城太守陳懿，攻燒州郡。明年春，將數萬騎入寇三輔，侵逼園陵，托誅宦官為名。詔以卓為中郎將，副左車騎將軍皇甫嵩征之。嵩以無功免歸，而邊章、韓遂等大盛。

朝廷復以司空張溫為車騎將軍，假節[2]，執金吾袁滂為副。拜卓破虜將軍，與蕩寇將軍周慎並統於溫。并諸郡兵步騎合十餘萬，屯美陽，以衛園陵。章、遂亦進兵美陽。溫、卓與戰，輒不利。十一月，夜有流星如火，光長十餘丈，照章、遂營中，驢馬盡鳴。賊以為不祥，欲歸金城。卓聞之喜，明日，乃與右扶風鮑鴻等并兵俱攻，大破之，斬首數千級。章、遂敗走榆中，溫乃遣周慎將三萬人追討之。溫參軍事孫堅說慎曰：「賊城中無穀，當外轉糧食。堅願得萬人斷其運道，將軍以大兵繼後，賊必困乏而不敢戰。若走入羌中，并力討之，則涼州可定也。」慎不從，引軍圍榆中城。而章、遂分屯葵園狹，反斷慎運道。慎懼，乃棄車重而退。溫時亦使卓將兵三萬討先零羌，卓於望垣北為羌胡所圍，糧食乏絕，進退逼急。乃於所度水中偽立隁[3]，以為捕魚，而潛從立隁下過軍。比賊追之[4]，決水已深，不得度。時眾軍敗退，唯卓全師而還，屯於扶風，封斄鄉侯，邑千戶。

注釋

1義從：漢魏時稱歸附朝廷為胡羌少數民族「義從」，取歸義從命之意。2假節：漢末魏晉南北朝時，為軍政官可以行使特權所加的稱號。如加「假節」得殺犯軍令者，加「使持節」得誅殺中級以下官吏，加「持節」得殺無官職者。3隁：同「堰」，擋水的堤壩。4比：及，等到。

譯文

靈帝中平元年（一八四），（董卓）被拜任為東中郎將，持節，代替盧植在下曲陽（今河北晉縣西北）攻打張角，兵敗被治罪。那年冬天，北地郡的先零羌以及枹罕（在今甘肅省臨夏縣）河關的羣盜反叛，他們共同擁立湟中義從北宮伯玉、李文侯為將軍，殺死護羌校尉泠徵。伯玉等人劫持了金城郡人邊章、韓遂，讓他們掌控軍中大權，一同殺死金城太守陳懿，攻打焚燒州郡。第二年春天，率幾萬騎兵入侵三輔地區，逼近皇帝陵園，而且以誅殺宦官為名義。皇帝下詔命董卓為中郎將，輔助左車騎將軍皇甫嵩征伐他們。皇甫嵩因征戰無功被免職召回，而邊章、韓遂等氣勢大盛。朝廷又以司空張溫為車騎將軍，加「假節」號，執金吾袁滂為副手。任命董卓為破虜將軍，與蕩寇將軍周慎一同受張溫的統領。合併各郡步騎兵十多萬，駐紮在美陽（縣名，治今陝西武功西北），護衛皇家陵園。邊章、韓遂等也進軍美陽。張溫、董卓與他們交戰，總是失利。十一月，夜有流星如火，光芒長十餘丈，照耀邊章、韓遂軍營，驢馬一齊鳴叫。賊寇認為是不祥之兆，想撤回金城。董卓聽說後大喜，第二天就和右扶風鮑鴻等人合兵一起進攻，大敗敵軍，斬首數千級。邊章、韓遂敗走，逃到榆中（縣名，治今甘肅蘭州西），張溫就派周慎帶三萬人追擊討伐他們。張溫的參軍事孫堅勸周慎說：「賊兵城中無穀，會從外部運轉糧食。我願意帶一萬人切斷他們的糧道，將軍帶大軍跟在後面，賊兵必定困乏不敢交戰。如果逃到羌中，合力征討他們，則涼州就可以平定。」周慎不聽，帶兵圍攻榆中城。而邊章、韓遂分兵屯駐葵園狹，反而斷了周慎的糧道。周慎恐懼，就丟棄輜重撤軍。張溫當時也派董卓率三萬兵討伐先零羌，董卓在望垣縣（今甘肅秦安縣北）北被羌地的羌胡圍困，糧食斷絕，進退吃緊。於是假裝在要渡的河上築建水堰，裝作捕魚，暗中從堰下撤走軍隊。等到賊寇追來，決口流出的水已經很深，無法渡河。當時衆軍都兵敗退回，只有董卓軍隊全師退回，駐紮在扶風，董卓被封為斄鄉侯，食邑一千戶。

三年春，遣使者持節就長安拜張溫為太尉。三公在外，始之於溫。其冬，徵溫還京師，韓遂乃殺邊章及伯玉、文侯，擁兵十餘萬，進圍隴西。太守李相如反，與遂連和，共殺涼州刺史耿鄙。而鄙司馬扶風馬騰，亦擁兵反叛，又漢陽王國，自號「合衆將軍」，皆與韓遂合。共推王國為主，悉令領其衆，寇掠三輔。五年，圍陳倉。乃拜卓前將軍，與左將軍皇甫嵩擊破之。韓遂等復共廢王國，而劫故信都令漢陽閻忠，使督統諸部。忠恥為衆所脅，感恚病死[1]。遂等稍爭權利，更相殺害，其諸部曲並各分乖[2]。

注釋 1感恚：憤恨。感，通「憾」。2部曲：古代軍隊編制單位，借指軍隊。分乖：猶分離。

譯文 中平三年春天，朝廷派使者持節到長安，拜張溫為太尉。三公在朝廷之外任職的做法，開始於張溫。那年冬天，徵召張溫回京，韓遂就殺了邊章和北宮伯玉、李文侯，率兵十幾萬，進犯圍攻隴西。太守李相如反叛，與韓遂聯合，一起殺了涼州刺史耿鄙。而耿鄙的司馬扶風人馬騰，也領兵反叛，又有漢陽人王國，自號「合衆將軍」，都與韓遂聯合。叛軍共同推舉王國為首領，讓他總領所有各部，侵犯劫掠三輔地區。中平五年，圍攻陳倉。朝廷就拜任董卓為前將軍，與左將軍皇甫嵩打敗了他們。韓遂等人又一起廢掉王國，而劫持了原信都縣（治今邢臺市）令漢陽人閻忠，讓他統領各部隊。閻忠恥於被衆人脅迫，憤恨病死。韓遂等人逐漸爭權奪利，自相殘殺，各部軍隊也都各自分散瓦解。

六年，徵卓為少府，不肯就，上書言：「所將湟中義從及秦胡兵皆詣臣曰[1]：『牢直不畢[2]，稟賜斷絕，妻子飢凍。』牽挽臣車，使不得行。羌胡敝腸狗態[3]，臣不能禁止，輒將順安慰，增異復上。」朝廷不能制，頗以為慮。及靈帝寑疾[4]，璽書拜卓為并州牧，令以兵屬皇甫嵩。卓復上書言曰：「臣既無老謀，又無壯事，天恩誤加，掌戎十年。士卒大小相狎彌久，戀臣畜養之恩，為臣奮一旦之命。乞將之北州，效力邊垂[5]。」於是駐兵河東，以觀時變。

注釋

1秦胡：某種胡人。一說為秦時期的胡人；一說為已經漢化的胡人。2牢直：糧餉。牢，廩，即糧食，儲藏，俸祿。直，價值，代價。3敝腸：壞心腸。敝，通「憋」，惡也。狗態：貶詞，情態如狗。4寖：同「寢」，睡卧。5邊垂：即邊陲，邊境。

譯文

中平六年，徵召董卓為少府，他不肯就任，上書說：「我所統領的湟中（地名，東漢時屬金城郡，約位於今寧夏西寧市）義從以及秦胡的士兵都來說：『糧餉未全部發放，賞賜的糧食斷絕，妻子兒女飢寒交迫。』拉住臣的車，使我不得上路。羌胡人狼心狗肺，臣無法禁止，只能遷就安撫他們。情況有所發展變化時再上書。」朝廷無法控制他，頗為憂慮。等到靈帝卧病時，下璽書任董卓為并州牧，讓他把兵權交給皇甫嵩。董卓又上書說：「臣既無老謀深算，又無豪邁壯舉，承天子錯愛，掌管兵馬十年。士卒大小相互親近長久，都眷戀臣的養育之恩，願意為臣一朝戰死。懇求把他們帶到北州，效力於邊疆。」於是駐兵河東，以觀時局變化。

及帝崩，大將軍何進、司隸校尉袁紹謀誅閹官，而太后不許，乃私呼卓將兵入朝，以脅太后。卓得召，即時就道。並上書曰：「中常侍張讓等竊倖承寵[1]，濁亂海內[2]。臣聞揚湯止沸，莫若去薪；潰癰雖痛，勝於內食[3]。昔趙鞅興晉陽之甲，以逐君側之惡人。今臣輒鳴鍾鼓如洛陽，請收讓等，以清姦穢。」卓未至而何進敗，虎賁中郎將袁術乃燒南宮，欲討宦官，而中常侍段珪等劫少帝及陳留王夜走小平津。卓遠見火起，引兵急進，未明到城西，聞少帝在北芒，因往奉迎。帝見卓將兵卒至，恐怖涕泣。卓與言，不能辭對；與陳留王語，遂及禍亂之事。卓以王為賢，且為董太后所養，卓自以與太后同族，有廢立意。

注釋　1倖：親幸，寵愛。2濁亂：攪擾使之混亂。3食：通「蝕」。

譯文　等到靈帝駕崩，大將軍何進、司隸校尉袁紹謀劃誅殺宦官，而太后不允許，他們就私下召董卓帶兵入朝，以脅迫太后。董卓得到徵召，立即上路。並且上書說：「中常侍張讓等竊據恩寵，擾亂天下。臣聽説揚湯止沸，不如釜底抽薪；刺破惡瘡雖痛，勝過從中侵蝕肌體。從前趙鞅興晉陽之兵，以驅逐君主身邊的惡人。現在臣敲鼓鳴鐘趕往洛陽，請求捉拿張讓等人，以清除奸惡污穢。」董卓未到而何進敗死，虎賁中郎將袁術就火燒南宮，要討伐宦官，而中常侍段珪等劫持少帝和陳留王趁夜逃往小平津。董卓遠遠望見火起，率軍部急行軍，天未明趕到城西，聽說少帝在北芒山，因此前往恭迎。少帝看到董卓帶兵突然到來，恐懼哭泣。董卓和他說話，他無法應對；而和陳留王說話，（董卓）終於明白發生的禍亂。董卓認為陳留王賢明，而且是董太后所撫養的，他自認為與董太后同族，便有了廢少帝擁立陳留王的意向。

初，卓之入也，步騎不過三千，自嫌兵少，恐不為遠近所服，率四五日輒夜潛出軍近營，明旦乃大陳旌鼓而還，以為西兵復至，洛中無知者。尋而何進及弟苗先所領部曲皆歸於卓，卓又使呂布殺執金吾丁原而并其衆，卓兵士大盛。乃諷朝廷策免司空劉弘而自代之。因集議廢立。百僚大會，卓乃奮首而言曰[1]：「大者天地，其次君臣，所以為政。皇帝闇弱，不可以奉宗廟，為天下主。今欲依伊尹、霍光故事，更立陳留王，何如？」公卿以下莫敢對。卓又抗言曰[2]：「昔霍光定策，延年案劍。有敢沮大議，皆以軍法從之[3]。」坐者震動。尚書盧植獨曰：「昔太甲既立不明，昌邑罪過千餘，故有廢立之事。今上富於春秋[4]，行無失德，非前事之比也。」卓大怒，罷坐。明日復集羣僚於崇德前殿，遂脅太后，策廢少帝。曰：

「皇帝在喪，無人子之心，威儀不類人君，今廢為弘農王。」乃立陳留王，是為獻帝。又議太后蹙迫永樂太后，至令憂死，逆婦姑之禮，無孝順之節，遷於永安宮，遂以弒崩。

注釋 1奮首：仰首。2抗言：高聲而言。3從：追逐，追責。4今上：當今皇帝。春秋：年紀。

譯文 當初，董卓進入洛陽時，步騎兵不過三千，自己嫌兵少，擔心不能讓遠近的人折服，大約四五天就派出士兵趁天黑偷偷去附近紮營，天亮再大張旗鼓地返回，使人以為西邊的部隊又到了，洛陽城中無人知情。不久何進和弟弟何苗原先所率領的部隊都歸附了董卓，董卓又派呂布殺死執金吾丁原而兼併了他的部隊，董卓兵力大大增強。於是暗示朝廷策免司空劉弘，而自己取而代之。繼而召集朝臣商議廢立皇帝。百官集會，董卓就昂首發言說：「大的事物是天地，其次是君臣，以此為政。皇帝昏庸柔弱，不可以侍奉宗廟，做天下之主。現在想依照伊尹、霍光的先例，改立陳留王，如何？」公卿以下無人敢應答。董卓又高聲說：「過去霍光制定計策，田延年按劍監督。有敢阻撓大計的，都以軍法追究。」在座的人都震驚騷動，只有尚書盧植說：「從前太甲即位後不賢明，昌邑王的罪過有千餘條，所以有廢立之事。當今皇帝尚且年少，行為無失德之處，不能比照前事。」董卓大怒，離座而去。第二天又在崇德前殿召集百官，最終脅迫太后下策書廢少帝說：「皇帝還在服喪期間沒有為子之心，威儀不似君王，現在將他廢為弘農王。」於是策立陳留王，即獻帝。又論及太后逼迫永樂太后，使她憂鬱而死之事，違背婆媳之禮，沒有孝順的禮節，把她遷到永安宮，最終殺了她。

卓遷太尉，領前將軍事[1]，加節傳斧鉞虎賁[2]，更封郿侯。卓乃與司徒黃琬、司空楊彪，俱帶鈇鑕詣闕上書[3]，追理陳蕃、竇武及諸黨人，以從人望。於是悉復蕃等爵位，擢用子孫。

注釋

1領：以高官兼理低職。2加節傳斧鉞虎賁：指給他專事征伐殺戮的權力。節傳，璽節與傳言，均為通關憑證。斧鉞，斫刀與大斧，象徵專殺之權。虎賁，宿衛皇宮的親兵。3鈇鑕：古代腰斬用的刑具。鈇，猶今鍘刀。鑕，砧板。

譯文

董卓遷升太尉，兼理前將軍事務，附以「加節傳斧鉞虎賁」頭銜，改封為郿侯。董卓於是與司徒黃琬、司空楊彪，一起攜帶鈇鑕刑具，赴朝上書，要求追查審理陳蕃、竇武以及其衆多黨人，以順從民衆期盼。於是全部恢復了陳蕃等人的爵位，提拔任用其子孫。

尋進卓為相國，入朝不趨，劍履上殿。封母為池陽君，置令丞。

譯文　不久，進封董卓為相國，入朝可以不行趨步之禮，帶劍穿鞋上殿。封他母親為池陽君，為她設置丞令。

是時洛中貴戚室第相望，金帛財產，家家殷積[1]。卓縱放兵士，突其廬舍[2]，淫略婦女，剽虜資物，謂之「搜牢」[3]。人情崩恐，不保朝夕。及何后葬，開文陵[4]，卓悉取藏中珍物。又姦亂公主，妻略宮人，虐刑濫罰，睚眥必死，羣僚內外莫能自固。卓嘗遣軍至陽城，時人會於社下，悉令就斬之，駕其車重，載其婦女，以頭繫車轅，歌呼而還。又壞五銖錢，更鑄小錢，悉取洛陽及長安銅人、鍾虡、飛廉[5]、銅馬之屬，以充鑄焉。故貨賤物貴，穀石數萬。又錢無輪郭文章，不便人用。時人以為秦始皇見長人於臨洮，乃鑄銅人。卓，臨洮人也，而今毀之。

雖成毀不同，凶暴相類焉。

注釋

1般積：大量堆積。殷，衆多，盛大。2突：襲擊。3搜牢：擄掠。牢，搜刮。4文陵：漢靈帝陵。5鍾虡：懸鐘的框架。飛廉：能致風的神禽名，此指上林苑飛廉觀頂上的銅鑄飛廉。

譯文

當時洛陽城中皇親國戚的宅第到處可見，金帛財產，家家大量堆積。董卓縱容士兵襲擊他們的住宅，姦淫婦女，搶奪財物，稱此為「搜牢」，人心崩潰驚恐，朝不保夕。何后下葬時，打開了文陵，董卓取走墓中所藏的全部珍寶。又與公主淫亂，姦污霸佔宮女，濫施暴虐刑罰，對他怒目相視者必被處死，內外官僚無人能自保。董卓曾派軍到陽城，當時人們正在社下集會，董卓下令上前把他們全部殺死，駕他們的車輛、輜重，裝上他們的女人，把他們的腦袋掛在車轅上，歡歌呼喊地返回。又毀掉五銖錢，改鑄小錢，把洛陽及長安的銅人、鐘虡、飛廉、銅馬之類，全都收來鑄錢。於是貨幣賤物價貴，穀物一石賣到幾萬錢。所鑄的錢幣因無輪廓紋飾，根本不便於人們使用。當時人認為秦始皇在臨洮看到長人，於是鑄造了銅人。董卓是臨洮人，而今毀掉銅人。雖說鑄成與毀壞不同，其中兇暴卻是相似的。

於是遷天子西都。

初，長安遭赤眉之亂，宮室營寺焚滅無餘，是時唯有高廟、京兆府舍，遂便時幸焉[1]。後移未央宮。於是盡徙洛陽人數百萬口於長安，步騎驅蹙[2]，更相蹈藉，飢餓寇掠，積尸盈路。卓自屯留畢圭苑中，悉燒宮廟官府居家，二百里內無復子遺[3]。又使呂布發諸帝陵，及公卿已下冢墓，收其珍寶。

注釋

1 便時：吉利的時日。2 驅蹙：驅趕促迫。3 子遺：遺留，殘存。

譯文

於是把天子遷往西都長安。

當初，長安遭遇赤眉之亂，宮室、軍營和官署燒毀殆盡，此時僅剩高廟、京兆尹府舍，就擇個吉日讓天子住了進去。後來又移居到未央宮。於是把洛陽數百萬人口都遷往長安，步騎兵一路驅趕逼迫，百姓互相踩踏，遭受飢餓、搶掠，屍體堆積一路。董卓自己駐留在畢圭苑中，把宮廷、宗廟、官署、民宅都燒掉，二百里內不再有殘存。又讓呂布挖掘各皇帝陵墓，乃至公卿之下百官的冢墓，搜羅其中的珍寶。

時，長沙太守孫堅亦率豫州諸郡兵討卓。卓先遣將徐榮、李蒙四出虜掠。榮遇堅於梁，與戰，破堅，生禽潁川太守李旻，亨之。卓所得義兵士卒，皆以布纏裹，倒立於地，熱膏灌殺之。

譯文

當時，長沙太守孫堅也率領豫州各郡的部隊討伐董卓。董卓先派出將領徐榮、李蒙四處搶掠。李榮在梁縣遭遇孫堅，交戰後，打敗孫堅，活捉了潁川太守李旻，把他煮了。董卓把所抓到的義兵全都用布匹裹上，倒立在地上，再用熱油澆灌殺死。

時河內太守王匡屯兵河陽津，將以圖卓。卓遣疑兵挑戰，而潛使銳卒從小平津過津北，破之，死者略盡。明年，孫堅收合散卒，進屯梁縣之陽人。卓遣將胡軫、呂布攻之。布與軫不相能，軍中自驚恐，士卒散亂。堅追擊之，軫、布敗走。卓遣將李傕詣堅求和，堅拒絕不受，進軍大谷，距洛九十里。卓自出與堅戰於諸陵墓間，卓敗走，卻屯黽池，聚兵於陝。堅進洛陽宣陽城門，更擊呂布，布復破走。堅乃埽除宗廟[1]，平塞諸陵，分兵出函谷關，至新安、黽池間，以截卓後[2]。卓

謂長史劉艾曰：「關東諸將數敗矣，無能為也。唯孫堅小戇[3]，諸將軍宜慎之。」乃使東中郎將董越屯黽池，中郎將段煨屯華陰，中郎將牛輔屯安邑，其餘中郎將、校尉布在諸縣，以禦山東。

注釋　1埽：通「掃」，打掃。2㦸（粵：捷；普：jié）：截。3戇（粵：壯；普：zhuàng）：痴愚、急躁、剛直。

譯文　當時河內太守王匡屯兵河陽津，準備攻打董卓。董卓派出疑兵挑戰，又祕密派精兵從小平津過河陽津北，擊敗王匡，幾乎殺光其軍。第二年，孫堅又收集離散的士卒，前往梁縣的陽人（地名）。董卓派遣部將胡軫、呂布攻打孫堅。呂布與胡軫不和，軍中驚恐，士卒逃散。孫堅追擊他們，胡軫、呂布兵敗逃。董卓派了將軍李傕到孫堅那裏求和，孫堅拒不接受，進軍大谷，距洛陽九十里。董卓親自出馬與孫堅在衆皇陵之間交戰，董卓敗逃，退卻屯守黽池（地名，位於今河南黽池縣），在陝（地名，今河南陝縣）集結兵力。孫堅挺進洛陽的宣陽城門，又進攻呂布，呂布戰敗逃走。孫堅於是打掃宗廟，平整填埋被發掘的諸陵，分兵出函谷關，到新安（縣名，今河南洛陽市西）、黽池之間，以截斷董卓後路。董卓對長史劉艾說：「關東的諸將屢次戰敗，已無能為力。僅孫堅有些悍戇，衆將軍應該謹慎才是。」於是派中郎將董越屯守黽池，中郎將段煨屯守華陰市（今陝西華陰市），中郎將牛輔屯守安邑（今山西夏縣），其餘的中郎將、校尉分佈在各縣，以抵禦山東的軍隊。

卓諷朝廷使光祿勳宣璠持節拜卓為太師，位在諸侯王上。乃引還長安。百官迎路拜揖，卓遂僭擬車服[1]，乘金華青蓋，爪畫兩轓[2]，時人號「竿摩車[3]」，言其服飾近天子也。以弟旻為左將軍，封鄠侯，兄子璜為侍中、中軍校尉，皆典兵事。於是宗族內外，並居列位。其子孫雖在髫齔[4]，男皆封侯，女為邑君。

注釋

1僭擬：越分妄比。謂在下者自比於尊者。2轓：古代車廂兩旁反出如耳的部分，用以障蔽塵泥。一說即車廂。3竿摩：謂相逼近。竿，通「干」。干求，請託。摩，迫近，接近。4髫齔（粵：條趁；普：tiáo chèn）：幼年。髫，兒童頭上紮起來的下垂髮。齔，兒童換牙。

譯文

董卓暗示朝廷派光祿勳宣璠持節任命自己為太師，位置在諸侯王之上。於是（董卓）率軍退回長安。百官都到路上恭迎參拜，董卓超越本分地使用尊者的車乘服飾，乘坐金花裝飾的青傘蓋車，車廂兩幫勾畫花紋，當時人稱為「竿摩車」，說他的服飾近似天子。任命他弟弟董旻為左將軍，封為鄠侯；哥哥的兒子董璜為侍中、中軍校尉，都掌管軍事。於是宗族內外，都居官位。他的子孫即使是幼兒，也都男的封侯，女的為邑君。

數與百官置酒宴會，淫樂縱恣。乃結壘於長安城東以自居[1]。又築塢於郿[2]，高厚七丈，號曰「萬歲塢」。積穀為三十年儲。自云：「事成，雄據天下；不成，守此足以畢老。」嘗至郿行塢，公卿已下祖道於橫門外[3]。卓施帳幔飲設，誘降北地反者數百人，於坐中殺之。先斷其舌，次斬手足，次鑿其眼目，以鑊煮之[4]。未及得死，偃轉杯案間[5]。會者戰慄，亡失匕箸，而卓飲食自若。諸將有言語蹉跌[6]，便戮於前。又稍誅關中舊族[7]，陷以叛逆。

注釋

1壘：軍壁，陣地上的防禦工事。2塢：即堡壘。3橫門：長安城北西側第一門。祖道：古代為出行者祭祀路神，並飲宴送行。4鑊：無足大鼎，煮肉器。古時用以為烹人的刑具。5偃轉：仆倒轉動。6蹉跌：失足跌到，比喻失誤。7舊族：曾有一定政治地位的家族。

譯文

董卓屢屢與百官設酒宴會，縱慾作樂，肆意放縱。於是在長安城東紮寨居住。又在郿縣（位於今陝西眉縣）修築城堡，高厚各七丈，號稱「萬歲塢」。儲備了三十年食用的穀物。自稱：「事情成功，則雄據天下；不成功，堅守這裏也足以養老。」曾到郿縣巡視塢堡，公卿以下官員都到橫門外為他行祖道儀式餞行。董卓搭帳篷擺設酒宴，把誘降的北地反叛者數百人，在宴席上殺死，先割下舌頭，再斬下手腳，再挖出眼睛，再用鼎鑊煮。沒死的，還在杯盞食案之間蠕動。與會者嚇得發抖，勺子和筷子都掉了，而董卓還是飲食自如。眾將有言語閃失的，當即殺戮於面前。又逐漸誅殺關中舊族，誣陷他們犯了叛逆罪。

時太史望氣[1]，言當有大臣戮死者。卓乃使人誣衞尉張溫與袁術交通，遂笞溫於市，殺之，以塞天變[2]。前溫出屯美陽，令卓與邊章等戰無功，溫召又不時應命，既到而辭對不遜。時孫堅為溫參軍，勸溫陳兵斬之。溫曰：「卓有威名，方倚以西行[3]。」堅曰：「明公親帥王師，威振天下，何恃於卓而賴之乎？堅聞古之名將，杖鉞臨衆，未有不斷斬以示威武者也。故穰苴斬莊賈[4]，魏絳戮楊干[5]。今若縱之，自虧威重，後悔何及！」溫不能從，而卓猶懷忌恨，故及於難。

注釋

1 望氣：觀察雲氣以預測吉凶的占術。2 塞：阻塞；遏制。3 方：正在，正當。4 戰國時期，齊國將軍司馬穰苴因齊景公寵臣莊賈遲到，按軍法將其斬殺。5 春秋時期，晉悼公的大臣魏絳嚴格執法，殺死悼公弟弟楊干的僕從。

譯文

當時太史觀測天象，說會有大臣被殺死。董卓就指使人誣告衞尉張溫與袁術勾結，於是在集市對張溫實施笞刑，鞭打殺了他，以此遏制天象的變化。以前張溫出兵屯駐美陽，命令董卓與邊章交戰不勝，張溫召他又不及時遵從命令，到了以後又出言不遜。那時孫堅任張溫的參軍，勸張溫設兵斬殺董卓。張溫說：「董卓有威名，正要倚仗他向西征戰呢。」孫堅說：「明公您親帥王師，威震天下，有甚麼要依賴董卓的呢？我聽說古時名將，持斧鉞統率軍隊，沒有不以斬殺以顯示威武的。所以司馬穰苴斬莊賈，魏絳殺楊干。現在如果放過他，將自損威嚴，後悔莫及。」張溫不聽從他的建議，而董卓還是懷恨在心，所以導致張溫遇難。

溫字伯慎，少有名譽，累登公卿，亦陰與司徒王允共謀誅卓，事未及發而見害。

越騎校尉汝南伍孚忿卓凶毒，志手刃之，乃朝服懷佩刀以見卓。孚語畢辭去，卓起送至閤[1]，以手撫其背，孚因出刀刺之，不中。卓自奮得免，急呼左右執殺之，而大詬曰：「虜欲反耶[2]！」孚大言曰：「恨不得磔裂姦賊於都市[3]，以謝天地！」言未畢而斃。

注釋　1 閤（粵：鴿；普：gé）：宮中小門；旁門。2 虜：敵人、叛逆。3 磔（粵：擇；普：zhé）裂：古時一種將肢體分裂的酷刑。都市：都城中的集市。

譯文　張溫字伯慎，年輕時有名氣聲譽，連續升遷至公卿，也暗中與司徒王允共同謀劃殺董卓，事情還沒實施而被害。越騎校尉汝南人伍孚痛恨董卓的兇殘，立志要親手殺他，就在朝服內懷藏佩刀去見董卓。伍孚說完話告辭離去，董卓起身把他送到小門，用手撫他後背，伍孚趁勢抽出佩刀刺殺他，沒刺中。董卓自己拚命用力掙脫，急呼左右將他擒拿殺掉，大罵道：「叛賊要造反了！」伍孚大聲說：「恨不得把你這奸賊在集市上剐成肉塊，以稟告天地！」話未說完而死去。

時王允與呂布及僕射士孫瑞謀誅卓。有人書「呂」字於布上，負而行於市，歌曰：「布乎！」有告卓者，卓不悟。三年四月，帝疾新愈，大會未央殿。卓朝服升車，既而馬驚墮泥，還入更衣。其少妻止之，卓不從，遂行。乃陳兵夾道，自壘及宮，左步右騎，屯衛周帀[1]，令呂布等扞衛前後[2]。王允乃與士孫瑞密表其事[3]，使瑞自書詔以授布，令騎都尉李肅與布同心勇士十餘人，偽著衛士服於北掖門內以待卓。卓將至，馬驚不行，怪懼欲還。呂布勸令進，遂入門。肅以戟刺之，卓衷甲不入[4]，傷臂墮車，顧大呼曰：「呂布何在？」布曰：「有詔討賊臣。」卓大罵曰：「庸狗敢如是邪[5]！」布應聲持矛刺卓，趣兵斬之[6]。主簿田儀及卓倉頭前赴其尸[7]，布又殺之。馳齎赦書，以令宮陛內外[8]。士卒皆稱萬歲，百姓歌舞於道。長安中士女賣其珠玉衣裝市酒肉相慶者[9]，填滿街肆。使皇甫嵩攻卓弟旻於郿塢，殺其母妻男女，盡滅其族。乃尸卓於市。天時始熱，卓素充肥，脂流於地。守尸吏然火置卓臍中，光明達曙，如是積日。諸袁門生又聚董氏之尸，焚灰揚之於路。塢中珍藏有金二三萬斤，銀八九萬斤，錦綺繢縠紈素奇玩[10]，積如丘山。

注釋

1周帀：亦作「周匝」，周圍，環繞。2扞衛：防禦，保衛。3表：奏章的一種，多用於陳情謝賀。漢代羣臣給皇帝的上書分章、奏、表、駁議四種。4衷甲：在衣服裏面穿鎧甲。5庸狗：詈詞。6趣：同「促」，催促，急促。7倉頭：漢代對奴僕的稱呼。因奴僕以深青色布包頭，故稱。倉，通「蒼」。8宮陛：宮殿的臺階。借指皇宮或朝廷。9士女：青年男女，有時指未婚的青年男女。泛指人民、百姓。衣裝：衣着，裝束。市：買。10綺：有文彩的絲織品。繢（粵：繪；普：huì）：成疋布帛的頭尾。紈素：潔白的細絹。奇玩：供欣賞的珍品。

譯文

當時王允與呂布以及僕射士孫瑞謀劃殺董卓。有人把「呂」字寫在布上，背着在集市上走，唱道：「布啊！」有人報告董卓，董卓沒有領悟。初平三年（一九二）四月，獻帝的病初癒，在未央殿召開大會。董卓身穿朝服登車，既而馬受驚跌入泥中，回家更衣。其妾阻止他出門，董卓不聽，就出發了。於是夾道排列軍隊，從他的營壘到皇宮，左步兵右騎兵，身邊守衞環繞，呂布等在前後護衞。王允和士孫瑞祕密上表奏明殺董卓之事，士孫瑞親自寫詔書給呂布，命令騎都尉李肅以及與呂布同心的勇士十幾人，穿上宮門衞士的服裝在北掖門內等待董卓。董卓快到時馬匹受驚不前行，他奇怪而恐懼想回去。呂布勸他進宮，於是進北掖門。李肅用戟刺殺董卓，董卓內穿鎧甲刺不進，他手臂受傷掉下車來，回頭大叫：「呂布在哪兒？」呂布說：「有詔書討伐賊臣。」董卓大罵：「庸狗竟敢如此！」呂布應聲持矛刺董卓，催促士兵殺了他。主簿田儀和董卓的奴僕上前撲向董卓屍體，呂布把他們也殺了。然後讓快馬帶上頒佈赦令的文告，號令朝廷內外。士卒都高呼萬歲，百姓們在路上載歌載舞。長安城中，賣掉珠寶、衣着、裝束買酒肉相互慶賀的人，擠滿了街市店鋪。派皇甫嵩到郿塢攻伐董卓的弟弟董旻，殺了他的母親、妻子及兒女，殺光他整個宗族。把董卓的屍體擺在集市上示衆。天氣開始熱起來，董卓一向肥胖，脂肪流到地上。守屍的官吏將點燃的炷置於董卓肚臍中，光明達旦，這樣接連點了好幾天。袁氏的門生們又聚集董家的屍體，焚灰並將灰撒在路上。郿塢中藏有金兩三萬斤，銀八九萬斤，錦帛絲綢、細絹布疋、玩賞珍品，堆積如山。

賞析與點評

董卓暴戾，殺人不眨眼，食人亦坦然，可謂無所畏懼。可他真的強悍嗎？恐怕不然，建築高厚的「萬歲塢」表明他懼怕敵人的攻打；內穿「衷甲」表明他時刻擔心有人刺殺。可見他惶惶不可終日，無時無刻不在戒備中受着煎熬。可知，驕橫不是勇敢，色厲難掩內荏。董卓最心虛處在於失道寡助，惡貫滿盈，終難逃脫千夫所指，萬人唾罵。董卓一死，「士卒皆稱萬歲，百姓歌舞於道」，史家一言把他永遠地釘在了恥辱柱上，其警世意義絕不在小。

董宣列傳

本篇導讀——

本傳是《後漢書·酷吏列傳》的開篇第一人，傳主是東漢初年被光武帝稱為「強項令」的洛陽縣令董宣。傳中記載了董宣嚴懲大姓公孫、獄中晨夜諷誦、檄文嚇走劇賊夏喜、持刀數落公主之失、寧死不叩頭謝主、死乃知其廉潔等情節，為後世樹立了不屈權貴威脅的硬脖頸形象。

董宣字少平，陳留圉人也。初為司徒侯霸所辟，舉高第[1]，累遷北海相。到官，以大姓公孫丹為五官掾。丹新造居宅，而卜工以為當有死者，丹乃令其子殺道行人，置屍舍內，以塞其咎。宣知，即收丹父子殺之。丹宗族親黨三十餘人，操兵詣府，稱冤叫號。宣以丹前附王莽，慮交通海賊，乃悉收繫劇獄，使門下書佐水

丘岑盡殺之[2]。

注釋　1高第：業績優秀，名列前茅。指官吏的考績優等。2水丘岑：姓水丘，名岑。

譯文　董宣，字少平，陳留圉縣人。起初受司徒侯霸所召辟，考績優等，連續升遷至北海國（建都今山東壽光縣東南一帶）相。上任後，任命大族公孫丹為五官掾。公孫丹新建住宅，而占卜者認為將會有死人，公孫丹就讓他兒子殺害了道上行人，將屍體置於房舍內，用以阻塞災禍。董宣知道後，立即將公孫丹父子逮捕誅殺。公孫丹的宗族、親信黨羽三十多人，手持兵器到相府，鳴冤呼號。董宣因為公孫丹從前曾依附王莽，擔憂這些人勾結海賊，就將他們全部逮捕拘禁於劇縣（治今山東省壽光市南）監獄，派主辦文書的佐吏水丘岑將他們統統殺了。

青州以其多濫，奏宣考岑，宣坐徵詣廷尉[1]。在獄，晨夜諷誦，無憂色。及當出刑，官屬具饌送之，宣乃厲色曰：「董宣生平未曾食人之食，況死乎！」升車而去。時同刑九人，次應及宣，光武馳使騶騎特原宣刑[2]，且令還獄。遣使者詰宣多殺無辜[3]，宣具以狀對[4]，言水丘岑受臣旨意，罪不由之，願殺臣活岑。使者以聞[5]，有詔左轉宣懷令[6]，令青州勿案岑罪[7]。岑官至司隸校尉。

注釋

1坐：犯罪，判罪。2騶騎：駕馭車馬的騎士。原：諒解，寬容。3詰：追問，譴責，問罪。4具：通「俱」。狀：情由。謂有事實依據。5聞：傳告。讓君主聽見，謂向君主報告。6左轉：降官，免職。7案：通「按」，查辦，審理。

譯文

青州牧認為董宣殺人過濫，將董宣之事上奏朝廷，並拷問水丘岑，董宣獲罪被徵召至廷尉。在獄中，董宣從早到晚誦讀書籍，無憂無慮。要出獄赴刑時，官員的屬吏備了飲食為他送行，董宣厲聲說：「我董宣生平未曾吃過別人的東西，何況死的時候呢！」登上車離去。當時一同赴刑的有九人，按次序應該到董宣的時候，光武帝派騶騎士為使者飛馬趕到，特別寬恕了董宣的刑罰，姑且讓他回到獄中。光武帝派遣使者責問他大量殺害無辜一事，董宣都以事實為依據一一作答，說水丘岑是受自己的指使，他犯罪不是由他本人造成的，希望處死臣下而能使水丘岑活命。使者以他的話報告了光武帝，朝廷下詔將董宣降職為懷縣縣令，要青州牧不要查辦水丘岑的罪。水丘岑官做到司隸校尉。

後江夏有劇賊夏喜等寇亂郡境，以宣為江夏太守。到界，移書曰：「朝廷以太守能禽姦賊，故辱斯任[1]。今勒兵界首[2]，檄到，幸思自安之宜[3]。」喜等聞，懼，即時降散。外戚陰氏為郡都尉，宣輕慢之，坐免。

注釋

1辱：玷辱，辜負。2界首：邊界前緣。3幸：希望。宜：適宜的事情或辦法。

譯文

後來江夏郡（治西陵縣，即今武漢市區境內）有大賊夏喜等人侵擾郡邊境，朝廷任董宣為江夏郡太守。他一到郡界，就發出佈告說：「朝廷因本太守善於擒拿奸賊，所以不揣自陋而承擔斯任。現在我陳兵郡界前緣，檄文到時，希望你等考慮自以為安定之適宜的方法。」夏喜等人聽到此話很恐懼，即刻投降散去。外戚陰氏擔任郡都尉，董宣輕視怠慢他，因而獲罪免官。

後特徵為洛陽令[1]。時湖陽公主蒼頭白日殺人，因匿主家，吏不能得。及主出行，而以奴驂乘[2]，宣於夏門亭候之，乃駐車叩馬[3]，以刀畫地，大言數主之失，叱奴下車[4]，因格殺之[5]。主即還宮訴帝，帝大怒，召宣，欲箠殺之[6]。宣叩頭曰：「願乞一言而死。」帝曰：「欲何言？」宣曰：「陛下聖德中興，而縱奴殺良人，將何以理天下乎？臣不須箠，請得自殺。」即以頭擊楹，流血被面。帝令小黃門持之，使宣叩頭謝主[7]，宣不從，彊使頓之，宣兩手據地，終不肯俯。主曰：「文叔為白衣時，臧亡匿死，吏不敢至門。今為天子，威不能行一令乎[8]？」帝笑曰：「天子不與白衣同。」因敕彊項令出[9]。賜錢三十萬，宣悉以班諸吏。由是搏擊豪彊，莫不震慄。京師號為「臥虎」。歌之曰：「枹鼓不鳴董少平[10]。」

注釋

1洛陽令：洛陽縣令，即京畿地區行政長官。2驂乘：陪乘（負責警衛）。驂，通「參」。3駐車叩馬：勒住馬。叩，通「扣」。4叱：大聲呵斥。5格殺：拚鬥殺死；擊殺。6箠：通「棰」。短木棍；杖刑。7謝：認錯，道歉。8威：使人敬畏的氣魄。9勑：通「勅」。帝王的詔令、命令。10枹：通「桴」，擊鼓的槌。

譯文

後來（董宣）被特別徵召為洛陽令。當時湖陽公主家的奴僕白天殺了人，因此躲藏於公主家中，官吏無法逮捕他。等到公主出行時，讓那奴僕陪乘，董宣在夏門亭等候他們，他們一到就讓車停穩，勒住馬，用刀畫地為牢，然後大聲數落公主之過失，呵叱奴僕下車，就地擊殺了那廝。公主即刻返回宮中告訴了光武帝，光武帝大怒，召董宣來，要將他杖刑打死。董宣叩頭說：「請讓我說一句話再死。」光武帝說：「想說甚麼？」董宣說：「陛下以賢德而中興漢朝，卻放縱奴僕殺害良民，如此將用甚麼治理天下呢？臣下不須用杖刑，請允許我自殺。」隨即以頭撞擊堂屋前部的柱子，流血滿面。光武帝叫小黃門扶着董宣，讓董宣叩頭向公主謝罪，董宣不肯，就迫使他以首叩地，董宣兩手撐地，始終不肯俯首。公主說：「文叔（劉秀的字）做一介百姓時，藏匿逃亡或犯死罪的人，官吏都不敢上門。現在做了天子，威力不能施加於一個縣令嗎？」光武帝笑着說：「天子與百姓不同。」就命令「強項令」（硬脖子縣令）出去。賞賜董宣三十萬錢，他把錢全部分給了手下屬吏。從此，他打擊豪強時，沒有不畏懼戰慄的。京師人送他稱號為「卧虎」。歌唱他說：「枹鼓不鳴董少平。」

在縣五年。年七十四，卒於官。詔遣使者臨視[1]，唯見布被覆屍，妻子對哭，有大麥數斛、敝車一乘。帝傷之，曰：「董宣廉絜，死乃知之！」以宣嘗為二千石，賜艾綬，葬以大夫禮。拜子並為郎中，後官至齊相。

注釋

1 臨視：親臨省視。指尊貴者看望地位卑下者。

譯文

董宣在縣任職五年。七十四歲時在任上去世。天子下詔派使者親臨省視，只見以布被子掩蓋遺屍，妻與子相對而哭，家中僅有大麥數斛、破車一乘。光武帝對此很感傷，說：「董宣廉潔，到他死我才知道！」因董宣曾任二千石官，便賞賜綠綬，以大夫禮儀安葬。任他兒子董並為郎中，董並後來官做到齊國相。

賞析與點評

《史記》中司馬遷首創《酷吏列傳》，記述了西漢前期專用酷刑峻法、以兇狠殘暴著稱的十幾個官吏。與司馬遷對酷吏基本上採取否定的態度有所不同，范曄在《酷吏列傳》的開篇就記述了這位嚴打豪族、不屈權貴的「強項令」董宣，對酷吏頗有讚許之意。二者態度的不同是有其歷史原因的。其實，作為酷吏重點打擊對象的地方豪族，在兩漢之間發生了某種本質性的變化。即西漢特別是司馬遷時代的地方豪族尚處於形成期，他們中的大多數人不過是地方富裕階層的代表而已；而東漢的地方豪族則有所不同，他們已經成參與朝政的強大勢力，甚至有學者認為東漢帝國本身就是一種「豪族政權」。

宦者列傳序

本篇導讀——

本文是《宦者列傳》的序文。范曄在回顧歷代宦官的基礎之上，重點對宦官勢力為何在東漢達到極盛的原因提出了自己的見解。他認為，女主臨朝執政以及相應的外戚專權局面出現，是主要原因，前者直接造成宦官插手政務；後者在與皇權的較量中，也促成了作為皇帝爪牙的宦官勢力的成長。在外戚、宦官兩大集團較量的同時，范曄指出敢於挺身斥責宦官的只有被他稱為「忠良」的士大夫們，但他也看到由於士大夫只會動嘴不會動手，所以不免「言出禍從，旋見孥戮」；最終當軍閥介入鬥爭之後，鼠器俱毀，迎來漢帝國的「運之極」，歷史又回到「漢興」之前的天下混亂狀況。

《易》曰：「天垂象[1]，聖人則之。」宦者四星，在皇位之側，故《周禮》置官，亦備其數。閽者守中門之禁[2]，寺人掌女宮之戒[3]。又云：「王之正內者五人[4]。」《月令》：「仲冬，命閹尹審門閭[5]，謹房室。」《詩》之〈小雅〉，亦有〈巷伯〉刺讒之篇。然宦人之在王朝者，其來舊矣。將以其體非全氣[6]，情志專良，通關中人，易以役養乎？然而後世因之，才任稍廣[7]。其能者，則勃貂、管蘇有功於楚、晉，景監、繆賢著庸於秦、趙[9]。及其敝也，則豎刁亂齊，伊戾禍宋[9]。

注釋

1垂象：顯示徵兆。2閽者：守門人。守：看管，治理，管理。中門：內外門之間的門。禁：皇宮門衞。3寺人：宮中的近侍小臣，一般由宦官擔任。寺，即「侍」。4正內：正殿。5閹尹：統領宦者的官。閹，宦官；尹，正職。6全氣：精氣完整，形神無損。7才任：才能。才，才力；任，能力。8勃貂：春秋時晉國宦官。報告了呂甥、郤芮想燒皇宮殺晉文公的消息，使晉文公倖免於難。管蘇：春秋時楚國宦官，經常勸諫楚恭王講道義，以禮制國。景監：戰國秦孝公的宦官，向孝公引薦了商鞅。繆賢：戰國時趙國的宦官，舉薦了藺相如。著庸：亦作「着庸」，立功。庸，功勞。9豎刁：春秋時齊桓公的宦官，頗受寵信。桓公病危時，豎刁作亂，餓死桓公。伊戾：春秋時宋平公的宦官。陷害宋國太子，使其自殺，後被平公處死。

譯文

《周易》說：「上天顯示徵兆，聖人效仿它。」宦者四顆星，在天帝星的旁邊，所以《周禮》設置官職，也備有宦官的數目。閽者掌管皇宮中門的門衛，寺人掌管女宮的警戒。又說：「王的正殿有五人侍侯。」《月令》說：「冬季第二個月，命令閹尹檢查門戶，謹守房室。」《詩經》的〈小雅〉，也有宦官指責進讒言的〈巷伯〉篇。然而宦官在朝中任職由來已久。豈是因為他們精氣不健全，所以情志專一，能夠與宮中人交往聯繫，易於役使嗎？然而後代因襲，宦者的才能逐漸擴大。其中賢能的，則有勃貂、管蘇這樣對楚國、晉國有功的人，景監、繆賢那樣為秦國、趙國立功的人。至於其中兇惡的，則數豎刁之搞亂齊國、伊戾之禍害宋國。

漢興，仍襲秦制，置中常侍官。然亦引用士人，以參其選，皆銀璫左貂[1]，給事殿省。及高后稱制[2]，乃以張卿為大謁者，出入臥內，受宣詔命。文帝時，有趙談、北宮伯子，頗見親倖。至於孝武，亦愛李延年[3]。帝數宴後庭，或潛游離館，故請奏機事，多以宦人主之。至元帝之世，史游為黃門令[4]，勤心納忠，有所補益。其後弘恭、石顯以佞險自進[5]，卒有蕭、周之禍[6]，損穢帝德焉。

注釋

1銀璫：中常侍的冠飾。璫，本為耳垂裝飾物，此為白銀製冠前飾物。左貂：武冠的冠飾，以貂尾飾於冠左。2稱制：秦始皇以命為「制」，令為「詔」，後因謂即位執政為「稱制」，此指代行皇帝職權。3李延年：漢武帝時受腐刑為宦官，武帝李夫人的哥哥，因善音律出任樂府協律都尉。4史游：漢元帝時任黃門令，精字學，工書法，作《急就章》，號「章草」。5弘恭：因受腐刑為中黃門、中尚書。漢宣帝任用宦官，任他為中書令。明習法令，善為奏請，長期專政內朝。石顯：因受腐刑為宦官。漢宣帝時，通曉法律被任命為中書僕射，與弘恭結成了死黨。元帝時被提拔當了中書令，掌握機要文獻。6蕭、周之禍：前將軍蕭望之、光祿大夫周堪厭惡弘恭、石顯專權，建議罷免宦官，被石顯、弘恭誣陷，蕭望之被殺，周堪被禁錮。

譯文

漢朝興起，仍因襲秦朝制度，設置中常侍官職，但也起用士人參與此職務的選拔，都以銀璫左貂為冠飾，在宮廷與禁中任職。到呂后代行皇帝職權時，就以張卿為大謁者，出入臥室，接受並宣告詔命。文帝時，趙談、北宮伯子很受寵倖。到了武帝，也寵愛李延年。武帝多次在後宮設宴，或祕密在離宮遊樂，所以請求上奏機要事務，大多由宦官負責。到元帝時期，史游擔任黃門令，盡心效忠，對朝廷有所補益。此後的弘恭、石顯以諂媚陰險使自己晉升，最終發生蕭望之、周堪的災禍，損害玷污皇帝的恩德。

中興之初，宦官悉用閹人，不復雜調它士。至永平中，始置員數，中常侍四人，小黃門十人。和帝即祚幼弱[1]，而竇憲兄弟專總權威，內外臣僚，莫由親接，所與居者，唯閹宦而已。故鄭衆得專謀禁中[2]，終除大憝[3]，遂享分土之封，超登宮卿之位。於是中官始盛焉。

注釋

1祚：福；皇位。2鄭衆：以章帝的中常侍得到和帝寵信，與和帝設計沒收了竇憲大將軍印，並迫令他自殺。3憝（粵：隊；普：duì）：壞；惡。

譯文

東漢中興初起，宦官全用閹人，不再摻雜選用士人。到明帝永平年間，開始設置定員人數，中常侍四人，小黃門十人。和帝即位時年幼，而竇憲兄弟擅權，內外臣僚，無人可以親近皇帝；與皇帝一起的，只有宦官而已。所以鄭衆得以在宮中單獨謀劃，最終除掉了大惡人竇憲，被封侯，享有領地，破格登上大長秋的宮中卿位。由此宮中宦官勢力開始興盛。

自明帝以後，迄乎延平，委用漸大，而其員稍增，中常侍至有十人，小黃門二十人，改以金璫右貂，兼領卿署之職。鄧后以女主臨政[1]，而萬機殷遠，朝臣國議，無由參斷帷幄[2]，稱制下令，不出房闈之間[3]，不得不委用刑人，寄之國命。手握王爵，口含天憲，非復掖廷永巷之職，閨牖房闥之任也[4]。其後孫程定立順之功[5]，曹騰參建桓之策[6]，續以五侯合謀[7]，梁冀受鉞，迹因公正，恩固主心，故中外服從，上下屏氣。或稱伊、霍之勳，無謝於往載；或謂良、平之畫，復興於當今。雖時有忠公，而竟見排斥。舉動回山海，呼吸變霜露。阿旨曲求，則光寵三族；直情忤意，則參夷五宗。漢之綱紀大亂矣。

注釋

1鄧后：指和帝的皇后鄧綏。和帝死後她先後迎立殤帝、安帝，臨朝執政十六年。2帷幄：指天子決策之處或將帥的幕府。古代天子居處必設帷幄，故稱。3房闈：室宇，宮廷。4掖廷：宮中旁舍，妃嬪居住的地方。永巷：宮中長巷。閨牖：宮中的門窗。房闥：宮闈，寢室。5孫程：安帝時為中黃門。安帝卒，擁立濟陰王劉保為順帝，並誅滅外戚閻顯，因功封浮陽侯。6曹騰：質帝死後支持外戚梁冀擁立劉志為桓帝的宦官。他因迎立桓帝有功被封為費亭侯。7五侯：桓帝的五位宦官唐衡、單超、左悺、徐璜、具瑗。他們因幫助桓帝剷除梁冀而封侯，世稱「五侯」。

譯文

自明帝以後，至殤帝延平年間，對宦官的任用逐漸擴大，因而宦官的人數日增，中常侍達十人，小黃門二十人，冠飾改為金璫右貂，還兼任九卿官署的職務。鄧后以女人的身份執政，但朝中各種要務繁多而深遠，朝廷大臣議定國事，她無法到天子所在處參與決斷，發佈詔令，也都不出宮廷之間，所以不得不任用受閹刑的人，將國家命運寄託於他們。宦官手握分封王爵之權，口授朝廷法令，不再只是履行掖廷、永巷之職，執行後宮門戶內的任務了。之後孫程擁立順帝立功，曹騰參與擁立桓帝，繼而單超等五名宦官合謀殺死梁冀，因其業績公平正直，恩情牢固地植根於主上心中，所以朝廷內外對他們信服順從，上下謹慎敬畏。有人將其稱之為伊尹、霍光之功勳，不遜於以往時代；有人說張良、陳平之謀略，又重現於當世了。雖然有時也出現忠誠公正人士，但最終遭到排斥。其舉動可以改變山海，呼吸可以變化霜露。對其阿諛曲奉的人，可以三族光耀受寵；正直違抗的人，被夷滅三族五宗。漢朝的綱紀已經大亂。

若夫高冠長劍，紆朱懷金者，布滿宮闈；苴茅分虎[1]，南面臣人者，蓋以十數。府署第館，棋列於都鄙；子弟支附，過半於州國。南金、和寶、冰紈、霧縠之積，盈仞珍臧[2]；嬙媛、侍兒、歌童、舞女之玩，充備綺室。狗馬飾雕文，土木被緹繡。皆剝割萌黎[3]，競恣奢欲。構害明賢，專樹黨類。其有更相援引，希附權彊者，皆腐身熏子，以自銜達[4]。同敝相濟，故其徒有繁，敗國蠹政之事，不可單書[5]。所以海內嗟毒[6]，志士窮棲[7]，寇劇緣間[8]，搖亂區夏[9]。雖忠良懷憤，時或奮發，而言出禍從，旋見孥戮[10]。因復大考鉤黨[11]，轉相誣染。凡稱善士，莫不離被災毒。竇武、何進[12]，位崇戚近，乘九服之囂怨[13]，協羣英之執力，而以疑留不斷，至於殄敗。斯亦運之極乎！雖袁紹龔行[14]，芟夷無餘，然以暴易亂，亦何云及！自曹騰說梁冀，竟立昏弱。魏武因之，遂遷龜鼎[15]。所謂「君以此始，必以此終」，信乎其然矣！

注釋

1 苴茅：古代帝王分封諸侯時，用該方顏色的泥土，覆以黃土，包以白茅草，授予受封者，作為分封土地的象徵。苴，包裹。分虎：將虎狀符節的一半給受封者作為信物。謂授與官爵。2 盈仞：充滿，極言其多。仞，測量深度的單位。一仞為周尺七或八尺。珍臧：收藏寶物的府庫。3 剝割：盤剝，搜刮。萌黎：黎民，百姓。4 腐身：以腐刑去勢。熏子：宦官。銜達：顯達。5 單：通「殫」，盡，竭盡。6 嗟毒：歎恨。7 窮棲：隱居。8 寇劇：強賊大盜。緣間：乘隙，乘機。9 區夏：諸夏之地，指華夏，中國。10 孥戮：誅及妻子兒女。11 鉤黨：結黨。12 竇武：東漢末年外戚、大臣，曾上書桓帝請求貶黜宦官，赦免李膺、杜密等黨人。桓帝死後他擁立靈帝，拜大將軍，更封聞喜侯，最終在翦除諸宦官的鬥爭中兵敗自殺。何進：其妹為靈帝皇后，靈帝死後，立外甥劉辯為帝，並執掌朝政。謀劃除去以張讓為首的十常侍，事泄被殺。13 九服：王畿以外的九等地區，指全國各地區。14 袁紹：出身名門望族，四代有五人位居三公，本人官至大將軍。龔行：奉行。亦作「恭行」。15 曹騰：養子曹嵩是曹操的父親，獻帝時曹操當權，至其子曹丕最終取代漢帝，建立魏國。魏武：指曹操。曹丕稱帝後，國號魏，追謚曹操為武帝。龜鼎：元龜與九鼎，古時為國之重器，因以喻帝位。

譯文

至於頭戴高帽、身佩長劍、腰繫朱綬、懷藏金印的人，佈滿宮廷；頒茅受封為諸侯、發虎符授爵、面南坐對臣子的數以十計。其官府館舍，星羅棋佈於都城鄉邑；子弟及親屬州郡邦國超過半數。南方出產的銅、和氏的寶玉、潔白如冰的絲綢、細薄如霧的輕紗，充滿府庫；姬妾、侍兒、歌童、舞女之類的玩物，充斥華麗的居室。狗馬刻飾雕紋，建築的土墻木構件上披掛厚重繒帛。宦官都盤剝黎民百姓，競相奢侈放縱。他們構陷殘害賢明之士，一味培植黨羽。還有些人互相引薦，希望依附權貴，便接受腐刑，去勢為宦官，以求顯達。他們同是惡人而彼此互相濟助，為非作歹，所以黨徒繁盛，他們敗國亂政之事，不可勝數。舉國上下所歎恨的是，有志之士隱居，寇賊乘機作亂，動搖攪擾華夏。雖然忠良之士心懷憤慨，時時有人奮起，但話語剛一出口，災禍隨之而來，很快誅及子孫。繼而又大肆糾察結黨者，輾轉誣陷牽連。凡被稱為有德者的，無不遭受災難。竇武、何進地位崇高，親為國戚，趁全國各地喧囂怨怒，聯合羣英的勢力，但由於遲疑不決，最終敗亡。這也是他們的命運到達極限了吧！雖然袁紹奉行天意，將宦官全部剷除，但以暴虐取代禍亂，又能說明甚麼呢？自曹騰說服梁冀，竟然擁立昏庸幼主桓帝，魏武帝曹操因襲這種做法，其子終於奪取帝位。所謂的「君由此開始，必將至此結束」，真是如此啊！

賞析與點評

人們總愛說著史需要冷靜甚至冷酷，然而事實上任何一個作者對於自己筆下所繪之波瀾壯闊的歷史畫卷、驚心動魄歷史事件、可喜可悲歷史人物，不但不會無動於衷，反而會心潮澎湃、感慨萬千。范曄此篇在客觀敘述宦官歷史的同時，對東漢那些罪大惡極的人物則措詞激烈：以「舉動回山海，呼吸變霜露」極言其囂張；對其「敗國蠹政」令生民塗炭痛心疾首；敘及竇武、何進「疑留不斷」反遭屠戮時，長歎唏噓。是歷史震撼了著者和讀者，並啓迪後人追思往者，感悟人生，展望未來。

范式列傳

本篇導讀——

《後漢書》不再像《史記》、《漢書》那樣設立《游俠列傳》，而是創立了《獨行列傳》。這是古代中國游俠向獨行者演變的寫照。范曄首創的《獨行列傳》中記錄了二十多個不同流俗的獨行者的形象，其中對東漢圍繞名節出現的各式各樣獨特行為的記載，都是極其珍貴的史料。這裏選錄了其中的《范式列傳》，本傳以范式千里赴約、死友託夢、護送棺柩等情節，勾勒出一位以堅守信用、重視情義、卓行善事而受愛戴的獨行者的形象。

范式字巨卿，山陽金鄉人也，一名氾。少遊太學，為諸生[1]，與汝南張劭為友。劭字元伯。二人並告歸鄉里[2]。式謂元伯曰：「後二年當還，將過拜尊親，見孺

子焉。」乃共剋期日[3]。後期方至，元伯具以白母，請設饌以候之。母曰：「二年之別，千里結言，爾何相信之審邪[4]？」對曰：「巨卿信士，必不乖違。」母曰：「若然，當為爾醖酒[5]。」至其日，巨卿果到，升堂拜飲，盡歡而別。

注釋

1諸生：衆儒生。2告歸：請假而歸。3剋：嚴格限定，多用於時日。4爾：你們；你。5醖酒：釀酒。

譯文

范式，字巨卿，山陽郡金鄉縣（今山東濟寧）人，又名氾。年少時曾到太學遊學，成為太學生，與汝南人張劭為朋友。張劭，字元伯。兩人一起請假而歸鄉里。范式對元伯説：「兩年後我回來時，將去拜見尊父母，看看您的孩子。」於是一同約定了日期。後來約定的日期快到了，元伯把事情詳細告訴了母親，請她準備飯食恭候范式。母親説：「分別兩年了，千里之外的口頭約定，你們為何相互對那約定信以為真呢？」元伯回答：「巨卿是守信用的人，一定不會失約。」母親説：「如果這樣，應當為你們釀酒。」到了那天，巨卿果然來到，登上廳堂拜揖、飲酒，盡情歡樂而相互告別。

式仕為郡功曹[1]。後元伯寢疾篤，同郡郅君章、殷子徵晨夜省視之。元伯臨盡，歎曰：「恨不見吾死友[2]！」子徵曰：「吾與君章盡心於子，是非死友，復欲誰求？」元伯曰：「若二子者，吾生友耳[3]。山陽范巨卿，所謂死友也。」尋而卒。式忽夢見元伯玄冕垂纓屣履而呼曰[4]：「巨卿，吾以某日死，當以爾時葬，永歸黃泉[5]。子未我忘，豈能相及[6]？」式怳然覺寤[7]，悲歎泣下，具告太守，請往奔喪。太守雖心不信而重違其情[8]，許之。式便服朋友之服，投其葬日[9]，馳往赴之。式未及到，而喪已發引，既至壙，將窆[10]，而柩不肯進。其母撫之曰：「元伯，豈有望邪？」遂停柩移時，乃見有素車白馬[11]，號哭而來。其母望之曰：「是必范巨卿也。」巨卿既至，叩喪言曰：「行矣元伯！死生路異，永從此辭。」會葬者千人，咸為揮涕。式因執紼而引[12]，柩於是乃前。式遂留止冢次，為修墳樹，然後乃去。

注釋

1 功曹：漢代郡守有功曹史，簡稱功曹，除掌人事外，可以參與一郡政務。2 死友：指交情篤厚，至死不相負的朋友。3 生友：生時之友。謂一般的朋友。4 玄冕：祭服。上衣無紋飾，下裳僅有黑青相間的紋路。垂纓：垂下冠帶。屣履：拖着鞋子走路，匆忙的樣子。5 爾時：其時或彼時。黃泉：地下的泉水；古人以為人死後居住的地府。

6豈：通「覬」，希冀。相及：趕上，到達。7怳然：突然。怳通「恍」。8重：慎重，謹慎，引申為不輕易，難。9投：到，待。10壙：墓穴。窆（粵：扁；普：biǎn）：將棺木葬入墓穴。11素車：凶、喪事所用之車，以白土塗刷。12紼：通「綍」，下葬時引柩入穴的繩索。

譯文

范式當上郡功曹。後來元伯臥病，病情沉重，同郡人郅君章、殷子徵早晚都來探望他。元伯臨終時歎息說：「遺憾沒見到我的死友！」子徵說：「我與君章對您如此盡心，這不算死友，還要找誰？」元伯說：「像你們二位，只是我的生友。山陽郡的范巨卿，才是我所謂至死不相負的死友。」不久他去世。范式突然夢見元伯身穿祭服，冠帶下垂，拖着鞋子匆忙走來，呼喊說：「巨卿，我在某天死了，將在彼時下葬，永遠命歸黃泉。你未忘記我，希望能夠趕上！」范式突然覺醒，悲歎流淚。（他）將此詳細告訴太守，請求前往奔喪。太守雖然心裏不信，但難違他的情誼，就允許了。范式便穿上為朋友弔喪的服裝，到元伯下葬的那天，驅車前往。范式還未趕到，而元伯已經出殯，到了墓穴，將要下棺，但棺柩卻不肯進入。元伯的母親撫摸棺柩說：「元伯，難道有所期待嗎？」於是停下棺柩，過了一段時間，只見有人乘白馬素車，號哭而來。元伯的母親望見那車說：「這一定是范巨卿。」巨卿一到，就叩拜屍體說：「走吧元伯！生死異路，從此永別了。」參加葬禮的上千人，都為之揮淚。范式就拉住棺柩的繩索牽引向前。棺柩於是才向前移動。他又留宿墳冢旁，為元伯修墳種樹，然後才離去。

賞析與點評

讀到「生友」、「死友」一段，真讓我們這些二十一世紀人汗顏，莫說刎頸之交的「死友」，生活在住宅小區高層水泥盒子裏的我，就連兒時一起玩耍的「小朋友」再想見一面，又談何容易！據說在信息電子化的今天，朋友圈已經跨出洲際，覆蓋全球。甚麼「好友」、「故友」、「男友」、「女友」、「校友」、「班友」、「隊友」、「歌友」、「舞友」、「酒友」、「煙友」、「賭友」、「嫖友」、「網友」、「驢友」甚至「病友」、「獄友」、「戰友」，原來都是「生友」，唯獨難覓「死友」！何以如此？只因「相信」一詞已不再有「相互信任」之義，誰還侈談「相信之審」呢！

後到京師，受業太學。時諸生長沙陳平子亦同在學，與式未相見，而平子被病將亡，謂其妻曰：「吾聞山陽范巨卿，烈士也[1]，可以託死。吾歿後，但以屍埋巨卿戶前。」乃裂素為書，以遺巨卿。既終，妻從其言。時式出行適還，省書見

瘞[2]，愴然感之，向墳揖哭，以為死友。乃營護平子妻兒，身自送喪於臨湘。未至四五里，乃委素書於柩上，哭別而去。其兄弟聞之，尋求不復見。長沙上計掾史到京師[3]，上書表式行狀，三府並辟，不應。

注釋

1烈士：有氣節有壯志的人。2瘞（粵：意；普：yì）：埋藏；墳墓。3上計：戰國秦漢時期，地方官於年終將境內户口、賦税、盜賊、獄訟等項編造計簿，遣吏逐級上報，奏呈朝廷，藉資考績，謂之上計。掾史：亦作「掾吏」。掾，原為佐助的意思，後為副官佐或官署屬員的通稱。

譯文

後來，范式到京師，在太學就學。當時長沙人陳平子也一同求學，與范式從來沒有見過面，但平子染病快要死的時候，對妻子說：「我聽說山陽范巨卿，是位壯士，可以託付死後之事。我死後，只須將屍體埋在巨卿的門前。」於是裁剪白絹寫了一封信，留給巨卿。他死後，妻子根據他的話去做。當時范式出門剛剛回來，看了書信又見到墳墓，悲傷感慨，向墳墓揖拜哭喪，將平子視作死友。於是照料平子的妻兒，親自護送屍體回臨湘（今湖南長沙）。在離目的地還有四五里時，他將平子白絹書信放在棺柩上，哭別離去了。平子兄弟得知後，尋找不到他。長沙的上計掾史到京師辦事時，上書表彰范式的事迹，三公府都徵召他，但他未應召。

式後遷廬江太守，有威名，卒於官。

譯文　范式後來遷升至廬江太守，有威望名聲，卒於官任。

嚴光列傳

本篇導讀——

《逸民列傳》也是《後漢書》不同以往的創作。所謂「逸民」即遁世隱居的人。《論語》中稱伯夷、叔齊、虞仲、夷逸、朱張、柳下惠、少連等人為「逸民」。說他們是節行超逸、有德而隱處者。范曄在本傳的序中列舉歷史上諸多「逸民」，說雖然他們固執得類似沽名釣譽，但畢竟不同於「飾智巧以逐浮利者」。正如荀子所謂「志意脩則驕富貴，道義重則輕王公」。「逸民」的特點是清高，清高體現了一種追求「道義」的「志意」，這裏選錄的嚴光即是典型一例。

嚴光字子陵，一名遵，會稽餘姚人也。少有高名，與光武同遊學。及光武即位，乃變名姓，隱身不見。帝思其賢，乃令以物色訪之[1]。後齊國上言：「有一男子，

披羊裘釣澤中。」帝疑其光，乃備安車玄纁[2]，遣使聘之。三反而後至。舍於北軍，給牀褥，太官朝夕進膳。

注釋

1物色：形狀，形貌。2安車：古代可以坐乘的小車。古車立乘，此為坐乘，故稱安車。供年老的高級官員及貴婦乘用。玄纁：黑色和淺紅色的布帛，後世帝王用作延聘賢士的禮品。

譯文

嚴光，字子陵，又名遵，會稽郡餘姚縣人。年輕時就有很高的名望，曾與光武一同遊學。到光武即位皇帝，他就更名改姓，隱居不見了。光武帝想到他有賢才，就下令按照他的相貌尋找。後來，齊國上報說：「有一男子，披羊皮衣在湖澤中垂釣。」光武帝懷疑是嚴光，就備安車、玄纁，派使者前去聘請他。使者三次往返聘請，嚴光才來。讓他住在北軍，供給牀褥，由太官早晚進奉膳食。

司徒侯霸與光素舊，遣使奉書。使人因謂光曰：「公聞先生至，區區欲即詣造[1]。迫於典司，是以不獲。願因日暮，自屈語言。」光不答，乃投札與之，口授曰：「君房足下[2]：位至鼎足[3]，甚善。懷仁輔義天下悅，阿諛順旨要領絕[4]。」

霸得書，封奏之。帝笑曰：「狂奴故態也。」車駕即日幸其館。光臥不起，帝即其臥所，撫光腹曰：「咄咄子陵[5]，不可相助為理邪？」光又眠不應，良久，乃張目熟視，曰：「昔唐堯著德，巢父洗耳[6]。士故有志，何至相迫乎！」帝曰：「子陵，我竟不能下汝邪？」於是升輿歎息而去。

注釋

1區區：即方寸，形容人的心，引申為真情摯意。2君房：侯霸字君房。足下：古時下稱上或同輩相稱的敬語。3鼎足：指三公之位。侯霸時為司徒，是三公之一。4要領：腰和脖子，引申為生命。5咄咄：感歎聲，表示感慨。6巢父：傳說為堯時隱士，堯想將天子之位讓給他，但他卻要洗淨耳朵，不願聽堯說這些話。

譯文

司徒侯霸與嚴光素有舊交，派人送來書信。使者就對嚴光說：「主公聽說先生到來，真心地想立即登門造訪。但迫於有關部門的規矩，所以不能如願。希望日落時分，請您委屈過去說話。」嚴光不回答，就丟過去札板給來人，口授讓他書寫說：「君房足下：位至三公，甚好。心懷仁愛輔佐德義，天下都會喜悅；阿諛奉承順從旨意，腰和脖子就會折斷。」侯霸收到書簡，看罷封好奏上。光武帝看了笑着說：「這狂妄的傢伙還是老樣子！」聖駕即日親臨他的館舍。嚴光睡臥不起，光武帝到他的臥室，摸着他的肚子說：「子陵啊子陵！不能相助治理國家嗎？」嚴光繼續睡覺不應答，過了許久，才睜開眼端詳光武帝，說：「過去唐堯德行很高，但巢父洗耳。士各有志，何至於相逼呢！」光武帝說：「子陵，我竟然不能使你順從嗎？」於是登車歎息而去。

復引光入，論道舊故，相對累日。帝從容問光曰：「朕何如昔時？」對曰：「陛下差增於往[1]。」因共偃卧，光以足加帝腹上。明日，太史奏客星犯御坐甚急[2]。帝笑曰：「朕故人嚴子陵共卧耳。」

注釋

1差：略微。增：增生。2御坐：帝王的星座。

譯文

光武帝又引嚴光入宮，談論往事，相互對談了幾天。光武帝從容地問嚴光：「朕與從前比怎麼樣？」嚴光回答說：「陛下比從前略微壯實了。」因為一起仰卧，嚴光把腳架在光武帝的肚子上。第二天，太史上奏說客星侵犯了帝座星，情況緊急。光武帝笑着說：「那只是朕與故交嚴子陵共卧罷了。」

除為諫議大夫[1]，不屈，乃耕於富春山，後人名其釣處為嚴陵瀨焉。建武十七年，復特徵，不至。年八十，終於家。帝傷惜之，詔下郡縣賜錢百萬、穀千斛。

注釋

1 除：任命官職。

譯文

光武帝任命他為諫議大夫，嚴光不服從，於是到富春山（又名嚴陵山，今浙江桐廬縣西）種田，後人將他釣魚的地方命名為嚴陵瀨。建武十七年（四一），光武帝又特別徵召他，他不來。八十歲時，在家中去世。光武帝對此哀傷惋惜，下詔讓郡縣賜給一百萬錢、一千斛穀物。

樂羊子妻列傳

本篇導讀——

自西漢劉向撰述《列女傳》以後，是范曄第一次將此體例引入紀傳體史書，而且成了後世撰寫正史的一種體裁。《後漢書．列女傳》為十七名典型的女性列傳，反映了東漢以及此後一個時期社會的女性觀，是一部難得的東漢女性史。值得注意的是，范曄並未囿於劉向《列女傳》的七類標準，他在《序言》中明確指出，「但搜次才行尤高秀者，不必專在一操而已」。儘管如此，縱觀傳主大致不外「節義」、「才辨」兩類，這裏節選的樂羊子妻屬於前者。

河南樂羊子之妻者，不知何氏之女也。羊子嘗行路，得遺金一餅，還以與妻，妻曰：「妾聞志士不飲盜泉之水[1]，廉者不受嗟來之食[2]，況拾遺求利，以污其

行乎！」羊子大慚，乃捐金於野，而遠尋師學。一年來歸，妻跪問其故。羊子曰：「久行懷思，無它異也。」妻乃引刀趨機而言曰：「一絲而累[3]，以至於寸，累寸不已，遂成丈匹[4]。今若斷斯織也，則捐失成功，稽廢時月[5]。夫子積學[6]，當日知其所亡，以就懿德。若中道而歸，何異斷斯織乎？」羊子感其言，復還終業，遂七年不反。妻常躬勤養姑[7]，又遠饋羊子。

注釋

1妾：女人自稱的謙辭。盜泉：在今山東省泗水縣東北。舊時以此比喻不義之財。據《尸子》：「（孔子）過於盜泉，渴矣而不飲，惡其名也。」2嗟來之食：原指憫人飢餓，呼其來食，後多指侮辱性的施捨。《禮記．檀弓》：春秋時齊國出現饑荒，有人在路上施捨飲食，對一個飢餓的人說「嗟！來食！」飢餓的人說：「我就是不吃嗟來之食！」終於不食而死。嗟，文言歎詞。3絲：指將細絲貫入機杼。4匹：長度單位，等於四丈。5稽廢：稽延荒廢。6夫子：古時對男子的尊稱。7姑：古時女子稱丈夫之母親為姑。

譯文

河南人樂羊子的妻子，不知是誰家的女兒。羊子曾走在路上，拾到別人丟失的一塊金餅，回家後交給妻子，妻子說：「我聽說有志之士不喝盜泉之水，廉潔之人不接受嗟來之食，何況拾到別人丟失的東西貪圖利益，以此玷污自己的品行呢！」

羊子大為慚愧，就將金餅扔到荒野中，並且到遠方拜師求學去了。一年以後羊子回來，妻子跪問他為甚麼要回來。羊子說：「長久出行，懷念思鄉，沒有特別的原因。」妻子就拿着刀快步走到織布機前，說：「這些紡織物是出自蠶繭，用機杼織成，一絲一絲累積，才達到一寸；一寸一寸累積不止，最終織成一丈、一疋。現在要是割斷這正在織的紡織物，就將前功盡棄，荒廢時間。夫子正在積累學問，應當每天知道自己所欠缺的東西，以成就美德。如果中途而返，那與割斷正在織的紡織物又有甚麼區別呢？」羊子為此言感動，又回去完成學業，七年沒有回家。妻子一直恭敬辛勤地侍奉婆婆，還給遠方的羊子送去物品。

嘗有它舍雞謬入園中，姑盜殺而食之，妻對雞不餐而泣。姑怪問其故。妻曰：「自傷居貧，使食有它肉。」姑竟棄之。

譯文

曾經有別人家的雞誤入她家的園中，婆婆偷偷把雞殺了吃，妻子對雞不吃而哭泣。婆婆奇怪地問她原因。她說：「自己感傷居家貧窮，致使要吃別人家的肉。」婆婆到底把雞肉扔掉了。

後盜欲有犯妻者，乃先劫其姑。妻聞，操刀而出。盜人曰：「釋汝刀從我者可全[1]，不從我者，則殺汝姑。」妻仰天而歎，舉刀刎頸而死。盜亦不殺其姑。太守聞之，即捕殺賊盜，而賜妻縑帛，以禮葬之，號曰「貞義」。

注釋

1全：使不受損傷。

譯文

後來，有強盜想要污辱樂羊子妻，就先劫持了她婆婆。羊子妻得知，持刀出來。強盜說：「放下你的刀順從我的話，可以使你們不受傷害；不順從我的話，就殺了你婆婆。」羊子妻仰天而歎，舉刀刎頸而死。強盜也未殺她婆婆。太守聽到此事，立即逮捕並處死了強盜，而且賞賜給樂羊子妻縑帛，按禮儀安葬了她，稱號「貞義」。

志

五行志（一）

本篇導讀——

「五行」，即水、火、木、金、土，是我們祖先認為構成各種物質的五種元素，他們還以此說明宇宙萬物的起源和變化。「五行」理論是中國人對宇宙論的貢獻，更是戰國、秦漢時期從天子到庶民的精神支柱。五行説認為人的貌、言、視、聽、思、心之中，如有一項喪失，則會造成人心的逆反，人心逆反則會生怨恨，致使木、金、水、火、土五氣為之受損，從而導致禍亂。所以五行會先顯示變異，以此對人發出警告，由此才有妖、孽、禍、痾、眚、祥等怪異現象發生。人可以根據各種物象進行占卜預知。

東漢是中國歷史上自然災害最多的時期之一，《後漢書．五行志》是我們了解當時天災發生情況的重要史料。讀者從中不僅可以找到諸如水旱地震火災的記錄，還能見到現代人所不熟悉的所謂「服妖」、「訛言」、「草妖」、「魚孽」等有趣的內容。更有趣的是當事人從天人感應的角度，提出的那些自然現象如何反映人事、向君主官吏發出警告等。這裏選錄了《五行志（一）》以饗讀者，內容包括「貌不恭」、「淫雨」、「服妖」、「雞禍」、「青眚」、「屋自壞」、「訛言」、「旱」、「謠」、「狼食人」。

貌不恭　淫雨　服妖　雞禍　青眚　屋自壞　訛言　旱　謠　狼食人

《五行傳》說及其占應[1]，《漢書·五行志》錄之詳矣。故泰山太守應劭、給事中董巴、散騎常侍譙周並撰建武以來災異[2]。今合而論之，以續《前志》云。

注釋

1 占應：占卜顯現的徵兆及其驗證。2 譙周：三國時期蜀漢學者、官員。巴西西充國（今四川西充槐樹鎮）人。治《尚書》，兼通諸經及圖緯，精通史學。《三國志》作者陳壽即出自其門下。

譯文

《五行傳》與解說及其占驗，《漢書·五行志》記錄得很詳細了。已故泰山太守應劭、給事中董巴、散騎常侍譙周，都撰述了建武以來的災異。現在匯總其記載論述，以接續《漢書·五行志》的記述。

《五行傳》曰：「田獵不宿[1]，飲食不享[2]，出入不節，奪民農時，及有姦謀，則木不曲直。」謂木失其性而為災也。又曰：「貌之不恭，是謂不肅。厥咎狂[3]，厥罰恆雨，厥極惡。時則有服妖[4]，時則有龜孽[5]，時則有雞禍[6]，時則有下體生上之痾[7]，時則有青眚、青祥[8]，惟金沴[9]木。」說云：氣之相傷謂之沴。

注釋

1田獵：狩獵。田，通「畋」，打獵。不宿：非其時，或謂過度而無節制。2享：貢獻，上供。3咎：災禍。4服妖：服飾怪異。古人以為奇裝異服預示天下之變，故稱。5龜孽：災變的一種。古人以為水澇則龜多出為孽。6雞禍：雞的災殃。古人以為逢水之年，雞多疫症。7痾：通「疴」，病。8青眚：五行家指由青色之物所產生的能預兆災禍發生的怪異現象。眚，災難，疾苦。祥：吉凶的徵兆。9沴（粵：淚；普：lì）：克，傷害。

譯文

《五行傳》說：「國君狩獵無節制，飲食不祭獻，出入宮廷不合時節，剝奪人民務農的時機，以及有奸邪陰謀的話，則樹木不能或曲或直地茂盛成長。」說的是木失去本性而成災。《五行傳》又說：「國君相貌不恭敬，叫作不肅。其災禍為狂妄，其懲罰為持續降雨，其終極很險惡。時而有服妖，時而有龜孽，時而有雞禍，時而表現為下肢生長在上肢上的怪病，時則出現青色的怪異或吉凶的徵兆，只有金能夠克木。」解釋說：五行之氣的相互傷害叫作沴。

貌不恭

建武元年，赤眉賊率樊崇、逢安等共立劉盆子為天子。然崇等視之如小兒，百事自由，初不恤錄也[1]。後正旦至，君臣欲共饗，既坐，酒食未下，羣臣更起，亂不可整。時大司農楊音案劍怒曰[2]：「小兒戲尚不如此！」其後遂破壞，崇、安等皆誅死。唯音為關內侯，以壽終。

注釋

1 初：全，始終。不恤：不顧。錄：檢點約束。2 案劍：以手撫劍，做欲拔出狀。表示憤怒。

譯文

建武元年（二十五），赤眉賊軍首領樊崇、逢安等人共同擁立劉盆子為天子。然而樊崇等人對待他如同小兒，凡事自由作主，始終不考慮檢點約束。後來正月初一來到，君臣要共同饗宴，入座完畢，酒食尚未佈下，羣臣相繼站起，混亂不堪。當時大司農楊音以手撫劍憤怒說：「小兒戲鬧也不至於如此！」其後赤眉最終破滅，樊崇、逢安等人都被處死。唯獨楊音被封為關內侯，得以壽終正寢。

光武崩，山陽王荊哭不哀，作飛書與東海王[1]，勸使作亂。明帝以荊同母弟，太后在，故隱之。後徙王廣陵，荊遂坐復謀反自殺也。

注釋　1飛書：匿名信。以其無根而至，如飛來之物，故名。

譯文　光武帝駕崩，山陽王劉荊哭喪時不哀痛，還寫匿名信給東海王，勸他作亂。明帝因劉荊是同母弟，顧及太后尚在世，所以隱瞞了此事。後來，將劉荊遷為廣陵王，劉荊最終因再次觸犯謀反罪而自殺。

淫雨

和帝永元十年、十三年、十四年、十五年，皆淫雨傷稼[1]。

安帝元初四年秋，郡國十淫雨傷稼。

永寧元年，郡國三十三淫雨傷稼。

建光元年，京都及郡國二十九淫雨傷稼。是時羌反久未平，百姓屯戍，不解愁苦。

延光元年，郡國二十七淫雨傷稼。

注釋 1淫雨：連續過量地降雨。

譯文 和帝永元十年（九八）、十三年、十四年、十五年，每年都連續降雨，傷害莊稼。安帝元初四年（一一一七）秋季，郡國十處連續降雨，傷害莊稼。永寧元年（一二〇），郡國三十三處連續降雨，傷害莊稼。建光元年（一二一），京都及郡國二十九處連續降雨，傷害莊稼。此時羌人反叛久未平定，百姓屯戍邊疆，愁苦不止。延光元年（一二二），郡國二十七處連續降雨，傷害莊稼。

桓帝延熹二年夏，霖雨五十餘日[1]。是時，大將軍梁冀秉政，謀害上所幸鄧貴人母宣，冀又擅殺議郎邴尊。上欲誅冀，懼其持權日久，威勢強盛，恐有逆命[2]，害及吏民，密與近臣中常侍單超等圖其方略。其年八月，冀卒伏罪誅滅。

注釋 1霖雨：連綿大雨。霖，久下不停的雨。2逆命：違抗命令。

譯文 桓帝延熹二年（一五九）夏季，連綿大雨下了五十餘日。此時，大將軍梁冀秉政，謀害桓帝寵倖的鄧貴人的母親宣，又擅自殺害議郎邴尊。桓帝要誅殺梁冀，又畏懼他把持朝權時間長久，威勢強盛，恐怕會有人違抗命令，危害官吏人民，便祕密與近臣中常侍單超等人策劃方法計謀。那年八月，梁冀終於服罪被誅殺。

賞析與點評

古人比今人更懼怕自然，所以他們很重視觀測、記錄災害，從而也為我們留下了寶貴的受災數據。記載中不僅有較準確的年份、季節以及「淫雨」、「霖雨」降水的強弱種類，還有受災多少處、是否達到損害莊稼的程度等等。可見，當時為了對自然災害時有觀測、統計、彙報，肯定會有相應措施的。因為，古人從來是把天災與人禍聯繫對待的。

服妖

更始諸將軍過雒陽者數十輩，皆幘而衣婦人衣繡擁髱[1]。時智者見之，以為服之不中，身之災也，乃奔入邊郡避之。是服妖也。其後更始遂為赤眉所殺。

注釋

1 髱：短袖上衣。

譯文　更始帝劉玄的衆將軍經過雒陽的有數十隊，他們都戴頭巾，而且身着婦女所穿刺繡臃腫的短袖上衣。當時有學問的人見此，認為服裝不合於制度，會有人身的災禍，於是逃入邊郡去避難了。這是服妖。其後更始帝終於被赤眉軍殺死。

桓帝元嘉中，京都婦女作愁眉、啼粧、墮馬髻、折要步[1]、齲齒笑。所謂愁眉者，細而曲折。啼粧者，薄拭目下，若啼處。墮馬髻者，作一邊。折要步者，足不在體下。齲齒笑者，若齒痛，樂不欣欣。始自大將軍梁冀家所為，京都歙然[2]，諸夏皆放效[3]。此近服妖也。梁冀二世上將，婚媾王室，大作威福，將危社稷。天誡若曰：兵馬將往收捕，婦女憂愁，踧眉啼泣[4]，吏卒掣頓[5]，折其要脊，令髻傾邪，雖強語笑，無復氣味也。到延熹二年，舉宗誅夷。

注釋　1要：通「腰」。2歙然：一致。歙，通「翕」，和順。3諸夏：周代分封的中原各諸侯國，泛指中原地區。4踧：通「蹙」，皺。5掣頓：硬拉，強奪。

譯文　桓帝元嘉年間，京都婦女描愁眉、化啼妝、綰墮馬髻、行折腰步、含齲齒笑。所謂愁眉，即描出細而曲折的眉毛。啼妝，用薄粉擦拭眼下部，似有淚迹。墮馬髻，將髮髻綰在頭一邊。折腰步，是扭腰而行，似乎腳在腰間而不在下肢。齲齒笑，是像牙痛那樣，樂得不欣然。這些做法開始於大將軍梁冀的妻子，京都流行，中原地區都在仿效。此近似於服妖。梁冀兩代為上將，與王室聯姻，作威作福，即將危脅國家。上天似乎告誡說：兵馬將前往逮捕，婦女憂愁，蹙眉啼泣，吏卒強奪，折其腰脊，使其髮髻傾斜，雖強顏歡聲笑語，已不再有情調。到延熹二年（一五九），梁氏舉族被誅滅。

延熹中，京都長者皆著木屐[1]；婦女始嫁，至作漆畫五采為系。此服妖也。到九年，黨事始發，傳黃門北寺，臨時惶惑，不能信天任命，多有逃走不就考者，九族拘繫，及所過歷，長少婦女皆被桎梏[2]，應木屐之象也。

注釋

1木屐：木底拖鞋，或有齒，或無齒。2桎梏：腳鐐手銬。

譯文

延熹年間，京都顯貴之人都腳着木屐；婦女出嫁時，甚至在木屐上作漆畫，以五彩絲織為鞋袢。這是服妖。到延熹九年，黨錮事件開始發生，黨人傳訊於黃門北寺監獄，許多人面臨災禍時惶恐迷惑，未能做到聽天任命，而逃走不接受拷問，以致九族被拘捕，逃亡所經過的地方，也牽連致使老少婦女都被戴上腳銬手銬，正應驗了木屐的徵兆。

靈帝好胡服、胡帳、胡牀、胡坐、胡飯、胡空侯、胡笛、胡舞，京都貴戚皆競為之。此服妖也。其後董卓多擁胡兵，填塞街衢[1]，虜掠宮掖，發掘園陵。

注釋

1 街衢：通衢大道。

譯文

靈帝喜好胡人服裝、胡人帷帳、胡牀、胡座、胡飯、胡人箜篌、胡笛、胡舞，京都貴族皇親都競相效法去做。這是服妖。其後董卓率領的衆多胡兵，填塞街道，虜掠宮廷，發掘園陵。

靈帝數遊戲於西園中，令後宮采女為客舍主人，身為商賈服。行至舍，采女下酒食，因共飲食以為戲樂。此服妖也。其後天下大亂。

譯文　靈帝多次在西園中遊樂，命令後宮采女扮裝成客舍主人，自己穿上商人服裝。到客舍中，采女佈下酒食，於是一同飲食以此為樂。這是服妖。此後天下大亂。

雞禍

靈帝光和元年，南宮侍中寺雌雞欲化雄，一身毛皆似雄，但頭冠尚未變。詔以問議郎蔡邕。邕對曰：「貌之不恭，則有雞禍。宣帝黃龍元年，未央宮雌雞化為雄，不鳴無距[1]。是歲元帝初即位，立王皇后。至初元元年，丞相史家雌雞化為雄，冠距鳴將[2]。是歲后父禁為陽平侯，女立為皇后。至哀帝晏駕，后攝政，王莽以后兄子為大司馬，由是為亂。臣竊推之，頭，元首，人君之象；今雞一身已變，未至於頭，而上知之，是將有其事而不遂成之象也。若應之不精，政無所改，頭冠或成，為患茲大。[3]」是後張角作亂稱黃巾，遂破壞。四方疲於賦役，多叛者。上不改政，遂至天下大亂。

注釋　1距：雄雞爪子後面突出像腳趾的部分。2將：壯，大，美。3茲：通「滋」。滋長，增益，更加。

譯文

靈帝光和元年（一七八），南宮侍中寺的雌雞就要變成雄雞，一身羽毛都似雄雞，只是頭冠尚未變。靈帝下詔以此詢問議郎蔡邕。蔡邕對奏説：「相貌不恭敬，則有雞禍。宣帝黃龍元年（前四九），未央宮的雌雞變為雄雞，不會啼鳴也無雞距。那一年元帝剛剛即位，立王皇后。至初元元年（前四八），丞相史的家中雌雞變為雄雞，有冠和距，啼鳴壯美。那一年皇后父親王禁封為陽平侯，女兒立為皇后。到哀帝去世，皇后攝政，王莽以皇后兄子的身份成為大司馬，由是作亂。臣私下推測，頭是元首，乃人君的象徵；現在雞全身已經改變，尚未變至雞頭，而皇上已經知道此事，這是將要發生事變而不能最終成功的徵兆。如果對應不周密的話，朝政無所改變，頭冠或許變成，所成禍患將滋長增大。」此後張角叛亂，號稱黃巾，漢朝最終破滅。各地疲於賦稅徭役，叛亂頻發。皇上仍不改革朝政，最終導致天下大亂。

青眚

桓帝永興二年四月丙午，光祿勳吏舍壁下夜有青氣，視之，得玉鉤、玦各一。鉤長七寸二分，〔玦〕周五寸四分，身中皆雕鏤。此青祥也。玉，金類也。七寸

二分，商數也。五寸四分，徵數也。商為臣，徵為事，蓋為人臣引決事者不肅，將有禍也。是時梁冀秉政專恣，後四歲，梁氏誅滅也。

譯文

桓帝永興二年（一五四）四月丙午日，光祿勳吏房舍牆壁下夜裏出現青氣，觀察時，獲得玉鉤、玉玦各一枚。玉鉤長七寸二分，玉玦周長五寸四分，玉身都有雕鏤。這是青祥。玉，屬五行的金類。七寸二分，屬五音的商數。五寸四分，屬五音的徵數。商是臣子，徵是事件，大致是大臣中領導決策者不肅靜，將有災禍的意思。此時梁冀執政專權，四年後，梁氏被誅滅。

屋自壞

延熹五年，太學門無故自壞。襄楷以為太學前疑所居[1]，其門自壞，文德將喪，教化廢也。是後天下遂至喪亂。

永康元年十月壬戌，南宮平城門內屋自壞。金沴木，木動也。其十二月，宮車晏駕[2]。

注釋 1《後漢書·襄楷列傳》：襄楷上書曰「太學，天子教化之宮，其門無故自壞者，言文德將喪，教化廢也。」無「前疑」一語。2宮車：帝王之車，借指帝王。晏駕：車駕晚出，古代稱帝王死亡的諱辭。晏，遲，晚。

譯文 延熹五年，太學門無故自行損壞。襄楷認為太學是教化者所居之處，太學門自壞，標誌着文德即將淪喪，教化即將廢棄。此後天下終於淪喪混亂。

永康元年（一六七）十月壬戌日，南宮平城門內的房屋自行損壞。這是由於金克勝木，所以木發生動搖。同年十二月，桓帝駕崩。

訛言

安帝永初元年十一月，民訛言相驚[1]，司隸、并、冀州民人流移。時鄧太后專政。婦人以順為道，故禮「夫死從子」之命。今專主事，此不從而僭也[2]。

注釋 1訛言：傳佈的流言；假話。《古今注》曰：「章帝建初五年，東海、魯國、東平、山陽、濟陰、陳留民訛言相驚有賊，捕至京師，民皆入城也。」2僭：超越本分，古時指地位在下的冒用在上的名義或禮儀、器物。

譯文　安帝永初元年（一〇七）十一月，民間受到訛言的驚擾，司隸、并、冀州的百姓流亡遷徙。當時鄧太后專斷朝政。婦人以順從為道德，所以《禮》有「夫死從子」之命。如今鄧太后專權主事，這是不順從而超越本分。

旱

世祖建武五年夏，旱。《京房傳》曰：「欲德不用，茲謂張，厥災荒，其旱陰雲不雨，變而赤因四陰。衆出過時，茲謂廣，其旱不生。上下皆蔽，茲謂隔，其旱天赤三月，時有雹殺飛禽。上緣求妃[1]，茲謂僭，其旱三月大溫亡雲。君高臺府，茲謂犯，陰侵陽，其旱萬物根死，有火災。庶位踰節[2]，茲謂僭，其旱澤物枯，為火所傷。」是時天下僭逆者未盡誅，軍多過時。

注釋　1緣：攀援。2庶位：衆官。

譯文　世祖建武五年夏季，有旱災。京房氏《易傳》說：「要是德行不施用，就叫作『張』，其災是荒年，其旱情是有陰雲而不下雨，變而成為四個月的持續炎熱。衆人出行時間過長，這叫作『廣』，其旱情是植被不生。君臣上下蒙蔽，這叫作

『隔』，其旱情是天氣炎熱三個月，有時會出現冰雹砸死飛禽。君主攀求妃子，這叫作『僭』，其旱情為三個月高溫無雲。君主重用臺府官員，這叫作『犯』，是陰侵犯陽，其旱情為萬物連根枯死，出現火災。衆官超越節度，這叫作『僭』，其旱情為湖澤植物枯萎，被火所灼傷。」此時天下僭越叛逆者尚未全部誅滅，軍旅大多過於持久費時。

謠

世祖建武六年，蜀童謠曰：「黃牛白腹，五銖當復。」是時公孫述僭號於蜀，時人竊言王莽稱黃，述欲繼之，故稱白；五銖，漢家貨，明當復也。述遂誅滅。王莽末，天水童謠曰：「出吳門，望緹羣。見一蹇人[1]，言欲上天；令天可上，地上安得民！」時隗囂初起兵於天水，後意稍廣，欲為天子，遂破滅。囂少病蹇。吳門，冀郭門名也。緹羣，山名也。

注釋　1蹇：跛，行走困難。

譯文　世祖建武六年，蜀中童謠說：「黃牛白腹，五銖錢當恢復。」此時公孫述在蜀自立稱帝，當時人們私下說：王莽自稱黃帝，公孫述要繼承王莽，所以稱白帝；五銖錢，是漢朝貨幣，說明漢朝應當復興。公孫述最終被誅滅。王莽末，天水郡有童謠說：「出吳門，望緹羣。見一跛子，說要上天；假若天可上，地上哪還有民！」當時隗囂剛剛起兵於天水，其後野心逐漸擴大，想要成為天子，最終滅亡。隗囂小時候因病跛足。吳門，是冀縣外郭門的名字。緹羣，是山名。

桓帝之初，天下童謠曰：「小麥青青大麥枯，誰當穫者婦與姑。丈人何在西擊胡，吏買馬，君具車，請為諸君鼓嚨胡。」案元嘉中涼州諸羌一時俱反，南入蜀、漢，東抄三輔，延及并、冀，大為民害。命將出衆，每戰常負，中國益發甲卒，麥多委棄，但有婦女穫刈之也。吏買馬，君具車者，言調發重及有秩者也。請為諸君鼓嚨胡者[1]，不敢公言，私咽語。

注釋

1 嚨胡：喉嚨。

譯文

桓帝之初，天下有童謠說：「小麥青青大麥枯，誰該收穫婦與姑。丈人何在西擊胡，吏買馬，君備車，請為諸君鼓嚨喉。」案桓帝元嘉年間，涼州衆羌族一同造反，南下入蜀郡、漢中郡，向東搶掠三輔地區，蔓延危及并州、冀州，極大地危害了人民。朝廷派將領率軍出征，每戰必敗，中原增發兵卒，麥禾多被棄置，只有婦女從事收割。吏買馬，君具車，是說調發繁重，免賦役的人也得備車馬出征了。請為諸君鼓嚨喉，是說不敢公開議論，只好竊竊私語。

桓帝之初，京都童謠曰：「游平賣印自有平，不辟豪賢及大姓。」案到延熹之末，鄧皇后以譴自殺，乃以竇貴人代之，其父名武字游平，拜城門校尉。及太后攝政，為大將軍，與太傅陳蕃合心戮力[1]，惟德是建，印綬所加，咸得其人，豪賢大姓，皆絕望矣。

注釋

1 戮：通「勠」。併，合。

譯文

桓帝之初，京都有童謠說：「游平賣印自有平，不辟豪賢及大姓。」案：到延熹末年，鄧皇后被廢自殺，於是立竇貴人取而代之，其父名武，字游平，任命為城門校尉。到太后攝政時，竇武為大將軍，與太傅陳蕃合心協力，只選用賢德之人，授予印綬的都是有用之才，而豪族大姓，都因此絕望了。

獻帝踐祚之初[1]，京都童謠曰：「千里草，何青青。十日卜，不得生。」案千里草為董，十日卜為卓。凡別字之體，皆從上起，左右離合，無有從下發端者也。今二字如此者，天意若曰：卓自下摩上[2]，以臣陵君也。青青者，暴盛之貌也。不得生者，亦旋破亡。

注釋

1 踐祚：亦作「踐阼」，走上阼階主位，指即位，登基。古代廟寢堂前兩階，主階在東，稱阼階。阼階上為主位。2 摩：迫近；磨損。

譯文

獻帝登基之初，京都有童謠說：「千里草，何青青。十日卜，不得生。」案：千里草為「董」字，十日卜為「卓」字。凡拆開字體，都是從字的上部開始拆起，左右離合，沒有從下部開始拆分的。現在二字卻如此拆分，天意似乎在說：董卓自下損上，是以臣子欺凌君主。青青，形容突然興盛的樣子。不得生，是說董卓旋即滅亡。

狼食人

順帝陽嘉元年十月中，望都蒲陰狼殺童兒九十七人。時李固對策，引京房《易

傳》曰「君將無道，害將及人，去之深山以全身，厥妖狼食人」。陛下覺寤，比求隱滯[1]，故狼災息。

靈帝建寧中，羣狼數十頭入晉陽南城門齧人[2]。

注釋　1比：連續，接連。2齧（粵：熱；普：niè）：啃，咬。

譯文　順帝陽嘉元年（一三二）十月中旬，望都郡蒲陰縣（今河北順平縣東南）狼咬死兒童九十七人。當時李固上對策，引用京房氏《易傳》說：「國君無道，禍害將到人間，離開朝廷避入深山以保全自身，其妖是狼食人。」順帝省悟，連續徵召隱居及遺漏的人才，因此狼災平息。

靈帝建寧年間，羣狼數十頭進入晉陽南城門咬人。

附錄

《後漢書》全書目錄

紀

卷八·孝靈帝紀第八

卷九·孝獻帝紀第九

卷十上·皇后紀第十上

卷十下·皇后紀第十下

列傳

卷十一·劉玄劉盆子列傳第一

卷十二·王劉張李彭盧列傳第二

卷十三·隗囂公孫述列傳第三

卷十四·宗室四王三侯列傳第四

卷十五·李王鄧來列傳第五

卷十六·鄧寇列傳第六

卷十七·馮岑賈列傳第七

卷十八·吳蓋陳臧列傳第八

卷十九·耿弇列傳第九

卷四十五・袁張韓周列傳第三十五
卷四十六・郭陳列傳第三十六
卷四十七・班梁列傳第三十七
卷四十八・楊李翟應霍爰徐列傳第三十八
卷四十九・王充王符仲長統列傳第三十九
卷五十・孝明八王列傳第四十
卷五十一・李陳龐陳橋列傳第四十一
卷五十二・崔駰列傳第四十二
卷五十三・周黃徐姜申屠列傳第四十三
卷五十四・楊震列傳第四十四
卷五十五・章帝八王列傳第四十五
卷五十六・張王种陳列傳第四十六
卷五十七・杜欒劉李劉謝列傳第四十七
卷五十八・虞傅蓋臧列傳第四十八

志

志第五・禮儀中
志第六・禮儀下
志第七・祭祀上
志第八・祭祀中
志第九・祭祀下
志第十・天文上
志第十一・天文中
志第十二・天文下
志第十三・五行一
志第十四・五行二
志第十五・五行三
志第十六・五行四
志第十七・五行五
志第十八・五行六

名句索引

三畫

四畫

五至七畫

八畫

十畫及以上

新 視 野
中華經典文庫

新 視 野
中華經典文庫